AG Feministischer Streik Kassel

Feministisch streiken

Dort kämpfen, wo das Leben ist

UNRAST

Bibliografische Information der Deutschen Bibliothek
Die Deutsche Bibliothek verzeichnet diese Publikation in der Deutschen Nationalbibliografie; detaillierte bibliografische Daten sind im Internet über https://www.dnb.de abrufbar.

AG Feministischer Streik Kassel
Feministisch streiken
1. Auflage, Oktober 2023
ISBN 978-3-89771-376-5

www.unrast-verlag.de – kontakt@unrast-verlag.de
Mitglied in der assoziation Linker Verlage (aLiVe)

Umschlag: Leonie Witka, Kassel
Satz: Andreas Hollender, Köln
Druck: Multiprint, Kostinbrod

AG Feministischer Streik Kassel

Feministisch streiken

Als Teil der bundesweiten feministischen Streikbewegung engagiert sich die *AG Feministischer Streik Kassel* in der feministischen Vernetzung rund um den 8. März und über diesen hinaus. Dabei verankert sie den feministischen Streikgedanken vor Ort durch feministische Interventionen in Lohnarbeitskämpfe im Care-Bereich.

Mail: feministischerstreikks@riseup.net
Instagram: ag_feministischer_streik_ks
Wir freuen uns über Fragen und Kritik.

Inhalt

0. Vorwort ... 7

1. Einleitung ... 11

2. Zwölf Thesen und ein Buch ... 19

Thesen für den feministischen Streik 20

3. Für eine queerfeministische Klassenpolitik ... 29

Warum wir über Arbeit reden 31

Warum wir über das Patriarchat reden 41

Warum wir über Klasse reden 54

Für eine queerfeministische Klassenpolitik 66

4. Der feministische Streik – eine revolutionäre Praxis? ... 71

Die (kleine) Geschichte des deutschen Streikrechts 79

Wenn wir streiken, steht die Welt still – feministisch streiken 82

Warum eigentlich Streik? 85

Auch unbezahlte Arbeit muss bestreikt werden 87

Der feministische Streik als Vorbild revolutionärer Praxis? (Gastbeitrag aus Hamburg) 89

Wir haben eine Welt zu gewinnen! 96

5. »Da war plötzlich so viel lila ...« – Zum Verhältnis zwischen Gewerkschaften und der feministischen Streikbewegung ... 99

Gewerkschaften und Feminismus – Was macht Arbeitskämpfe feministisch? 106

Kämpfe verbinden – Über die Zusammenarbeit zwischen feministischen Gruppen und Gewerkschaften 111

»Das ist ein richtig fetter Klotz an Institution« 115

Und jetzt? 121

6. Internationalistische Perspektiven ... 125

Inicjatywa Pracownicza – Polen 130

Sara Cufré – Argentinien 139

Ana Mahmudi – Iran 145

Nilüfer Koç – Kurdistan 148
Revolutionärer Aufbau Zürich, Frauenkampfstruktur – Schweiz – Patrizia und Cora 157
Simunye Women Workers Forum – Südafrika – Meme 165
Kayole Community Justice Center & Women in Social Justice Centers – Kenia – Maryanne Kasina 173

7. Was ist unser Streik? Feministischer Streik in der Praxis 180
Dort kämpfen, wo das Leben ist: Was heißt das eigentlich in unserer Zeit? 180
Für den feministischen Streik im Alltag 187
Feministisch streiken in revolutionären Bewegungen 195

8. Wofür wir streiken – Feministische Utopien 199
Konkrete Utopien I: Leben, wie wir wollen! 203
Konkrete Utopien II: Die Revolution ist bereits da! 205

9. Danksagung 208

Literaturverzeichnis 211

Glossar 217

0. Vorwort

Dieser Text wurde von einer Person geschrieben, die wegen der Erarbeitung dieses Buches zeitweise die AG feministischer Streik *verlassen hat.*

Als ich gefragt wurde, ob ich mir vorstellen kann, dieses Vorwort zu schreiben, musste ich ein wenig schmunzeln. Nicht nur, weil ich für dieses Buchprojekt eine Pause in der *AG Feministischer Streik Kassel* eingelegt habe. Sondern auch, weil das mich daran erinnert, wie es überhaupt dazu gekommen ist, dass ihr nun dieses Buch in euren Händen haltet.

Die Geschichte dieses Buches beginnt mit einem Treffen Anfang Juni 2021. Wir hatten uns ein paar Monate zuvor in einer Arbeitsgruppe zur Vorbereitung des 8. März[G1] kennengelernt und waren bei der Frage angelangt, die sich jede Arbeitsgruppe irgendwann unweigerlich stellt: Wie weiter?

Unsere Idee, zum 8. März dem Aufruf vom *Care Revolution Netzwerk* zu folgen und einen »Platz für Sorge« in Kassel einzurichten, hatten wir hinter uns gelassen; die Hoffnung, dass die feministische Streikbewegung in Deutschland nach den Demonstrationen 2018 zu einer großen und schlagkräftigen Bewegung[G] anwachsen wird, allerdings auch.

Wir waren alle noch nicht lange in Kassel und aus Freiburg, Halle, Jena, Köln, Berlin brachten wir eine Menge Begeisterung für den feministischen Streik mit, allerdings auch einen Haufen Enttäuschung und Ratlosigkeit.

Tatsächlich stand im Laufe dieses Treffens kurz im Raum, den feministischen Streik sein zu lassen, einen Sekt zu öffnen und sich einem anderen feministischen Politikfeld zu widmen. Denn wofür auf einen feministischen Streik hinarbeiten, wenn er uns doch so unrealistisch erscheint und so viel Frustration damit verbunden ist? Dass wir das nicht gemacht haben, liegt letzten Endes schlichtweg daran, dass wir es nicht übers Herz gebracht haben. Trotz vieler Fragen und einer ordentlichen Portion Verzweiflung war und ist da auch noch ein glühender Funken Überzeugung, dass es sich lohnt, am feministischen Streik festzuhalten, um der Überwindung von

1 Mit einem hochgestellten G gekennzeichnete Begriffe werden im Glossar erläutert.

Patriarchat[G] und Kapitalismus näherzukommen – aber mehr dazu auf den nächsten Seiten.

Trotzdem war klar: Wir stecken in einer Phase mittelmäßiger Orientierungslosigkeit und wir brauchen neuen Elan, um weiterzumachen. Aber wo ansetzen?

Was auch klar war: Wenn wir schon Stunden um Stunden unsere Köpfe zusammenstecken, dann muss da zumindest ein Aufschlag bei rumkommen, der zur Diskussion anregt und bestenfalls Menschen motiviert, sich (wieder) mit dem feministischen Streik zu beschäftigen. Ergebnis davon sind die zwölf Thesen, die ihr am Anfang des Buches lesen könnt.

Das Problem war nur, wir haben uns zwar viele Gedanken über die Thesen gemacht – darüber, wie wir diese dann konkret zugänglich machen können, allerdings weniger. Zwar konnten wir die Thesen bei einem bundesweiten feministischen Streiktreffen diskutieren, was toll war, aber die Thesen zu veröffentlichen, gestaltete sich schwierig.

Ich erinnere mich noch an einen etwas verzweifelten Vormittag nach einem Haufen Absagen von Zeitschriften und Zeitungen (Thesen scheinen kein Lieblingsformat von Zeitungen zu sein), bis wer von uns aus der Gruppe auf die Idee gekommen ist, Verlage anzuschreiben und anzurufen mit der Hoffnung, irgendein Buch zu finden, dem wir unsere Thesen unterjubeln können.

Das Ergebnis davon war dann das unerwartete Angebot vom Unrast Verlag, selbst ein Buch zu schreiben.

Die Entscheidung, dieses Buch zu schreiben, haben wir uns dabei nicht leicht gemacht: Es war klar, dass wir einen Haufen praktischer Arbeit hinten anstellen müssen. Auch waren einige von uns involviert in der Bearbeitung feministischer Konfliktlinien in Kassel. Eigentlich waren wir auch gefragt, noch mehr Beziehungs- und Vernetzungsarbeit zu leisten, um als feministische Bewegung (wieder) besser miteinander zusammenzuarbeiten und gemeinsam stärker zu werden. Unser Gefühl war, mit dem Rückzug in ein Buchprojekt unsere feministischen Genoss*innen und Freund*innen in Kassel (und schließlich auch in der bundesweiten Vernetzung) im Stich zu lassen, was trotz aller Bemühungen sicherlich auch ein Stück weit der Fall war.

Gleichzeitig erschien das Angebot, ein Buch zu schreiben, auch wahnsinnig verlockend: Noch mehr Platz für unsere Gedanken, noch mehr Zeit, um sich mit anderen auszutauschen und sich auf die Suche nach Antworten zu begeben. Bezeichnend ist auch, dass wir trotz Buchprojekt unsere Gruppengröße verdoppeln konnten und an Stelle von sechs nun zwölf Personen sind.

Daneben hatten wir bereits ein Jahr vor Beginn des Buchprozesses das *Solidaritätsbündnis Care-Arbeit Kassel* ins Leben gerufen, in dem wir zusammen mit großartigen anderen Gruppen und Einzelpersonen Arbeitskämpfe[G] vor allem im Sozial- und Erziehungsdienst unterstützen. Unsere konkrete Arbeit war demnach nicht gefährdet, komplett zum Erliegen zu kommen.

Warum ihr nun schlussendlich dieses Buch in den Händen haltet, ist schwer zu sagen. Sicher ist eine große Portion Neugier dabei gewesen und auch das Gefühl, »diese Gelegenheit nicht verstreichen lassen zu können«.

Es zeigte sich aber schnell, dass es mit dieser Entscheidung nicht getan war. Denn wir hatten nicht nur unterschiedliche Vorstellungen, wie so ein Buch aussehen kann und wie wir den Prozess dahin gestalten. Sondern auch die Frage, an wen sich das Buch richten soll, stellte sich neu. Während wir bei den Thesen vor allem die feministische Streikbewegung im Kopf hatten, wollen wir mit dem Buch eine (zumindest etwas) breitere Leser*innenschaft ansprechen. Zudem war gemeinsam ein Buch zu schreiben mit verschiedenen Herausforderungen und Fragen verbunden: Bereits aus dem Schreibprozess zu den Thesen wussten wir, dass nicht nur der Streik (wie wir in These 3 schreiben), sondern auch das gemeinsame Schreiben Beziehungsarbeit ist.

Daneben haben wir zum einen zwar fast alle gelernt, wie wir für die Uni einen Text schreiben, was feministisch schreiben heißt und wie das aussieht, allerdings weniger. Zum anderen begleitete uns auch die Frage, welche Leerstellen wir in unserem Denken haben und wie wir diese am besten füllen können. Und schlussendlich wollten wir bei all unseren Ansprüchen auch noch pragmatisch bleiben und kein ausuferndes Projekt aus dem Buch machen.

Inmitten all dieser Fragen und Aushandlungen fiel auch irgendwann meine Entscheidung, für die Zeit des Buchprojekts eine Pause in der Streik-AG einzulegen und mich mehr der Arbeit im *Solidaritätsbündnis Care-Arbeit Kassel* zu widmen. Am weiteren Prozess zur Erstellung der folgenden Seiten war ich daher nicht mehr beteiligt. Aber ich weiß, dass ein Haufen Gehirnschmalz, viel Liebe, Leidenschaft, ganz viele schlaue Gedanken und wahrscheinlich auch eine ordentliche Portion Wahnsinn in dieses Buch geflossen sind.

Und ich bin mir sicher, egal mit welcher Motivation ihr dieses Buch lest, ihr werdet darin etwas finden, das neu für euch ist, das euch inspiriert, das ihr anders seht, das euch zu kompliziert oder zu einfach formuliert ist, das euch zum Nachdenken anregt – und wahrscheinlich noch vieles mehr.

Ich freue mich nun vor allem, wieder mehr Zeit mit meinen Freund*innen und Genoss*innen zu haben und endlich wieder gemeinsam mit ihnen Politik machen zu können. Und ich freue mich aufs Lesen und dabei Stöbern, Runzeln, Nachdenken, Verzweifeln, Hoffen, Freuen. Genau das wünsche ich euch auch: Viel Spaß!

Kassel, Mai 2023

1. Einleitung

Als 2018 an verschiedenen Orten der Welt feministisch gestreikt wurde, wurden auch wir von einer Welle der Begeisterung gepackt. Die Bilder von FLINTA*^G, die sich kollektiv und massenhaft verweigerten, besetzten, blockierten, randalierten, aber auch Orte des Zusammenkommens schufen, machten klar, dass für feministische Forderungen nicht mehr gebettelt wird. Auch in den zarten Versuchen einer feministischen Streikbewegung in der Bundesrepublik schien für uns eine neue Form feministischer Praxis^G und Organisierung^G auf und wir waren Feuer und Flamme für diese neuen Versuche. Ältere Feminist*innen konnten sich zwar noch an die Frauenstreiks in den 1990er Jahren erinnern, für uns alle war aber unglaublich faszinierend, welche Kraft in der feministischen Bewegung^G plötzlich sichtbar wurde. Wir wussten, dass es in diesem Kampf um uns und unser Leben ging – und um die zentralen Fragen des Lebens überhaupt. »Ich will dort kämpfen, wo das Leben ist!«, sagte die sozialistische Feministin Clara Zetkin Anfang des 20. Jahrhunderts. Für uns heute heißt feministische Politik immer noch genau das. In der BRD hat die jüngste feministische Streikbewegung dann relativ schnell wieder an Fahrt verloren. Uns hatte sie aber maßgeblich geprägt und unseren Blick auf feministische Politik verändert. Ohne Diskussion wollten wir den feministischen Streik nicht einfach aufgeben. Die in diesem Buch formulierten zwölf Thesen sollten ein Aufschlag für diese Diskussion sein. Nun ist ein ganzes Buch daraus geworden.

Mit diesem Buch verfolgen wir mehrere Anliegen. Einmal wollen wir dem auf die Spur kommen, was wir aus dem feministischen Streik für eine revolutionäre^G und feministische Praxis im Allgemeinen lernen können. Mit der Perspektive auf eine gemeinsame Praxis im Streik sehen wir aber auch die Möglichkeit der Vermittlung verschiedener feministischer Strömungen bzw. Anliegen. Unser Ziel ist es, aus materialistischer^G Perspektive auch queere^G Themen – die sonst von materialistischen Feminist*innen oft ignoriert werden – zu bearbeiten. Dezidiert queerfeministische Zugänge fanden wir im großen Ganzen nicht überzeugend, einzelne Elemente aber dennoch hilfreich. Als Ergebnis langer Diskussionen und eines sehr pragmatischen Umgangs mit verschiedensten Theorie-Ansätzen könnt ihr in diesem Buch unseren Vorschlag für eine queerfeministische Klassenpolitik lesen. Zu guter Letzt sehen wir auch immer noch Gründe dafür, feministisch zu streiken, die hier im Buch ausformuliert werden. Ob wir gemeinsam an einer Wiederbelebung der feministischen Streikbewegung arbeiten oder uns doch eher anderen Politikfeldern zuwenden sollten – das würden wir gerne mit euch diskutieren.

Dieses Buch enthält einen kurzen Einstieg in Kapitalismuskritik, in feministische Theorie, Theorien über Streik, Gewerkschaften und Internationalismus. Damit richtet es sich an alle, die den feministischen Streik miterlebt haben (oder davon gehört haben) und denken, dass wir ihn nicht einfach auf den Müllhaufen der Geschichte manövrieren, sondern zumindest gemeinsam vermessen sollten, was er war und was er sein könnte. Es richtet sich an alle, die in der feministischen Streikbewegung aktiv sind oder es werden wollen. Und es richtet sich an alle, die sich mit den Verhältnissen, wie sie sind, nicht zufrieden geben und sie radikal verändern wollen – und auf der Suche nach geeigneten Praxen und Organisierungsformen dafür sind, egal ob ihr schon lange zu feministischen Themen arbeitet oder neu in der Bewegung seid.

Die Abschnitte des Buches funktionieren auch unabhängig voneinander. Wir haben uns bemüht, die Kapitel so zu schreiben, dass jedes auch für sich stehen kann. Das heißt, ihr könnt einfach das lesen, was euch interessiert. Einiges ist sehr einführend und soll euch die Möglichkeit geben, in neue Gedanken und Debatten einzusteigen. Die einführenden Texte könnt ihr aber auch überblättern, wenn ihr sie nicht braucht. Das betrifft vor allem die Einführungen zu Arbeit, Geschlecht, Klasse (Kapitel 3) und Gewerkschaften (Kapitel 5). Wobei das Kapitel 3 stärker theoriegeleitet ist und daher sprachlich etwas komplexer geschrieben ist.

Wir haben uns auch dafür entschieden, in unserem Buch unterschiedliche Textformen zu vereinen. Die einführenden Anfangskapitel haben einen eher wissenschaftlichen und theoretischen Zugang, während die Kapitel im hinteren Teil sich eher aus unseren praktischen Überlegungen speisen. In verschiedenen Kapiteln lassen wir auch andere Personen mit ihren Erkenntnissen zu Wort kommen. In das Kapitel 4 zum feministischen Streik haben wir einen Text von Genoss*innen aus Hamburg aufgenommen. Im Kapitel zu Internationalismus (Kapitel 6) lassen wir andere Leute sprechen und drucken Interviews ab, die wir mit verschiedenen Aktivist*innen geführt haben. Auch für das Kapitel zu Gewerkschaften (Kapitel 5) haben wir verschiedene Menschen interviewt, deren Aussagen in unsere Erkenntnisse miteingeflossen sind.

Wir haben uns zudem bemüht, sprachlich präzise, aber nicht zu kompliziert zu schreiben. Weil wir aber trotzdem eine Menge Fachwörter benutzen, haben wir für euch ein Glossar erstellt, das ihr am Ende des Buches findet. Die Begriffe, die im Glossar stehen, haben wir im Text mit einem hochgestellten G gekennzeichnet. Wir hoffen, wir können damit zu einem besseren Verständnis beitragen.

Wir haben dieses Buch als Kollektiv geschrieben. Das bedeutet, dass wir mit mehr als zehn Personen Aushandlungen darüber geführt haben, worüber wir konkret schreiben, welche Prioritäten wir setzen und was wir zu Dingen denken. Wir haben auch viel diskutiert, wie wir schreiben und welche Wörter und Begriffe wir wählen. Zu vielen Fragen haben wir in der Schreibgruppe widersprüchliche Meinungen und Gedanken gehabt. Während wir uns zu bestimmten Themen inhaltlich einig waren, haben wir zu anderen Fragen viel diskutiert, gestritten und zum Teil schmerzhafte Auseinandersetzungen untereinander geführt. Im Laufe des Buchprozesses sind auch Personen ausgestiegen, weil in Bezug auf die Arbeitsweise und in inhaltlichen Fragen unterschiedliche Haltungen deutlich geworden sind, die innerhalb der Gruppe nicht miteinander vereinbar waren. Das bedeutet, dass dieses Buch keine homogene oder abgeschlossene Analyse darstellt. Vielmehr hoffen wir, dass es den Auftakt von vielen weiteren Debatten und Aushandlungen in unterschiedlichen Kontexten bildet, auf die wir uns jetzt schon freuen!

Wir schreiben dieses Buch aus einer *weißen*[G] Perspektive. Wir haben alle keinen Migrationshintergrund und sind in Deutschland geboren und aufgewachsen, manche von uns in Ostdeutschland, viele von uns in Westdeutschland. Alle Schreibenden studieren derzeit noch oder haben studiert, wir schreiben also aus einer akademischen und durch Theorie informierten Perspektive. Niemand von uns hat eine Be_hinderung[G]. Wir haben unterschiedliche sozioökonomische Hintergründe, teilweise lohnarbeiten[G] wir im Care-Sektor oder in der politischen Bildungsarbeit. Wir sind eine Gruppe von FLINTA*, wir erleben also im Alltag selbst Sexismus und

Queerfeindlichkeit. Und wir sind in Kassel in verschiedenen aktivistischen Kontexten organisiert. Auch das prägt unseren Blick auf Theorie und Praxis. Wir thematisieren in unserem Text auch Diskriminierungsformen, zu denen wir selbst kein Erfahrungswissen haben, wie Rassismus oder Ableismus[G]. Wir sind deshalb auf das Wissen und die Kritik von Genoss*innen angewiesen, die uns Gedanken und Anregungen gegeben haben, auf die wir selbst nicht gekommen wären.

Mit genau diesem Wissen, das uns Genoss*innen zur Verfügung gestellt haben, sind wir teilweise verantwortungslos umgegangen. So haben wir etwa für das Internationalismus-Kapitel ein Hintergrundgespräch mit eine*r Genoss*in geführt und Teile aus diesem Interview in das Kapitel einfließen lassen, ohne anfangs zu kennzeichnen, woher dieses Wissen kommt. Dadurch hat es so gewirkt, als wären wir von selbst auf diese Gedanken gekommen. Um das zu erkennen, mussten wir in einer kritischen Intervention jedoch erst darauf hingewiesen werden. Diese Kritik wollen wir hier sichtbar machen. Die folgende Darstellung der Kritik und die damit einhergehenden Erkenntnisse in den nächsten Absätzen sind das Ergebnis von Gesprächen, die infolge dieser Intervention stattgefunden haben. Wir teilen also auch hier Wissen und Erkenntnisse, die uns in dieser Form nur durch den Austausch mit von Rassismus betroffenen Genoss*innen bewusst wurden.

Wir haben in der Erstellung dieses Buchs sowohl inhaltlich als auch in unserer Arbeitsweise Rassismus reproduziert. Damit haben wir Genoss*innen und Freund*innen von uns verletzt und enttäuscht. »Ich würde gern sagen, es ist verwunderlich, aber das ist es nicht«, brachte es eine*r von ihnen auf den Punkt. Als unsere Auseinandersetzung damit endlich ins Laufen gekommen ist, war das Buch bereits fertig geschrieben. So ging die Abgabe des Manuskripts mit der Reflexion dazu einher, in welchen Punkten und Dimensionen es diesem Buch anzumerken ist, dass es von einer *weißen* Autor*innengruppe geschrieben wurde.

Es ist nicht verwunderlich, dass wir in dieselben rassistischen Muster verfallen sind, die uns diese Gesellschaft von klein auf beigebracht hat: Unsichtbarmachung von und Nicht-Beschäftigung mit Rassismuserfahrungen und die Nicht-Anerkennung der Arbeit, die es bedeutet, sich mit Rassismen auseinanderzusetzen und sie alltäglich zu erfahren.

Hier tritt deutlich zutage, womit wir uns als Autor*innengruppe nur unzureichend auseinandergesetzt haben: Wir sind eine *weiße* Schreibgruppe und haben aufgrund dessen eingeschränkte Sichtweisen und Erfahrungen. Wir gehen von vermeintlichen Selbstverständlichkeiten aus, die so nicht universalisierbar sind, und denken bestimmtes Wissen und viele Erfahrungen nicht mit. Obwohl wir mit dem Anspruch angetreten sind, verschiedene Machtverhältnisse in diesem Buch als Ausgangspunkt zu nehmen, ist an vielen Stellen die Rede von einem »Wir«, das bei Weitem nicht alle Menschen miteinschließt. Die Auseinandersetzung damit ist unbequem, anstrengend und überfordernd und gerade deshalb haben wir uns davor gescheut, sie anzugehen.

Möchten wir aber mit unseren Genoss*innen gemeinsam gegen gesellschaftliche Verhältnisse vorgehen, müssen wir dabei reflektieren, dass wir unterschiedlich von Ungleichheitsverhältnissen betroffen sind und dass auch wir es sind, die diese Verhältnisse reproduzieren und stützen. Unsere Blicke auf den Alltag und die politische Praxis und damit auch auf Möglichkeiten von Emanzipation und Widerstand unterscheiden sich. Rassifizierte[G] und migrantisierte[G] Genoss*innen in Deutschland müssen sich auch innerhalb organisierter Gruppen mit Rassismus befassen und ständig Aufklärungsarbeit leisten. Be_hinderte[G] Personen sind an vielen Orten mit Barrieren konfrontiert, nicht-akademisierte Menschen müssen ständig eine verständlichere Sprache einfordern. Doch nur selten führt das zu einer tiefgehenden Reflexion, die darin mündet, auch die politische Praxis und die Art und Weise, wie wir Kämpfe führen, zu verändern. Damit ist und bleibt die linke Bewegung in Deutschland ein exklusiver Club mehrheitlich *weißer*, privilegierter Personen, der nur schwer zugänglich ist und nur schwerfällig bereit ist, andere Stimmen zuzulassen und ihnen zuzuhören.

Unsere Ignoranz und unsere Rassismen spiegeln sich auch in der bundesweiten feministischen Streikbewegung wider. Sie besteht zu großen Teilen aus *weißen* Aktivist*innen und hat es bisher verfehlt, einen rassismuskritischen Reflektionsprozess einzuleiten und durchzuführen, trotz verschiedener Auseinandersetzungen, die in der Vergangenheit bereits stattgefunden haben. Auch beim Schreiben dieses Buches haben wir es verpasst, diese Kritik aufzunehmen und zu thematisieren. Wir haben uns nicht mit der Frage auseinandergesetzt, weshalb die lokalen und auch die bundesweiten Streik-Vernetzungen mehrheitlich *weiß* sind. Wir haben auch nicht mit migrantisierten und rassifizierten Menschen gesprochen, die bewusst kein Teil der Bewegung (mehr) sind oder sich aufgrund fehlender Auseinandersetzung mit Rassismus innerhalb der Bewegung nicht in dieser organisieren wollen. Das wäre eine wichtige und notwendige Erweiterung für unsere Ausführungen gewesen und stellt nun eine Lücke dar, die wir nicht mehr füllen können. Wir möchten jedoch trotzdem die Diskussion dazu anregen und freuen uns, wenn wir uns zukünftig darüber austauschen!

Trotz der Lücken und Verfehlungen, die wir hier aufzeigen, haben wir uns entschieden, das Buch zu veröffentlichen. Wir selbst haben im Schreibprozess sehr viel gelernt und freuen uns darauf, diese Dinge mit mehr Menschen zu diskutieren. Unsere Reflexionsprozesse hinsichtlich der Frage, inwiefern wir Machtverhältnisse in diesem Buch und in unserer bisherigen politischen Praxis zementieren, sind aber noch lange nicht abgeschlossen. Wir sehen das Buch als einen Zwischenstand in kontinuierlich andauernden Lern- und Übungsprozessen, die darauf abzielen, diese Machtverhältnisse nicht länger zu festigen, sondern stattdessen anzugreifen.

Unsere Perspektiven, aus denen heraus wir dieses Buch geschrieben haben, sind nicht nur *weiß*, sondern auch durch Erfahrungen und Wissen aus dem globalen Norden geprägt. Das bedeutet, dass wir uns hauptsächlich auf diesen Kontext beziehen, meistens ganz konkret auf Verhältnisse und Gegebenheiten in Deutschland.

Nicht nur in Deutschland, sondern an vielen Orten dieser Welt taucht in (queer-) feministischen Debatten immer wieder die umstrittene Frage auf, wer eigentlich das politische Subjekt[G] unserer Kämpfe ist. Auch in unserem Buchschreibprozess haben wir viel darüber diskutiert und uns gefragt: Über wen sprechen wir gerade? Welche Geschlechter sind gemeint, wer erfährt welche Form von Ausbeutung und Ausgrenzung? Und wer steht im Zentrum feministischer Kämpfe? Wir versuchen in diesem Buch, so konkret wie möglich die Geschlechter zu nennen, um die es im jeweiligen Kontext geht. In historischen Betrachtungen geht es oft um Frauen. TIN*[G] Personen tauchen hier meist nicht explizit auf. Viele Analysen in diesem Buch und vor allem Möglichkeiten des Widerstandes, die wir aufmachen, beziehen sich auf FLINTA* (Frauen, Lesben, inter*[G], nicht-binäre, trans*[G] und agender[G] Personen). Teilweise unterscheiden sich die Situationen von Frauen und TIN* aber auch. Und auch trans*, nicht-binäre und inter* Personen sind mit teils sehr unterschiedlichen Problemen und Erfahrungen in dieser Gesellschaft konfrontiert. Auch trans* Personen bilden keine homogene Gruppe: Trans*maskuline und trans*feminine Perspektiven unterscheiden sich. Wir versuchen möglichst, verschiedenen Identitäten nicht einfach nur

›mitzumeinen‹, sondern die verschiedenen Rollen, sozialen Lagen und Erfahrungen zu differenzieren. Dabei ist natürlich klar, dass individuelle Erfahrungen nie in diesen abstrakten Beschreibungen aufgehen. Wir denken aber, dass wir einige gesellschaftliche Gesamttendenzen und grundlegende Mechanismen beschreiben konnten.

Das Buch startet mit zwölf Thesen zum feministischen Streik, welche wir 2021/22 geschrieben haben. Die Thesen bilden den Ausgangspunkt dieses Buches. Die weiteren Kapitel versuchen, verschiedene Begriffe und Überlegungen, die wir in den Thesen formuliert haben, tiefer zu ergründen. In Kapitel 3, »Queerfeministische Klassenpolitik«, machen wir eine Einführung in das Thema Arbeit und Klasse und schauen, wie diese sich auf Patriarchat[G] und Kapitalismus auswirken bzw. mit ihnen im Wechselspiel stehen. Daraus leiten wir dann unsere Theorie der queerfeministischen Klassenpolitik ab und zeigen, warum diese so notwendig ist.

Im Kapitel über den feministischen Streik (Kapitel 4) versuchen wir, historisch, begrifflich und juristisch das Feld zu klären, auf dem wir uns bewegen, wenn wir von einem feministischem Streik sprechen. Dabei wollen wir revolutionäre Potenziale, aber auch Schwierigkeiten des feministischen Streiks abstecken. Unterstützt wird dieses Kapitel durch einen Gastbeitrag von Hamburger Genoss*innen vom 8. März[G]-Bündnis.

Im Kapitel »Da war plötzlich so viel lila …« (Kapitel 5) wird das Verhältnis zwischen Gewerkschaften und der feministischen Streikbewegung genauer unter die Lupe genommen. Grundlage für dieses Kapitel waren viele Gespräche und Interviews mit verschiedenen Aktivist*innen, Kolleg*innen und Wissenschaftler*innen.

Im Kapitel zu Internationalismus (Kapitel 6) beschäftigen wir uns mit Kämpfen an anderen Orten, aber auch damit, was gelebter Internationalismus für uns vor Ort bedeuten kann. Wir möchten unsere Kämpfe mit den ihren verbinden, uns gegenseitig unterstützen und voneinander lernen. Dafür haben wir mit Aktivist*innen aus Polen, Argentinien, dem Iran, der kurdischen Bewegung, Kenia, der Schweiz und Südafrika über ihre Erfahrungen gesprochen und und die gekürzten Interviews hier abgedruckt. In unsere Diskussion sind aber auch Gespräche mit Genoss*innen in Kassel eingeflossen.

In Kapitel 7 beschreiben wir einige Eckpfeiler für einen feministischen Streik heute. Hier geht es zentral auch um die Frage, wie wir mit anderen

Kämpfen in Verbindung stehen, und wir nehmen dabei auch Themen in den Blick, die in der ersten Betrachtung nicht als explizit feministische Themen erkennbar sind. Wir navigieren den feministischen Streik dabei durch das Durcheinander unserer Alltagserfahrungen und der großen Weltgeschichte. Wir enden dann mit Kapitel 8 in einer feministischen Utopie, die, bei genauerer Betrachtung, auch schon in unser heutiges Leben hineinragt.

Wir hoffen, dass euch das Buch in euren Kämpfen weiterhilft, und freuen uns auf die Diskussionen, die wir damit anregen.

2. Zwölf Thesen und ein Buch

Am Anfang dieses Buchprozesses standen zwölf Thesen. Und am Anfang dieser Thesen wiederum eine Menge Fragen. Es war gerade einmal wieder ein 8. März[G] vergangen und wir fragten uns, wo wir nun eigentlich stehen. Wohin steuert die feministische Streikbewegung der BRD? Warum folgte auf die Jahre der breiten und großen Proteste am 8. März, bei denen wir der Form eines tatsächlichen politischen Streiks schrittweise näherzukommen schienen, Jahre der völligen Demotivation und inneren Streitigkeiten? Wer steht denn eigentlich noch hinter dem Aufbau einer feministischen Bewegung[G], die einen feministischen Generalstreik als Zwischenziel anvisiert?

Wir entschieden, dass es in Zeiten mittelfristiger Orientierungslosigkeit ratsam sein kann, sich ernsthaft mit solcherlei Fragen zu beschäftigen. Ergebnis dieses Prozesses waren die zwölf Thesen, die wir nicht als das Ende der Geschichte, sondern vielmehr als Ausgangspunkt der Diskussion betrachteten. Die Diskussion, um die es uns ging und nach wie vor geht, ist die innerhalb einer feministischen Bewegung, zwischen linken Gewerkschafter*innen und Lohnabhängigen, streikerfahrenen, kritischen Stimmen und glühenden Verfechter*innen eines Streiks.

Bei Fertigstellung der Thesen hatten wir einiges gelernt – vieles aber auch nur oberflächlich gestreift und inhaltlich angerissen. Als daher die Frage vom Unrast Verlag kam, ob wir uns vorstellen könnten, ein Buch zu schreiben, nahmen wir uns der Aufgabe trotz aller Skepsis auch mit einiger Freude an. Ein Buch zu schreiben, so viel war uns klar, bedeutete, in eine tiefere Auseinandersetzung mit den Inhalten zu gehen. Nicht nur konnten wir uns der Geschichte des (feministischen) Streikens umfassender annehmen, auch unsere theoretischen Grundlagen konnten plötzlich mehr Raum zur Entfaltung bekommen. Wir stellten fest, dass wir dringend mehr Perspektiven aufnehmen und uns mit Genoss*innen international austauschen wollten.

In den Thesen haben wir eine stärkere Fokussierung auf die Bewegung in ihrem konkreten Zustand vorgenommen. Im Buch hingegen stellen wir uns verstärkt die Frage, was den feministischen Streik eigentlich in seiner Qualität ausmacht. Wo ist der Streik nicht nur eine Methode, sondern auch eine Haltung, eine spezifische Kampfform, die die Widersprüche zum Ausdruck bringt, denen wir als FLINTA*[G] ausgesetzt sind? Das Buch steht also in direkter Kontinuität zu unseren Thesen – es widerspricht ihnen nicht, sondern ergänzt sie mit Tiefe und Perspektive. So konnten wir unseren Streikbegriff über den Prozess des Schreibens nochmals erweitern, indem wir ihn mit umfassenderer Kenntnis aus internationalen Kontexten und einem präziseren Verständnis des Feministischen im Streik bereicherten, ohne dem Streikbegriff der Thesen damit einen Abbruch zu tun.

Wir freuen uns daher, dass wir euch nun am Ende des Buchschreibprozesses eine breite Grundlage zur Diskussion liefern können. Eine, die sich nochmal stärker erklärt und hinterfragt, und die ebenso wie die Thesen zur Kritik und zum Weiterdenken einlädt.

Thesen für den feministischen Streik

Streiks und Massenbewegungen, die Verbesserungen für unsere Lebens- und Arbeitsverhältnisse erkämpft haben, sind Teil unserer Geschichte. Dennoch scheint es heute im globalen Norden schwer vorstellbar, fast unmöglich, noch einmal derartige soziale Bewegungen vereint auf der Straße zu sehen. Dafür hat der neoliberale Kapitalismus mit seinem Individualismus und der daraus folgenden Vereinzelung gesorgt. Doch um sein Überleben zu sichern, untergräbt dieser patriarchale Kapitalismus die Wurzeln seiner – und unserer – Reproduktion[G]: Unser Planet steht kurz vor dem Klima-Kollaps, Depression und Burnout sind an der Tagesordnung, gesellschaftliche Infrastruktur – wie Krankenhäuser – wird privatisiert und dem Profitstreben unterworfen. Erziehung, Pflege und Sorge müssen entweder bezahlt unter Zeit- und Leistungsdruck und prekärsten[G] Bedingungen oder unbezahlt in der raren Freizeit erledigt werden – und zwar vor allem von FLINTA*, die, gerade in der (schlecht) bezahlten Sorgearbeit[G], zudem häufig eine Migrationsgeschichte haben oder sich in besonders vulnerablen Lebenssituationen befinden. Oft scheint es, als hätten wir nicht viele Möglichkeiten, uns gegen das, was uns angetan wird, zu wehren. Doch der Blick auf unsere Geschichte und auch auf die gegenwärtigen feministischen Kämpfe im globalen Süden zeigt uns, dass wir stark sind, wenn wir die Vereinzelung überwinden können! Weil die Krise unserer Zeit eine Krise der Reproduktion ist, muss unsere Antwort eine feministische sein. Aus Polen, Spanien und Argentinien können wir Hoffnung schöpfen und lernen, was zu tun ist.

Unsere Thesen sind ein Versuch zu zeigen, warum der feministische Streik die Kampfansage ist, die wir jetzt vor uns hertragen müssen – und wie wir damit anfangen.

These 1: Als feministische Streikbewegung in Deutschland stecken wir in einer Phase mittelmäßiger Orientierungslosigkeit. Das Hangeln von einer Aktion zur nächsten führt dazu, dass sich unsere Ressourcen leerlaufen, ohne dass wir tatsächlich einen Plan haben, wohin wir wollen und wie wir unsere Ziele erreichen können.

Und so stellt sich immer wieder nach dem 8. März die gleiche Frage: Was nun eigentlich? Wir erholen uns von den Strapazen der Demovorbereitung, machen das Jahr über noch die ein oder andere Aktion, um dann im November erneut mit der Demovorbereitung für den 8. März einzusteigen. Und das jedes Jahr aufs Neue. Wir sind dabei wenig zielgerichtet, machen mal dies und mal das. Unser Motto ist mehr »Hauptsache, wir machen irgendwas«, als dass wir an eine ernsthafte Veränderung glauben und eine konkrete Vorstellung davon haben, was wir wollen. So kann zwar die feministische Bewegung wachsen, doch wohin wir uns eigentlich bewegen, bleibt unklar.

These 2: In den letzten Jahren mangelte es der feministischen Bewegung an einer antikapitalistischen Ausrichtung. Im bestehenden System lässt sich aber keine Befreiung von FLINTA* bewerkstelligen. Wir müssen uns daher gemeinsam für eine queerfeministische Klassenpolitik zur Befreiung aller Geschlechter jenseits des Kapitalismus entschließen!

Feminismus ist geradezu in Mode gekommen: H&M verkauft T-Shirts, auf denen »The Revolution is female« steht, und im Pride Month werden vor den Läden Regenbogenfahnen gehisst. Das macht uns wütend, weil es zeigt, wie feministische Anliegen in das kapitalistische System integriert werden. Dagegen braucht es einen hundertprozentig antikapitalistischen Feminismus, denn ein liberaler Feminismus wird die Gewaltverhältnisse niemals hinter sich lassen: Wir müssen uns also entscheiden, liberale Feminist*innen rechts liegen zu lassen, wenn sie sich nicht davon überzeugen lassen, für eine vollständige Überwindung der Verhältnisse zu kämpfen. Das mag wehtun, aber nicht so sehr wie das ewige Ausharren in den gewaltvollen Zwängen der Gegenwart. Die zwanghafte Herstellung und Aufrechterhaltung von Geschlechterbinarität, das globale Nord/Süd-Gefälle sowie die Ausbeutung von Care- und Sorgearbeit bilden erst das Fundament der kapitalistischen Produktionsweise. Patriarchat und Kapitalismus sind strukturell miteinander verbunden und können daher auch nur gemeinsam überwunden werden. Deshalb: Für eine progressive queerfeministische Klassenpolitik!

These 3: Die Streikbewegung der letzten Jahre hat intern an einem Umgang miteinander gelitten, der uns oft zurückgeworfen hat. Natürlich braucht es Organisierung[G] und Entschlossenheit, aber auch Wohlwollen und Vertrauen. Wenn wir nicht aktiv an einem guten Umgang miteinander arbeiten, wird jede Meinungsverschiedenheit zur Sprengstofffalle und schnell zur nächsten Spaltung.

Streik ist Beziehungsarbeit! Wir alle leben in einer Welt voller Widersprüche und sind dabei mit jeweils unterschiedlichen Erfahrungen und Positionierungen konfrontiert, die unsere Ansprüche und Vorstellungen von politischer Arbeit prägen. Die feministische Bewegung ist kein märchenhafter Ort jenseits der Normalgesellschaft, an dem wir internalisierte Rassismen, Antisemitismus, queer[G]feindliche Verhaltensweisen und anderen Scheiß plötzlich auf magische Weise überwinden würden. Anstatt uns aber deshalb zu zerlegen, sollten wir einen kritisch-solidarischen Umgang einüben, der weder vom Anspruch abrückt, es besser zu machen, noch von der dringend notwendigen Fehlerfreundlichkeit gegenüber uns selbst und anderen.

These 4: Trotz aller Schwierigkeiten müssen wir am Streik als Mittel unserer Wahl festhalten! Durch ihn können wir gesellschaftlichen sowie ökonomischen Druck erzeugen und so die verschiedenen Ebenen, auf denen sich etwas verändern muss, gemeinsam adressieren!

Auch wenn es uns in der BRD bislang nicht gelungen ist, eine Streikbewegung aufzubauen, die ihres Namens würdig ist, dürfen wir den feministischen Streik nicht aufgeben! Er ist genau das Mittel, das wir brauchen, um eine langfristige und antikapitalistische feministische Bewegung aufzubauen, die groß werden kann. Wenn wir Arbeitsverhältnisse in den Mittelpunkt unserer Bewegung stellen, greifen wir die kapitalistische Dimension patriarchaler Unterdrückung an. Ein feministischer Streik verbindet sowohl ökonomische als auch politische Anliegen. Wie bei einem klassischen gewerkschaftlichen Streik legen wir beim feministischen Streik unsere Arbeit nieder – aber erzeugen dabei nicht nur ökonomischen, sondern eben auch gesellschaftlichen Druck. Wir kämpfen dann nicht nur für eine konkrete Verbesserung unserer Arbeitsverhältnisse, sondern auch für eine tiefgreifende Veränderung unserer Lebensumstände: gegen Gewalt an FLINTA*, binäre Geschlechterrollen und neoliberale Sparpolitik. Dafür, dass reproduktive Arbeiten einen wichtigeren Stellenwert in der Gesellschaft erhalten und für alle durch alle gesorgt wird.

These 5: Der feministische Streik kann mehr sein als nur unser Mittel zum Zweck, nämlich bereits ein Prozess, in dem wir Utopien erproben. Das passiert aber nicht von allein, sondern muss ein ausgesprochenes Ziel unserer Arbeit sein.

Streik heißt Verweigerung! Im feministischen Streik verweigern wir uns dabei aber nicht nur der Ausführung unserer abgewerteten und missachteten Arbeit, sondern auch anderer gesellschaftlicher Zwänge – und das erfordert von uns das Erproben von Utopien. Wenn wir die Individualisierung von Sorgearbeit bestreiken, erfordert das unweigerlich kollektivierte Formen der Zubereitung von Mahlzeiten, der Pflege und Kinderbetreuung. Wir müssen neue Arten von Beziehungsarbeit erlernen, auch über gesellschaftliche Spaltungslinien hinweg – und das schon im Hier und Jetzt. Doch wir dürfen nicht dem Trugschluss verfallen, das alles passiere allein durch das Niederlegen von Arbeit. Stattdessen müssen wir das Üben dieser Utopien als Teil unserer Praxis[G] begreifen, anstatt die neuen Formen des Umgangs miteinander in eine ferne, bessere Zukunft zu verlagern. Nur wenn wir alle gesellschaftlichen und kollektiven Dimensionen bei diesem Kampf mitbedenken, kann der feministische Streik als Mittel seine vielen Facetten entfalten und uns zum Erfolg führen!

These 6: Politische Subjekte[G] bilden sich nur im Prozess heraus. Der Aufbau einer großen feministischen Streikbewegung kann ein solcher Prozess sein und uns somit langfristig Handlungsfähigkeit verleihen. Dabei liegt der größte Erfolg darin, erfahrbar zu machen, dass wir die Dinge in die Hand nehmen und die Welt verändern können.

Niemand ist als Revolutionär*in auf die Welt gekommen – und selbst diejenigen, die zu dieser Selbstbezeichnung gelangt sind, würden sich in einer Gesellschaft, die wir uns für die Zukunft erträumen, wohl nur schwer zurechtfinden. Zu sehr sind wir alle geformt und geschult durch die Gesellschaft der Kleinstunternehmer*innen und Egozentriker*innen, durch Profit- und Konkurrenzlogiken. Es braucht einen langsamen, aber steten Umbau der Persönlichkeit, wenn wir in Zukunft bedürfnis- statt leistungsorientiert leben wollen. Wir wollen die Dinge politisch betrachten, anstatt uns wie heute in der Passivität der Repräsentativdemokratie[G] einzurichten. Was es hierfür braucht: Viele verschiedene Prozesse innerhalb der feministischen Streikbewegung, in denen wir uns als politische Subjekte ausprobieren können: als wütende Masse, als umsorgende Genoss*innen und als kritische Köpfe. Nur dadurch, dass wir einen gemeinsamen Weg beschreiten, können wir mehr werden, die Erfahrung von Selbstwirksamkeit machen und die Angst vor dieser ungewissen Zukunft loswerden, die eine echte selbstgestaltete politische Gesellschaft bereithalten könnte! Dafür braucht es nicht immer den fertigen Fahrplan, viel ist schon gewonnen durchs Loslegen, Machen, dabei vielleicht auch mal auf die Fresse Fliegen – und durch die langfristige Perspektive, dass der Weg im Gehen deutlicher werden wird!

These 7: Ohne ein konkretes Ziel können wir keine Strategie entwickeln und niemand wird sich unserem Weg anschließen. Daher müssen wir ausformulieren, was unsere Vision ist: Wir wollen eine bedürfnisorientierte Gesellschaft errichten, in der Reproduktionsarbeit vergesellschaftet ist.

Wer heute Reproduktionsarbeit leistet, der weiß um das aufreibende Gefühl, ständig etwas hinterherzulaufen und selten genug Zeit und Kraft zu haben, um mehr als das Nötigste zu erledigen. Und wie soll es auch anders sein in einem System, das Fürsorge ausschließlich als Mittel begreift, unsere Leistungsfähigkeit für den Arbeitsmarkt zu sichern. Wie schön könnte es hingegen sein, wenn das körperliche und emotionale Wohlbefinden von uns und unseren Mitmenschen kein Extra ist. Wenn wir uns zuallererst um uns selbst und umeinander kümmern, anstatt in ständiger Konkurrenz zueinander Profite für die Firma zu erwirtschaften. Wenn Kranke das Bett nicht räumen müssen, um einer Fallpauschale gerecht zu werden, Menschen ihre Wohnung nicht verlieren können, weil das Viertel teurer geworden ist! Wenn wir in gemeinsamer Verantwortungsübernahme an der Eindämmung des Klimawandels arbeiten, statt dem schwerfälligen Ringen der kapitalistischen Staaten um jedes Gramm CO_2 beizuwohnen. So simpel und doch so anspruchsvoll sind unsere ersten Ideen einer anderen Gesellschaft. Dass das noch längst nicht das Ende aller Weisheit ist, versteht sich von selbst. Aber auch wenn wir den Horizont utopischer Möglichkeiten noch lange nicht vermessen haben, so haben wir doch schon jetzt klar vor Augen: Nachdem wir das patriarchal-kapitalistische Korsett durchschnitten haben, entsteht etwas neues Unbekanntes, das schöner und besser ist als die Tristesse der Gegenwart!

These 8: Neben einem langfristigen Ziel bedarf es auch mittelfristiger radikaler Zwischenziele, die die kapitalistische Logik infrage stellen. In ihnen muss unsere Vision einer anderen Gesellschaft bereits sichtbar werden.

Jaja, im Moment ist überhaupt ein politischer Streik für manche schon das größte der Gefühle. Wir dürfen aber nicht vergessen, dass es uns um das geht, was danach folgt, und dass immer für etwas gestreikt wird! Dieses ›Wofür‹ kann weder immer nur eine sozialdemokratische Verbesserung sein noch direkt die große Utopie, die nur verschwommen am Horizont aufscheint. Um voranzuschreiten brauchen wir radikale Zwischenschritte, welche die kapitalistische Logik selbst angreifen und dadurch auch unserer Utopie schärfere Konturen verleihen. Bereits existierende Beispiele dafür sind die Enteignung und Vergesellschaftung von Wohnungsbau- oder Energiekonzernen wie RWE oder Deutsche Wohnen, aber auch die Neukonzipierung von Bildungseinrichtungen ohne Leistungslogik.

Der politische Streik ist für die Erreichung unserer Ziele und Zwischenziele in vielerlei Hinsicht ein geeignetes Mittel. Gleichzeitig ist der politische Streik selbst schon ein Moment von deren Verwirklichung. Mittel und Zweck sind hier nicht mehr klar voneinander zu trennen. In der Praxis des politischen Streiks scheint unsere Utopie schon auf.

These 9: In den kommenden Jahren wollen wir eine feministische Streikbewegung entlang von Lohnarbeitskämpfen und ergänzend im unentlohnten Sorgebereich aufbauen. Die derzeitigen Arbeitskämpfe[G] in sozialen Berufen sind ein zentraler Ort, um feministische Ideen gesellschaftlich breiter zu verankern.

Für einen feministischen Streik gibt es tausend gute Gründe. Wir können aber nicht gegen alles gleichzeitig ankämpfen. Also wo anfangen? In einem Land wie Deutschland, das bis zum Abwinken mit materiellem Überfluss ausgestattet ist, stellt die immense Ausbeutung bezahlter und unbezahlter

Sorgearbeit einen Skandal dar. In Anbetracht dessen, wer unter welchen Bedingungen im Sorgebereich arbeitet, treten die rassistischen und vergeschlechtlichten Strukturen unserer Gesellschaft besonders hervor und ihre Einhegung in globale Ausbeutungsverhältnisse wird deutlich. Unsere Wut über die bestehenden Verhältnisse hierauf zu konzentrieren, ist daher die logische Konsequenz. Der Angriff auf die kapitalistisch-patriarchale Arbeitsteilung ist mehr als überfällig. Es gibt bereits gesellschaftliche Auseinandersetzungen, die genau an dieser Stelle geführt werden, wie etwa die jüngsten Arbeitskämpfe in Krankenhäusern oder Sozial- und Erziehungsdiensten. Als feministische Streikbewegung besteht unsere Aufgabe darin, uns dort einzumischen und zu unterstützen. Zwischen den Arbeiten im bezahlten und unbezahlten Sorgebereich muss dabei eine Brücke geschlagen werden. Auf Basis feministischer und emanzipatorischer Ideen für ein solidarisches Zusammenleben kann so eine neue Klassenperspektive und neues Klassenselbstbewusstsein entstehen.

These 10: Das kapitalistische Wirtschaftssystem basiert auf rassistischer Ausbeutung und Gewalt. Unser Kampf für eine befreite Gesellschaft kann darum nur ein antirassistischer und internationalistischer sein. Wir müssen unsere strukturellen Verstrickungen und Beziehungen sowohl innerhalb der BRD als auch mit Menschen im globalen Süden im Blick haben, um rassistischen Spaltungslinien des Kapitals aktiven Widerstand entgegenzustellen.

Wenn in der Geschichte des Kapitalismus *weiße*[G] Arbeiter*innen Errungenschaften für sich erkämpfen konnten, geschah dies oft auf dem Rücken von Schwarzen[G] Menschen und People of Color. Wenn sich in Deutschland *weiße* Frauen aus dem Mittelstand weigern, die Hauptverantwortung für unbezahlte Reproduktionsarbeit zu übernehmen, wird sie meist an die migrantischen und migrantisierten[G] Arbeiter*innen unter uns ausgelagert. Damit die imperialistische Verstrickung von Arbeitsverhältnissen in unserem Kampf keine Nebensächlichkeit ist, müssen wir uns als Teil einer internationalistischen Bewegung verstehen. An dieser Stelle sei an eine Aktion der *Roten Zora* erinnert: Aus Solidarität mit streikenden Arbeiter*innen des deutschen Modekonzerns Adler in Südkorea attackierten sie mehrere der Filialen in Deutschland. Mit ihren Angriffen übten sie Druck auf die deutsche Unternehmensleitung aus, schufen Öffentlichkeit für die Arbeitsbedingungen der Näher*innen in Südkorea und trugen maßgeblich zu deren Verbesserung bei. Diese Aktion sehen wir als gelungenes Beispiel für feministischen Widerstand als Teil eines gemeinsamen Kampfes. Zugleich darf unser Feminismus keiner verkürzten Kapitalismuskritik verfallen, die statt gesellschaftlicher Strukturen bloß einzelne Unternehmen oder Bevölkerungsgruppen für schuldig an der kapitalistischen Misere erklärt.

These 11: Wir müssen feministische Kämpfe führen, die konkrete Verbesserungen im Hier und Jetzt bereithalten. Dafür sind Verbindungen zu anderen politischen Kämpfen notwendig.

Die wenigsten Menschen politisieren und organisieren sich aufgrund abstrakter Versprechungen auf eine bessere Zukunft, von der unklar ist, wann sie eintreten wird. Politisch aktiv werden wir, wenn konkrete Verbesserungen erkennbar werden. Feminismus hat für uns in der Vergangenheit schon einiges getan: Vom Recht auf Abtreibung bis zum Aufbrechen sexistischer Rollenbilder war Feminismus schon immer an der konkreten Lebensrealität von FLINTA* dran, und muss das auch in Zukunft sein. Feminismus ist kein Selbstzweck. Wir wollen uns nicht aus Prinzip feministisch organisieren, sondern weil wir davon überzeugt sind, dass Feminismus für ein besseres Leben ausschlaggebend ist. Viele FLINTA* führen andere Kämpfe; für mehr Lohn, bezahlbaren Wohnraum oder Aufenthaltstitel, von denen sie sich direktere Verbesserungen versprechen als vom Feminismus. Das gilt es anzuerkennen! Es geht uns nicht darum, Kämpfe gegeneinander auszuspielen und wiederum einer Haupt- und Nebenwiderspruchs-Argumentation zu verfallen. Ganz im Gegenteil: Es ist unsere Aufgabe zu zeigen, welche Rolle Feminismus in allen anderen emanzipatorischen Auseinandersetzungen spielt und wie Kämpfe miteinander verwoben sind. Lasst uns einen Feminismus prägen, der nicht für abstrakt-theoretische Verbesserungen steht, sondern praktisch, konkret und alltagsnah ist!

These 12: Wir haben eine Welt zu gewinnen! Dafür braucht es Entschlossenheit und Kampfgeist.

Wir wissen es bereits: Wir haben eine Welt zu gewinnen. Und dennoch ist der Weg dahin voller Hürden und das Ziel manchmal nicht in Sicht. Es lohnt daher ein Blick über den eigenen Tellerrand: International werden an unzähligen Orten feministische Kämpfe geführt, zum Teil mit überwältigendem Erfolg. Feminist*innen befreien Stadtteile von patriarchaler Polizeigewalt, gehen selbst in der Diktatur in Massen auf die Straße, bekämpfen Krieg und Naturausbeutung und führen Revolutionen an. In Rojava und Chiapas können wir beobachten, wie Frauen und TIN*G eine feministische Gesellschaft aufbauen. Ihrer aller widerständige Praxis ist ein Hoffnungsschimmer in schwierigen Zeiten. Der Kampf gegen kapitalistische und patriarchale Machtverhältnisse ist kein Zuckerschlecken, doch die feministische Streikbewegung in Deutschland hat sich in einer mittelmäßigen Orientierungslosigkeit verheddert. Umso wichtiger ist es darum, jetzt nicht den Mut zu verlieren. Was wir brauchen? Entschlossenheit und Selbstbewusstsein. Denn wenn wir unsere Arbeit niederlegen, stehen Krankenhäuser still, Fließbänder pausieren und Wohnungen verdrecken. In diesem Moment wird unsere ökonomische und gesellschaftliche Macht sichtbar und wir können die bestehenden Herrschaftsverhältnisse aus den Angeln heben. Darum lasst uns die Ärmel hochkrempeln und gegen Rassismus, Patriarchat und Kapitalismus den feministischen Streik beginnen!

Die Thesen stammen aus einem längeren Prozess der Auseinandersetzung mit den Potenzialen und Möglichkeiten des politischen feministischen Streiks sowie den Fallstricken und tatsächlichen Versuchen seiner Umsetzung in der Vergangenheit. Durch das Diskutieren und Debattieren haben wir einiges gelernt – insbesondere auch über uns und unsere Ziele. Wir hoffen, dass die daraus entstandenen Thesen auch anderen Gruppen und Menschen eine Diskussionsgrundlage bieten können. Zugleich sind wir uns bewusst, dass jedes Pamphlet, sei es noch so durchdacht, Lücken, fehlgeleitetes Denken und hoffentlich auch einige Kontroversen aufweist. Wir freuen uns daher, mit allen zu diskutieren, die andere Sichtweisen, neue Durchblicke, steile Gegenthesen oder Kritik mitbringen, welche uns gemeinsam weiter nach vorne bringen. Immerhin ist es eine gemeinsame feministische Zukunft, die wir anstreben!

Viva el feminismo!
AG Feministischer Streik Kassel
April 2022

3. Für eine queerfeministische Klassenpolitik

Zunächst wollen wir in diesem Kapitel die theoretischen Grundlagen für das klären, worüber in diesem Buch gesprochen werden soll. Einmal werden in diesem Kapitel zentrale Begriffe geklärt, die im feministischen Streik eine Rolle spielen: Was meinen wir damit, wenn wir von Arbeit, Geschlecht, Familie, Klasse schreiben? Es soll aber auch eine kurze gesellschaftstheoretische Einführung geben, in der wir die Missstände beschreiben, gegen die sich der feministische Streik richtet (bzw. richten sollte), und ihren Ursachen auf den Grund gehen. Wir spüren damit auch den gesellschaftlichen Widersprüchen nach, in denen wir handeln, und umkreisen die in feministischer Politik immer wieder kontrovers diskutierte Frage, wer eigentlich das politische Subjekt[G] feministischer Kämpfe ist.

Das Terrain, auf dem wir uns dabei bewegen, ist seit Jahren durch die leidige Diskussion zwischen Klassenpolitik und Identitätspolitik[G] besetzt. Der in dieser Debatte aufgemachte Widerspruch hat jedoch mit unserem Alltagserleben und unserer politischen Praxis[G] überhaupt nichts zu tun. Der (vermeintliche) Widerspruch löst sich beim genauer Hinschauen meist auf oder erweist sich als ganz anders gelagert. In diesem Sinne versuchen wir in diesem Kapitel, einen Begriff queerfeministischer Klassenpolitik als Rahmen zu entfalten, in dem sich auch der feministische Streik als eine bestimmte Form politischer Praxis und Organisierung[G] wiederfindet. Wir hoffen, dass in der von uns vorgeschlagenen Perspektive der queerfeministischen Klassenpolitik die in dieser Debatte enthaltenen Streitpunkte produktiver gewendet werden können.

Klassenpolitik vs. Identitätspolitik

Hierbei handelt es sich um eine kontrovers geführte innerlinke Debatte, wer denn jetzt eigentlich die richtige linke Politik macht und was die richtigen Beweggründe dafür sind.

Klassenpolitik versucht vor allem, kapitalistische Ausbeutungsverhältnisse zu bekämpfen, und wird oft von Marxist*innen vertreten.

Wenn Diskriminierungsverhältnisse wie zum Beispiel Rassismus, Queerfeindlichkeit, Sexismus und so weiter im Fokus linker Politik stehen, wird das oft als Identitätspolitik bezeichnet.
Die Fronten zwischen diesen Politiken sind sehr verhärtet: Der Identitätspolitik wird vorgeworfen, partikulare Interessen anstelle von ökonomischer Ausbeutung in den Blick zu nehmen, und der Klassenpolitik wird vorgeworfen, *weiße*[G], männliche und heterosexuelle Perspektiven als vermeintlich universell zu setzen.
Das ist eine sehr kurze Darstellung für ein grundlegendes Verständnis, für weiterführende Literatur vgl. van Dyk (2019); Purtschert (2017).

In unseren zu Beginn des Buches abgedruckten Thesen fordern wir eine queerfeministische Klassenpolitik für eine Befreiung aller Geschlechter und einen dezidiert antikapitalistischen Feminismus. Unserem Vorhaben nähern wir uns in einer materialistischen[G] Herangehensweise. Das heißt, wir verstehen die Art und Weise, wie produziert wird, als grundlegend für die Gesellschaft. Die aus der Produktionsweise resultierenden Klassenverhältnisse verstehen wir nicht im Sinne einer Diskriminierungsachse, so, wie wir auch Geschlechterverhältnisse nicht als damit konkurrierende Diskriminierungsachse betrachten, sondern wir verstehen beide als Ausbeutungsverhältnisse. Deshalb wollen wir auch queerfeministische Themen, wie zum Beispiel die Diskriminierung von trans*[G] Personen, auf diese Art und Weise betrachten. Die Verbindung von marxistischer und queerer Theorie ist ein noch ausbaufähiges Feld, wie beispielsweise Nat Raha (2023) in »Ein queer-marxistischer Transfeminismus« aufzeigt. Wir hoffen, mit queerfeministischer Klassenpolitik einen kleinen Schritt in diese Richtung gehen zu können. Das klingt erst einmal kompliziert und vielleicht auch sehr ambitioniert, aber wir hoffen, es in diesem Kapitel verständlich zu vermitteln.

Wir beginnen dieses Kapitel mit dem Phänomen der Arbeit, weil wir den Streik als politisches Mittel in das Zentrum unserer Analyse stellen und weil Arbeit für einen Streik den primären Bezugspunkt darstellt. Mit einem feministischen Begriff von Arbeit legen wir einen Fokus auf Care-Arbeit[G], weil diese ein zentrales Feld feministischer Politik ist. Daran anschließend thematisieren wir patriarchale Ausbeutungsverhältnisse und die Rolle der Familie als Ausgangspunkt der Konstruktion von Geschlechterbinarität und Heteronormativität. Dann gehen wir weiter auf Lohnarbeitsverhältnisse im Kapitalismus und Klassenverhältnisse als grundlegendes Merkmal unseres Lebens ein und beschäftigen uns näher mit Klasse, Klassenbewusstsein[G] und Klassenpolitik. Um schließlich aus dieser Analyse des gesellschaftlichen Zusammenhangs Überlegungen zu einer queerfeministischen Klassenpolitik zu entwickeln.

Das Wort »queer[G]« [kwɪər] benutzen wir als Sammelbegriff, der unterschiedliche Lebens-, Beziehungs- und Begehrensformen von Personen umfasst, welche von der Heteronormativität abweichen. Zentral ist dabei das Hinterfragen von Binaritäten, besonders der Gegenüberstellung der Kategorien Frau und Mann. So viel an dieser Stelle erstmal zum Begriff »queer«, mehr dazu dann im Laufe des Kapitels.

Die in diesem Kapitel ausformulierte Perspektive der queerfeministischen Klassenpolitik ist die theoretische Grundlage, mit der wir uns dann im weiteren Buch den feministischen Streik anschauen.

Warum wir über Arbeit reden

Der Streik ist eine Aktionsform, die sich auf Arbeitsverhältnisse bezieht. Ein Streik findet dann statt, wenn Arbeit niedergelegt und unterbrochen wird, um ein bestimmtes Ziel zu erreichen. Das bedeutet: Arbeit steht für den Streik an zentraler Stelle. Um uns dem Streik anzunähern, ist es zunächst wichtig zu klären, was Arbeit eigentlich ist. Für uns fallen unter Arbeit viele verschiedene Tätigkeiten. In einer materialistischen feministischen[G] Tradition verwenden wir einen weiten Arbeitsbegriff, der unterschiedliche Formen von Arbeit umfasst. Wenn wir von Arbeit sprechen, meinen wir damit nicht nur Lohnarbeit[G], sondern auch und vor allem bezahlte und unbezahlte Care-Arbeit, sowie politische und aktivistische Arbeit.

Wir halten den Streik für ein wirkungsvolles politisches Instrument, weil wir in einer Gesellschaft leben, in der Arbeit, Leistungslogik und Konkurrenz entscheidend für gesellschaftliche Anerkennung und Teilhabe sind. Nur, wer etwas ›leistet‹, verdient sich einen Platz. Und diese Leistungsfähigkeit bemisst sich unter anderem daran, wie viel eine Person (lohn-)arbeiten kann. Nach wie vor ist auch die Identität einer Person stark mit ihrer Lohnarbeit und Karriere verbunden. Ihre Persönlichkeit und ihr Status werden durch das geprägt, was sie ›macht‹.

Wir werden von außen auf unsere Lohnarbeit reduziert, nehmen unsere Arbeit aber auch selbst als Identität an. Das bedeutet für uns eine Art Entfremdung von uns selbst und eine Verkümmerung unserer Fähigkeiten und Bedürfnisse.

Gleichzeitig wirken sich Arbeitsverhältnisse und die mit diesen Arbeitsverhältnissen verbundenen Prinzipien auch zunehmend auf unser Leben jenseits der Lohnarbeit aus. Fast alles, was wir tun, kann mit einem Leistungsgedanken versehen und unter Effizienzmaßstäbe gestellt werden. Wir können uns der Verwertung unserer Eigenschaften und Fähigkeiten nicht mehr entziehen, sondern müssen sie jederzeit mit anderen vergleichen und in Konkurrenz zu anderen in Wert setzen. In der Dienstleistungsgesellschaft werden selbst soziale Fähigkeiten wie Empathie zu ›Soft Skills‹, die wir der Arbeitswelt zur Verfügung stellen sollen. Die kapitalistische Zurichtung und Sozialisierung greift umfassend auf unser Leben und unsere Körper zu. Wir müssen uns mit ihren Normen[G] und Zuschreibungen herumschlagen, während wir gleichzeitig lohnarbeiten und unsere Miete bezahlen müssen.

Gerade aufgrund dieser zentralen Stellung der Arbeit ist sie für uns einer der wichtigsten Ansatzpunkte für Widerstand und Revolution[G]. Der Streik setzt somit an der Wurzel der Gesellschaft an.

Das bedeutet im Umkehrschluss, dass sich ein feministischer Streik immer auf das gesamte Leben bezieht. Denn wir bestreiken nicht nur Lohnarbeitsverhältnisse, sondern Arbeitsverhältnisse in allen Lebenslagen. Wir bestreiken Care-Arbeit, Beziehungsarbeit und Hausarbeit. Wir bestreiken den Umstand, unsere Fähigkeiten immer zu etwas nutzen zu müssen, wir bestreiken den Anspruch, ständig an unserer Karriere zu feilen, aber wir bestreiken auch uns selbst und unseren internalisierten Leistungsanspruch in unseren Beziehungen, in unserem politischen Aktivismus und unseren Wohnkontexten. Wir bestreiken Arbeit dort, wo sie uns begegnet, weil wir unter den Bedingungen der Profitmaximierung keine Arbeit leisten wollen.

In der marxistischen politischen Ökonomie wird die zentrale Stellung von Arbeit für eine kapitalistische Gesellschaft herausgearbeitet. Grundsätzlich ist Arbeit eine der zentralen Kategorien in der Kapitalismus- und Gesellschaftsanalyse von Karl Marx, wenn nicht sogar *die* zentrale Kategorie, denn »durch Arbeit erschafft und formt der Mensch die menschliche Wirklichkeit – und letztlich auch sich selbst« (Nachtwey 2014: 111). Arbeit ist »eine von allen Gesellschaftsformen unabhängige Existenzbedingung des Menschen, ewige Naturnotwendigkeit, um den Stoffwechsel zwischen Mensch und Natur, also das menschliche Leben zu vermitteln« (MEW 23: 57). Sie ist das, was den Menschen letztlich vom Tier unterscheidet. Durch Arbeit gestaltet der Mensch bewusst seine Umwelt und eignet sie sich damit an.

Marx sieht den Menschen als ein gesellschaftliches Wesen und Arbeit und Produktion als gesellschaftliche Prozesse. Dadurch wird Arbeit zum »grundlegende[n] Fundament der Gesellschaft« (Nachtwey 2014: 112). Bei dieser Einordnung wird Arbeit als »freie Tätigkeit« oder »Selbsttätigkeit« (Haug 2008: 38) verstanden. Aus dieser Perspektive sind die Menschen »produktiv füreinander tätig [...] [und das] Leben selbst ist lustvolle Produktion« (ebd.). Davon ausgehend lässt sich Arbeit im Anschluss an Marx wie folgt definieren:

> »Arbeit [ist eine] auf ein wirtschaftliches Ziel gerichtete, planmäßige Tätigkeit, für die geistige und körperliche Kräfte eingesetzt werden. Sie ist auf die Erzeugung eines menschlichen Produkts gerichtet und somit Mittel zur Befriedigung menschlicher Lebensbedürfnisse.« (Notz 2014: 171)

Durch die kapitalistische Produktionsweise wird bestimmte Arbeit zu Lohnarbeit, die die Arbeiter*innen der Produktion zur Verfügung stellen müssen. Marx betrachtet die durch die gesellschaftliche Arbeitsteilung entstehende Art von Arbeit in seinem Buch *Das Kapital* als entfremdete Arbeit. Die arbeitende Person selbst hat keine Kontrolle über den Arbeitsprozess und ebenso wenig über das Produkt, das am Ende ihres Arbeitsprozesses entsteht. Deshalb findet hier Entfremdung statt: Zuvor hatten die Arbeitenden einen direkten Bezug zu ihrer Tätigkeit. Arbeit bedeutete beispielsweise, Nahrung anzubauen oder Gegenstände herzustellen. Es handelte sich also um Produktionsprozesse, die direkt erfahrbar waren. Durch die kapitalistische Produktionsweise und die Industrialisierung ist dieser direkte Bezug nicht mehr vorhanden. Die Arbeit dient nicht mehr unmittelbar der eigenen Bedürfnisbefriedigung, sondern wurde selbst zur Ware, die verkauft werden kann bzw. muss. Sie dient dazu, dass Mehrwert[G] produziert werden kann. Das ist insbesondere wichtig, um kapitalistische Klassenverhältnisse zu verstehen. Darauf gehen wir im Verlauf des Kapitels genauer ein.

Was ist Mehrwert?

Mehrwert ist ein zentraler Begriff bei Marx. Um diesen zu verstehen, braucht es zwei andere Begriffe.

Zunächst das **konstante Kapital**[G], welches für die Produktion zum Beispiel eines Stuhls in einer Stuhlfabrik aufgewendet werden muss: Es braucht Werkzeug, aber auch Rohstoffe, in diesem Fall Holz. Nehmen wir an, in unserem Beispiel beträgt das konstante Kapital pro Stuhl 15 €.

Um den Stuhl herzustellen, ist Arbeitskraft notwendig, die auch bezahlt wird. Das ist dann das sogenannte **variable Kapital**. Nehmen wir in unserem Beispiel mal pro Stuhl ein variables Kapital von 20 € an.

Die Gesamtsumme davon läge jetzt bei 35 €. Der Stuhl wird aber verkauft für 50 €. Diese Differenz, die von den Kapitalist*innen (Eigentümer*innen der Stuhlfabrik) abgeschöpft wird, bildet den **Mehrwert**.

Seit Marx' Analyse von Lohnarbeit haben sich die gesellschaftlichen Verhältnisse stark gewandelt. Wir leben in einer neoliberalen und globalisierten Welt, die unsere Arbeits- und Lebensverhältnisse prägt. Das bedeutet, dass es nicht einfach ist, eine klar abgegrenzte Definition von Arbeit ebenso wie von einer Arbeiter*innenklasse vorzulegen. Die marxistische Definition ist jedoch nach wie vor hilfreich, um gesellschaftliche Ungleichheits- und Machtverhältnisse nachzuvollziehen und eine materialistische Perspektive auf die Gesellschaft einzunehmen, um dadurch gesellschaftliche Prozesse zu verstehen und eine utopische Vorstellung von der befreiten Gesellschaft zu entwickeln. Dabei ist es insbesondere wichtig, Arbeit als einen der zentralen Wirkungsmechanismen zu verstehen, der zu einer kapitalistischen Subjektivierung[G] beiträgt. Weil Arbeit alle Lebensbereiche durchdringt, werden wir zu Subjekten erzogen, die nur auf ihre Leistung reduziert werden und für den Kapitalismus funktionieren. Das bedeutet auch, dass der Streik ein wichtiges Mittel ist, um diese Subjektivierung und die damit einhergehende Zurichtung durch den Kapitalismus zu thematisieren und zu bekämpfen.

Care-Arbeit

Eine bestimmte Form von Arbeit ist für den feministischen Streik besonders relevant: die Care-Arbeit[2]. Sie findet sich jedoch kaum in den

2 Wir verwenden in diesem Zusammenhang verschiedene Begriffe: Care-Arbeit, Reproduktionsarbeit und Sorgearbeit. Sie haben jeweils leicht unterschiedliche

Texten von Marx. Hier setzt eine feministische Kritik an Marx an, die die Grundlage für einen materialistischen Feminismus bildet. Im Marx'schen Sinne betrachten wir Care-Arbeit als Reproduktionsarbeit, weil sie für die Wiederherstellung der Arbeitskraft notwendig ist. Hier zeigen sich also die beiden Sphären Reproduktion[G] und Produktion.

Reproduktionsarbeit ist für Marx nicht produktiv (das heißt, sie ist nicht wertschöpfend[G]). Deswegen hilft er uns nur wenig dabei, die ökonomische Bedeutung von Reproduktionsarbeit in unserem kapitalistischen Wirtschaftssystem zu erfassen. Materialistische Feminist*innen kritisieren die Marx'sche Theorie und haben sie weiterentwickelt, indem sie betonen, dass gerade durch die (unbezahlte) Reproduktionsarbeit Mehrwert produziert werde (siehe zum Beispiel Dalla Costa 2022, Bennholdt-Thomsen/Werlhof/Mies 1988, Federici 2021). Nur wer mit Nahrung, einem warmen Zuhause und sauberer Kleidung versorgt ist, kann langfristig jeden Tag zur Arbeit gehen und dort produktiv sein. Und nur durch Reproduktionsarbeit ist es möglich, Kinder zu gebären und großzuziehen und damit neue potenzielle Arbeitskräfte zu ›schaffen‹. Es wurden hitzige Kontroversen zu der bis heute umstrittenen Frage geführt, ob und inwiefern Reproduktionsarbeit im Kapitalismus wertschöpfend ist. Im Kapitel über Klasse greifen wir das Thema auch noch einmal auf. Hier aber schon einmal soweit: Für uns ist die Frage entscheidend, ob sie kapitalistisch organisiert ist. Das Besondere an der Sphäre der (zunächst häuslichen, unbezahlten) Reproduktion ist, dass sie eigentlich nicht direkt den Prinzipien der kapitalistischen Akkumulation[G] unterworfen ist. Diese Sphäre wird demnach von der kapitalistischen Logik abgetrennt. Wenn diese Abtrennung aufgehoben wird, indem reproduktive Tätigkeiten kapitalisiert werden, führt das zu Problemen. Frigga Haug beschreibt, weshalb diese Abtrennung in eine andere Sphäre existiert:

> »Es geht also um zwei Produktionen mit zwei Zeitlogiken: schneller, rationeller die eine, Arbeit einsparend – sorgsam, pfleglich, erhaltend, zeitlich ausgedehnt, ja langsam die andere. Die allmähliche Unterwerfung der langsamen Produktion unter die Kapitalgesetze bringt Zerreißproben ganz anderer Art ins Leben der davon Betroffenen.« (Haug 2015: 518)

Bedeutungen, wir verwenden sie für unseren Kontext jedoch größtenteils synonym, weil sie ähnliche Tätigkeiten zusammenfassen und alle Ausdruck patriarchaler Arbeitsteilung und Ausbeutung sind.

In der Sphäre der Produktion gilt das Prinzip der Einsparung von Arbeit, um mehr Profit zu machen. Im Gegensatz zum kapitalistischen Produktionsprozess, so Frigga Haug, ist die Reproduktionsarbeit nicht unmittelbar dem Zwang zur Profitmaximierung unterworfen und damit auch nicht dem Zwang zur ständigen Produktivkraftsteigerung[G]. Gerade Sorgearbeit braucht Zeit und Zuwendung und ist deshalb schwer den Prinzipien der Profitmaximierung unterzuordnen. In Sorgetätigkeiten kann nur schwer Zeit bzw. Arbeit eingespart werden. Die zunehmende In-Wert-Setzung von Sorgetätigkeiten führt damit zu Spannungen, um die es später noch einmal gehen wird.

Unter Sorge- bzw. Care-Arbeit fassen wir all jene Tätigkeiten, die etwas mit dem Sorgen um und für andere zu tun haben. Das bedeutet, unter den Begriff fallen Tätigkeiten wie Hausarbeit und Erziehung, die zu einer ›Reproduktion‹ der Arbeitskraft beitragen. Sie finden oftmals unbezahlt statt. In den Bereich der bezahlten Care-Arbeit fallen unter anderem Erzieher*innen, Sozialarbeiter*innen, die Altenpflege und die Gesundheitsversorgung insgesamt. Darüber hinaus lassen sich hier auch Putzkräfte und Haushaltshilfen einordnen, welche ebenso Care-Arbeit sind, in der Debatte über Reproduktionsarbeit aber oft ausgeklammert werden. Was alle Sorgearbeitenden gemeinsam haben, ist, dass ihre Arbeit gesellschaftlich abgewertet und unsichtbar gemacht wird, doch findet die Abwertung und Diskriminierung der Tätigkeiten in unterschiedlichen Formen und Ausprägungen statt. Menschen, die für andere putzen oder Haushaltstätigkeiten durchführen, sind besonders betroffen. Sie sind häufig migrantisiert[G] und arm. Durch diese Positionierung fallen sie allzu oft durch das Raster, wenn es um die Problematisierung der geringen Anerkennung von Sorgearbeit geht. Das Zusammenwirken der Ausbeutungsverhältnisse Rassismus und Patriarchat drängt migrantisierte Personen und BIPoC[G] FLINTA*[G] besonders häufig in schlecht bezahlte und unsichere Arbeitsverhältnisse. Auch im globalen Kontext lässt sich hier eine rassistisch abgestufte ›Sorgekette[G]‹ erkennen. Versorgungslücken in der Sorgearbeit im globalen Norden werden mit schlecht bezahlten, migrantisierten Arbeiter*innen geschlossen. Diese wiederum müssen dafür ihre eigene Heimat verlassen und dortige Sorgeverpflichtungen zurücklassen, die dann teilweise wiederum durch noch schlechter bezahlte und marginalisierte[G] Migrant*innen geleistet werden. Am Ende der Sorgekette bleibt eine Unterversorgung bzw. eine immer prekärere Versorgung entlang einer globalen rassistischen Hierarchie (vgl. unter anderem Hochschild 2000, Farris 2015).

Darüber hinaus lassen sich auch Formen von Beziehungsarbeit bzw. emotionaler Arbeit unter Sorgearbeit fassen. Unter emotionaler Arbeit verstehen wir hierbei jene Sorgearbeit, die sich auf emotionale Fürsorge für andere bezieht. Hier geht es um soziale Interaktionen wie Trösten und Konfliktbearbeitung oder darum, Menschen in schwierigen Situationen zu begleiten oder Beziehungen zu pflegen. Gleichzeitig bedeutet emotionale Arbeit auch die Kontrolle und Anpassung der eigenen Emotionen an soziale Situationen, v.a. in Arbeitskontexten. Emotionale Arbeit stellt vor allem für queere, rassifizierte[G] und be_hinderte[G] Personen eine wichtige Form der Sorgearbeit dar. Durch ihre marginalisierte Position innerhalb der Gesellschaft und ihre permanenten Diskriminierungserfahrungen sind sie einer besonders hohen psychischen und körperlichen Belastung ausgesetzt, die durch Communityarbeit[G] und emotionale Arbeit aufgefangen werden muss. Sie haben also einen höheren Bedarf an Fürsorge. Innerhalb marginalisierter Gruppen leisten Personen oft besonders viel Fürsorge füreinander, wenn sie sich permanent mit der Ignoranz und Diskriminierung durch andere auseinandersetzen müssen. Für uns als queere Personen kann das zum Beispiel bedeuten, untereinander Wissen und Material für eine selbstorganisierte Hormontherapie zu teilen und so weniger mit dem Gesundheitssystem konfrontiert zu sein, welches Hürden aufrechterhält, die queeren Menschen einen guten Zugang zu Gesundheitsversorgung erschweren. Die Beispiele queerer Sorge sind vielfältig: Wir tauschen Wissen darüber aus, wie man Binder (ein Kleidungsstück, welches die Brust flach macht) tragen kann, ohne dabei zu wenig Luft zu bekommen. Wir schneiden uns gegenseitig die Haare, weil wir in Friseursalons oft damit konfrontiert werden, ob das denn ein Damen- oder ein Herrenschnitt sei. Wir regen uns zusammen auf und bauen uns wieder auf, wenn wir auf der Straße queerfeindliche Kommentare bekommen. Während marginalisierte Gruppen oft besonders viel Sorgearbeit füreinander übernehmen, müssen sie gleichzeitig dennoch unter kapitalistischen Bedingungen existieren, d.h. lohnarbeiten und die Miete bezahlen (vgl. Raha 2023). In einer queerfeministischen Betrachtung von Sorgearbeit spielen emotionale Arbeit und die Beachtung von psychischer Gesundheit deshalb eine besondere Rolle.

In der feministischen Bewegung[G] und Theoriebildung ist Arbeit bereits seit Ende des 19. Jahrhunderts ein zentrales Thema. Sozialistische Feministinnen forderten ein umfassendes Recht auf Erwerbsarbeit für alle und damit auch für Frauen. Für sie bestand die Befreiung der Frau unter anderem darin, selbst erwerbstätig sein zu dürfen (vgl. unter anderem Dohm 1874; Zetkin 1889). In den 1970er Jahren verschob sich der Fokus auch auf unbezahlte Reproduktionsarbeit, ihre Rolle in der Unterdrückung von Frauen und für das Funktionieren der kapitalistischen Gesellschaft.

Das klang vor allem in der sogenannten ›Hausarbeitsdebatte‹ an. Marxistische Feministinnen übten hier Kritik an der Fokussierung der Marx'schen Werttheorie auf die Erwerbsarbeit (vgl. unter anderem Dalla Costa 2022; Bock/Duden 1977). In der feministischen Auseinandersetzung mit der kritischen politischen Ökonomie rückte die Haus- oder Reproduktionsarbeit ins Zentrum der Betrachtung (Haidinger/Knittler 2016: 86). Eine wichtige Diskussionsgrundlage für die internationale Debatte um Hausarbeit bildete unter anderem der 1971 erschienene Text von Mariarosa Dalla Costa und Selma James *Women and the Subversion of the Community*. Sie argumentieren, der Kampf der Arbeiter*innenklasse könne nicht im Kampf der Männer in der Fabrik enden, sondern müsse um den Haushalt erweitert werden (Dalla Costa 2022: 34). Zentral ist dabei für sie die Figur der Hausfrau: »Wir gehen davon aus, dass alle Frauen Hausfrauen sind; auch diejenigen, die außerhalb des Hauses arbeiten, sind weiterhin Hausfrauen.« (ebd.: 36). Die Rolle der Hausfrau bestimme die Rolle der Frau weltweit, besonders die der Hausfrau aus der Arbeiter*innenklasse, die »entscheidend ist für die Stellung aller anderen Frauen« (ebd.). Anders als die sozialistischen Feministinnen sahen Dalla Costa und James Erwerbsarbeit nicht als Option für Emanzipation oder Befreiung an, denn die »Sklaverei des Fließbands ist keine Befreiung von der Sklaverei des Spülbeckens« (ebd.: 53). Um all dies zu erreichen, sei es ausschlaggebend, die Rolle der Hausfrau zu zerschlagen und eine neue Identität zu finden. Die Herausforderung der Frauenbewegung besteht demnach also darin:

> »Kampfformen zu finden, die, während sie die Frauen vom Haus befreien, auf der einen Seite eine doppelte Sklaverei vermeiden und auf der anderen Seite eine weitere Stufe der Kontrolle und Disziplinierung durch das Kapital verhindern. Dies ist für die feministische Bewegung letztlich die Trennungslinie zwischen Reformismus und revolutionärer Politik.« (ebd.: 71)

Bereits hier wird eine revolutionäre Praxis also als diejenige verstanden, die Frauen von jeder Form von Ausbeutung befreit, egal ob zu Hause oder in der Fabrik. Darin sehen wir einen wichtigen Bezugspunkt für unsere Forderung nach einem feministischen Streik.

In Anschluss an die Veröffentlichung des Textes von Dalla Costa und James kam unter Feminist*innen die Debatte über Lohn für Hausarbeit auf. Eine der wichtigsten Vertreter*innen der Forderung nach Lohn für Hausarbeit ist Silvia Federici. Auch sie stellt sich gegen eine Naturalisierung von Frauen als Hausfrauen, da somit auch die Hausarbeit an sich zu einer weiblichen Eigenschaft werde: »Vielleicht dienen wir nicht einem Mann, aber wir stehen gegenüber der gesamten Männerwelt in einem dienenden Verhältnis« (Federici 2021: 41). Bei der Forderung nach Entlohnung der Hausarbeit gehe es darum, Hausarbeit sichtbar zu machen und sich gegen die zugewiesene soziale Rolle zu wehren. Es werde dadurch außerdem deutlich, dass das Kapital von der Hausarbeit profitiere, »dass das Kapital mit unserem Kochen, Lächeln und Ficken Geld verdiente und verdient« (ebd.: 43). In der Auseinandersetzung mit allgemeinen linken Positionen in der Debatte setzt sich Federici außerdem gegen die Idealisierung unbezahlter Arbeit und der Familie als Privatraum ein. Die Debatte um Wages for Housework/Lohn für Hausarbeit bildet für uns einen wichtigen Bezugspunkt in der feministischen Theoriebildung, weil sie die materialistische Perspektive eröffnet, die unserem Verständnis von Arbeit zugrunde liegt. Sie zeigt auf, dass das kapitalistische System in eine Krise stürzen würde, wenn unbezahlte Arbeit[G] bezahlt werden würde. Es wird deutlich, wie sehr das System auf unbezahlte Arbeit angewiesen ist. Das wird in der Forderung »Lohn für Hausarbeit« erst sichtbar, weil Arbeit in unserer Gesellschaft nur dann als ›Arbeit‹ angesehen wird, wenn sie bezahlt wird. Die Forderung ist vor allem polemisch zu verstehen und nicht als tatsächlicher Vorschlag für politische Maßnahmen. Es ist nicht Teil unserer Utopie, Hausarbeit ebenfalls in eine Verwertungslogik einzuordnen. Aber von der Hausarbeitsdebatte können wir lernen, dass auch der Haushalt bzw. Care- und Sorgearbeit Ansatzpunkte für Widerstand und Revolution sein können. Erst mit der Forderung nach Entlohnung der Hausarbeit wird diese gesellschaftlich sicht- und damit verhandel- und wandelbar.

Schwarze[G] Feminist*innen haben diese Debatte um antirassistische Perspektiven ergänzt: Das Private und die im Privaten geleistete Hausarbeit hat für Schwarze Frauen oft eine andere Bedeutung. Es kann sich hier um einen Rückzugsort gegenüber der rassistischen Öffentlichkeit handeln, um einen Ort, an dem widerständige Traditionen weitergegeben werden können und wo Hausarbeit in Abgrenzung zu der viele Jahrhunderte lang erzwungenen Sklavenarbeit die Sorge um das eigene Leben und um die Menschen, die einem wichtig sind, bedeutet (vgl. unter anderem Hill Collins 1991).

Die Organisation *Wages Due Lesbians*[G] fügte der Auseinandersetzung um Lohn für Hausarbeit eine queere Perspektive hinzu. Sie listeten auf, welche spezifische physische und emotionale Arbeit in diesem Fall lesbische Frauen zu leisten haben, wobei sich diese Liste auch auf andere queere Lebensweisen übertragen lässt. Hierbei handelt es sich beispielsweise um den Umgang mit Diskriminierungserfahrungen, Auseinandersetzungen mit der eigenen queeren Identität, aber auch um konkrete materielle Sorgen in marginalisierten Arbeitsverhältnissen oder die Sorge um andere queere Personen. Sie forderten deshalb einen besonderen Fokus auf Hausarbeit und den Haushalt aus queerer Perspektive (vgl. Wages Due Lesbians 1991, Louise Toupin 2022: 108 ff.). Zudem kann der ›queere Haushalt‹ auch als ein Ort bestimmt werden, der vor allem für proletarische Queers von besonderer Bedeutung für revolutionäre Ansätze sein kann. Als queere Haushalte können Gemeinschaftsstrukturen verstanden werden, in denen sich queere Personen zusammenfinden, um gemeinsam zu leben und sich gegenseitig zu unterstützen. Sie könnten demnach als Orte dienen, an dem proletarische Queers ein Klassenbewusstsein entwickeln können. Hier könnten Subjektivierungsprozesse stattfinden, die es Menschen ermöglichen, der Gewalt des Kapitalismus standzuhalten oder sich ihr gar entgegenzustellen (vgl. Cohen/Monk 2016). Das bedeutet, der queere Haushalt könnte ein Ansatzpunkt für eine queerfeministische Klassenpolitik sein.

Seit den 1970er Jahren und den damaligen Debatten rund um Hausarbeit haben sich die Arbeits- und Familienstrukturen gewandelt. Das (*weiße*, bürgerliche[G]) Ideal der Familie, in der der Mann der Alleinernährer ist und die Frau nur in der Rolle der Hausfrau existiert, ist nicht mehr das dominierende Familienmodell. Aufgrund niedriger Löhne ist und war es schon immer nur bestimmten Familien möglich, dass nur eine von zwei erwachsenen Personen lohnarbeitet und die andere sich um Haushalt und Kinder sorgt. Durch die globale Sorgekrise[G] und eine immer tiefgreifendere Neoliberalisierung von Arbeits- und Familienstrukturen sind wir mit einem größer werdenden Sorgebedarf konfrontiert. Die Arbeits- und Bevölkerungsstrukturen der Gesellschaften (vor allem des globalen Nordens) verändern sich. Personen, die vorher im privaten Haushalt unbezahlte Sorgearbeit geleistet haben (also hauptsächlich Mütter) müssen einer Lohnarbeit nachgehen, weil das ›Alleinernährermodell‹ nicht mehr funktioniert, um eine Familie zu versorgen. Das heißt, die private Sorgearbeit muss ausgelagert werden. Zudem werden die Bevölkerungen immer älter, sodass ein erhöhter Pflegebedarf entsteht. Dieser erhöhte Sorge- und Pflegebedarf kann im neoliberalen Wohlfahrtsstaat jedoch nicht mehr adäquat aufgefangen werden, weil die wohlfahrtsstaatlichen Strukturen immer weiter neoliberalisiert und nach Profitlogiken ausgerichtet werden. Pflegeeinrichtungen und Krankenhäuser sollen durch Fallpauschalen und einer Quantifizierung von Tätigkeiten profitabler gemacht werden. Selbst Kindertagesstätten und Einrichtungen der sozialen Arbeit sehen sich damit konfrontiert, dass ihre Arbeit durch unrealistische Personalschlüssel und Einsparungsmaßnahmen einer Profitlogik unterworfen wird. Am Ende sind es Pflegebedürftige und Kinder, die von der unzureichenden Versorgung betroffen sind. Die im Care-Sektor Beschäftigten leiden vermehrt unter Stress und Burnout, die Folgen sind hohe Krankenstände und Personalmangel. Daraus entstehen dann teilweise die oben erwähnten globalen Sorgeketten, wenn das Sorgedefizit durch Personen aus beispielsweise osteuropäischen Ländern aufgefangen wird, die dann wiederum in ihren Herkunftsländern und Familien fehlen.

Warum wir über das Patriarchat reden

Sorgearbeit spielt in unterschiedlichen Formen in allen Lebensbereichen eine wichtige Rolle und muss sichtbar gemacht werden. Die Aushandlung von Sorgearbeit ist demnach aktueller denn je. Eine durchgreifende gesellschaftliche Veränderung kann nur dann stattfinden, wenn wir uns mit Sorgearbeit und Arbeit generell befassen und uns die gesellschaftlichen Strukturen bewusst machen, die mit ihnen verbunden sind. Die Funktionsweise von Sorgearbeit ist untrennbar mit der Konstruktion von Geschlecht im Kapitalismus verbunden. Wie wir sehen konnten, ist die Reproduktionssphäre ganz eigenen Logiken unterworfen, die wir nachvollziehen können, wenn wir uns der Konstruktion von Geschlechterverhältnissen im Kapitalismus zuwenden.

Patriarchale Ausbeutung im Kapitalismus

Die Sphäre der Reproduktion ist nicht als herrschaftsfreier Ort der Liebe und gegenseitigen Sorge zu verstehen, sondern ist selbst geprägt durch eine eigene Form der Ausbeutung in einer eigenen Logik. Diese eigene Logik, von der hier die Rede ist, ist das Patriarchat. Patriarchat definiert Heidi Hartmann als

> »eine Ansammlung sozialer Beziehungen zwischen Männern [...], die eine materielle Grundlage haben und die, obgleich hierarchisch, gegenseitige Abhängigkeit und Solidarität unter Männern durchsetzen und schaffen, wodurch sie die Frauen beherrschen können. Obwohl das Patriarchat hierarchisch ist und Männer verschiedener Klassen, [*races*] oder ethnischer Gruppen verschiedene Positionen im Patriarchat haben, sind sie alle durch ihr gleiches Herrschaftsverhältnis über ihre Frauen vereint, sie sind voneinander abhängig, um diese Herrschaft aufrechtzuerhalten. [...] In der Hierarchie des Patriarchats sind alle Männer, gleich welche Stellung sie innerhalb des Patriarchats einnehmen, gekauft, da sie die Kontrolle über zumindest einige Frauen haben.« (Hartmann 1983: 46)

In dieser Definition bedeutet Patriarchat zunächst die Herrschaft von Männern über Frauen. Hartmann geht davon aus, dass Männer sich gegenseitig, unabhängig von ihrer gesellschaftlichen Position und sonstigen Differenzen, den Zugriff auf Frauenkörper absichern. Das Prinzip von Männerbünden wie etwa Burschenschaften, in denen sich Männer gegenseitig gesellschaftliche Macht zuschachern, beschreibt Hartmann als konstitutives Prinzip für das Patriarchat insgesamt. Eine, wie wir finden, sehr triftige Kritik an dieser Position wurde von Schwarzen Feminist*innen geleistet: Schwarze Männer werden aus dem Männerbund ausgeschlossen, ihnen wird von *weißen* Männern nicht zugestanden, uneingeschränkt auf die Körper und die Arbeit von Frauen zuzugreifen (vgl. Joseph 1993). Gut erkennen lässt sich das beispielsweise an der Debatte um die ›Kölner Silvesternacht‹ 2015/2016. Hier haben *weiße* Männer, die sicherlich ansonsten beispielsweise einen übergriffigen Kollegen auf der Arbeit decken würden, gegenüber den rassistisch markierten Männern keine Männersolidarität gezeigt. Das heißt nicht, dass nicht auch BIPoC Männer vom Patriarchat profitieren. Doch Übergriffe/Gewalt durch *weiße* Männer wird oft eher legitimiert und verharmlost, während Gewalt von rassifizierten Männern eher skandalisiert wird.

Die materielle Basis des Patriarchats sieht Hartmann in der männlichen Kontrolle über weibliche Arbeitskraft, indem Frauen in eine abhängige Position gebracht werden. Das geschieht maßgeblich durch die Kontrolle und Herrschaft über weibliche Körper und Sexualität. Frauen wird dabei der selbstständige Zugriff auf ihren Körper verwehrt, indem ihnen in der patriarchalen Gesellschaft der Subjektstatus abgesprochen wird. Die Basis für die Betrachtung heutiger Gesellschaften und ihrer aktiven Gestaltung durch ihre Mitglieder bilden die Theorien der Aufklärung, beispielsweise von Jean-Jacques Rousseau, Thomas Hobbes, Renée Descartes oder Immanuel Kant (ja, alles *weiße* Männer). Die Zeit der Aufklärung beginnt im 18. Jahrhundert und setzt den Anfangspunkt für die Moderne. Sie liefert philosophische und wissenschaftliche Grundannahmen, die heute nach wie vor wirksam sind. Nach ihren Theorien ist das moderne Subjekt dadurch gekennzeichnet, dass es vernünftig ist. Körper und Geist sind in dieser Theorie getrennt, der Geist bestimmt über den Körper. Bei diesem Subjekt handelt es sich jedoch nicht um eine beliebige Person, sondern (zumindest implizit) um einen *weißen* heterosexuellen bürgerlichen Mann. Das bedeutet, dass diese Figur nicht als Subjekt mit besonderen Merkmalen hervortritt. Stattdessen wird sie zur universellen Norm, erscheint als ›das Normale‹ und ist insofern nicht sichtbar. Personen, die dieser Norm nicht entsprechen, werden als ›die Anderen‹ definiert und dadurch abgewertet. Sie haben Körper, die stets auffallen und ständig Gefahr laufen, Gewalt zu erfahren.

Die Geschlechterbinarität, wie wir sie heute kennen, entsteht erst in diesem Prozess. Das bedeutet, es wird von zwei gegensätzlichen Geschlechtern, nämlich Mann und Frau, ausgegangen. Andere Geschlechter spielen in dieser Logik erst einmal keine Rolle und fallen aus der Struktur heraus. Das bedeutet, die Geschlechterordnung führt zunächst zu einer Abwertung von Frauen und schließt zudem andere Geschlechter komplett aus, weil sie laut dieser Logik gar nicht vorkommen. Deshalb sprechen wir in diesem Teilabschnitt erst einmal hauptsächlich von Frauen und Männern. Wir legen hier die Grundlage, um die Normen der Geschlechterordnung zu verstehen, denen wir nach wie vor unterworfen sind. Im nächsten Abschnitt gehen wir genauer darauf ein, wie diese Geschlechterordnung im Verhältnis zu Queerness und queeren Personen steht.

In der Geschlechterbinarität wird das Männliche, Rationale und ›Vernünftige‹ dem Weiblichen, Körperlichen und Emotionalen gegenübergestellt. Die in diesem Sinne aufgeklärte Gesellschaft ist dementsprechend eine patriarchale Gesellschaft, in der Männer als selbstdenkende Subjekte eingeordnet und den Frauen übergeordnet werden.[3] Einer der Hauptmechanismen, mittels dessen die Herrschaft der Männer über Frauen durchgesetzt wird, ist die Ehe. In der Ehe wird die Frau zum ›Eigentum‹ des Mannes und dem Mann untergeordnet. So war in Deutschland bis 1976 vorgeschrieben, dass die Frau den Namen des Mannes annehmen musste, sie wurde also in seine Familie eingeordnet. Die Ehe befördert mittels steuerlicher Anreize (Ehegattensplitting[G]) eine nach wie vor ökonomische Abhängigkeit durch das Alleinverdienermodell. Weil es sich dadurch mehr lohnt, wenn eine Person viel und eine Person wenig verdient, sind viele Frauen als Hausfrauen und in prekären Teilzeitbeschäftigungen ohne Aufstiegschancen tätig. Dadurch werden sie vom Einkommen des Mannes abhängig (vgl. Roig 2023). Zudem ermöglichte die Ehe bis in die 1990er Jahre hinein den Zugriff des Mannes auf den Körper seiner Ehefrau, wie sich beispielsweise daran zeigt, dass Vergewaltigung in der Ehe in Deutschland bis 1997 als nicht strafbar galt und die Ehepartner*innen ihre »ehelichen Pflichten« in Form von Sexualität zu erfüllen hatten. Dadurch, dass Frauen die Vernunft abgesprochen wurde, scheint der Schluss logisch, dass sie eines Mannes bedürfen, der sie kontrolliert und Entscheidungen für sie trifft. Gleichzeitig legitimiert die Konstruktion des Weiblichen als das Natürliche auch die Verortung im Haushalt und in der Sorgesphäre. Der Haushalt ist der Ort, an dem sich mit der Entstehung und dem Ende des Lebens und der Befriedigung aller ›natürlichen‹ Bedürfnisse dazwischen beschäftigt wird. Hier geht es um die Sorge um die biologische Reproduktion der Menschen, um ihre Ernährung und Pflege, um das Gebären von Kindern. All das, was am menschlichen Leben als natürlich erscheint, findet hier seinen Ort. In der durch Vernunft beherrschten Öffentlichkeit ist kein Platz dafür. Durch diese Konstruktion zweier Geschlechter anhand der Unterscheidung Vernunft/Natur ist es möglich, Frauen im häuslichen Raum zu verorten und ihnen Sorgetätigkeiten zuzuschreiben. Die vergeschlechtlichte Organisation von Arbeit und Körpern im patriarchalen Kapitalismus ist also einerseits funktional fürs Kapital (weil Sorgetätigkeiten so ins Private ausgelagert werden können) und im Interesse von Männern, also denjenigen, die in dieser Geschlechterordnung Zugriff auf die Körper und die Arbeit von anderen bekommen. Immer mal wieder geraten die Interessen von Männern und das Interesse

3 Das lässt sich unter anderem bei Carole Pateman (1988) genauer nachlesen. In *The Sexual Contract* geht sie noch einmal genauer auf Theorien der Aufklärung ein und erläutert ihre vergeschlechtlichte Komponente.

des Kapitals dabei auch in Konflikt. Wenn Frauen vermehrt lohnarbeiten gehen, senkt das die Löhne[4] und macht noch mehr Arbeitskraft für das Kapital ausbeutbar, entzieht aber den Männern tendenziell den direkten Zugriff auf Frauen. So schreibt Hartmann:

> »[D]ie große Mehrheit der Männer kann wollen, dass ihre Frauen zu ihren persönlichen Diensten zu Hause bleiben. Eine kleinere Anzahl Männer, die Kapitalisten sind, kann wollen, dass die meisten Frauen (nicht ihre eigenen) auf dem Arbeitsmarkt als Lohnarbeiterinnen arbeiten.« (Hartmann 1983: 53)

Auf die Ausführungen oben ließe sich entgegnen, dass sich die Strukturen mittlerweile ja geändert hätten. Frauen gehen mittlerweile lohnarbeiten und unterstehen nicht mehr in derselben Weise ihrem Ehemann wie noch vor 50 Jahren. Dennoch wird nach wie vor eine ökonomische Abhängigkeit von Ehemännern befördert, übernehmen Frauen nach wie vor das Gros der unbezahlten oder schlecht entlohnten Care-Arbeit und müssen sich Frauen mit der Zuschreibung der natürlichen Fürsorglichkeit auseinandersetzen, die den Zugriff auf ihre Körper und ihre Arbeit rechtfertigen soll. Auch wenn sich Familienstrukturen mittlerweile geändert haben, es neue Gesetzgebungen gibt und immer mehr Menschen Zugang zu Lohnarbeitsverhältnissen haben, leben wir nach wie vor in einer patriarchalen und sexistischen Gesellschaft. Das Patriarchat greift dabei nicht nur auf Frauenkörper zu und reguliert diese, sondern funktioniert allgemein über die medizinische Kontrolle von ›abweichenden‹ Körpern und Reproduktionstechnologien.

Medizinische Forschung, die Menschen mit Uterus betrifft, wird wenig gefördert, was sich beispielsweise an der gering entwickelten Forschung zu Krankheiten wie Endometriose[G] zeigt. Menschen, die schwanger werden können, haben in Deutschland heute immer noch nicht die Möglichkeit, frei darüber zu entscheiden, ob sie ein Kind bekommen wollen oder nicht. Rassifizierten und be_hinderten Personen wird oftmals das Recht abgesprochen, schwanger werden zu dürfen, wenn sie das wollen. Zwangsverhütung und -sterilisation gibt es auch heute noch, etwa in Einrichtungen für

---

4 Der Lohn ist bestimmt durch das, was die Arbeiter*innen brauchen, um sich ihre Lebensmittel leisten zu können. Wenn in einem Haushalt nicht mehr wie beim Alleinernährermodell eine Person arbeiten geht und den Unterhalt für den gesamten Haushalt verdienen muss, sondern zwei Personen arbeiten, brauchen diese zusammen nur so viel Lohn wie vorher ein*e Arbeiter*in alleine. Das Kapital bekommt so also die Arbeitskraft von zwei Arbeiter*innen zum Preis von einer.

be_hinderte Personen oder im Zuge von ›Entwicklungszusammenarbeit‹ im globalen Süden. Auch queere Personen haben oftmals nur erschwerten Zugang zu Reproduktionstechnologien oder Adoption, wenn sie einen Kinderwunsch haben. Um diesen zu erfüllen, müssen sie oftmals viel Zeit und Geld investieren und sich staatlicher Schikane aussetzen, beispielsweise um als Elternteil anerkannt zu werden. Darüber hinaus erfahren Menschen, deren Körper als weiblich oder queer wahrgenommen werden, tagtäglich Übergriffe und Gewalt. Das geht von Belästigungen auf der Straße bis zu Vergewaltigungen und Femiziden[G]. Diese drastischeren Formen patriarchaler Gewalt sind dabei Folgen von alltäglichen Formen wie Lohnungleichheit, Verdrängung in prekäre Arbeitsverhältnisse und ständiger Abwertungen. Das Patriarchat ist also nach wie vor sehr wirksam, auch wenn es sich je nach Zeit und Raum immer verändert und unterschiedlich ausgestaltet.

Binarität und Heteronormativität

Wie wir oben schon angedeutet haben, wirkt das Patriarchat besonders in Zusammenhang mit Heteronormativität und Zweigeschlechtlichkeit. Doch wie ist es eigentlich zu der Konstruktion zweier gegensätzlicher Geschlechter gekommen? Wenn wir uns die ungleiche Arbeitsteilung im Kapitalismus anschauen, könnte man sich auch fragen, warum eigentlich ausgerechnet den Frauen unbezahlte und abgewertete Reproduktionsarbeit zugeschrieben wird. Dem Kapital ist es ja erst einmal egal, wer diese Aufgabe übernimmt. Auch wenn es so wirkt, hat die Geschlechterbinarität nicht immer so existiert, wie wir sie heute erleben. Bis zum 18. Jahrhundert gab es anstelle einer starren Binarität zwischen Mann und Frau viel mehr ein graduelles Ein-Geschlechter-Modell. Auf dieser Skala waren Männer und Frauen zwar nicht gleich viel wert, Frauen galten auch dort eher als eine Art unterentwickelter Mann. Es lag also schon eine Abwertung vor, aber Mann und Frau waren keine entgegengesetzten Kategorien. Im Laufe des 18. Jahrhunderts etablierte sich mehr und mehr das Zwei-Geschlechter-Modell. Durch die aufstrebenden modernen Humanwissenschaften und, wie oben bereits erwähnt, Theorien der Aufklärung wurde die ›geschlechtliche Differenz‹ entdeckt und fatalerweise wurden daraus nicht nur körperliche, sondern auch vermeintliche Unterschiede in Bezug auf Fähigkeiten und Zugehörigkeiten abgeleitet. Dadurch konnte die strikte Grenzziehung zwischen unter anderem privat und öffentlich, männlich und weiblich, rational und emotional, Kultur und Natur etabliert werden.

Auch hier ist es wichtig zu erwähnen, dass es sich dabei um einen *weißen* und bürgerlichen Diskurs handelt. Im Zuge der Kolonialisierung wurden Menschen in den Kolonien nicht als Menschen anerkannt. Damit wurde die Unterwerfung dieser Länder und die Versklavung der Bevölkerung überhaupt erst ideologisch begründet und gerechtfertigt (vgl. McClintock 1995). Auch die vergeschlechtlichten Zuschreibungen sind somit rassistisch geprägt. Die Vorstellungen von *weißer* Weiblichkeit sind andere als die von Schwarzer Weiblichkeit – genauso wie die damit verbundenen gesellschaftlichen Rollen. So ist etwa an vielen Orten der Welt die Annahme verbreitet, Frauen seien zu zart und schwach für körperlich anstrengende Arbeit. Diese Vorstellung ist jedoch keine allgemeingültige, sondern die von einer *weißen* Weiblichkeit. Die US-amerikanische freigelassene Sklavin und Frauenrechtlerin Sojourner Truth entlarvt die rassistischen Vorstellungen von Weiblichkeit in ihrer vielzitierten Rede 1851 auf einem Frauenkongress in Ohio:

> »Der Mann sagt, dass Frauen beim Einsteigen in eine Kutsche geholfen werden müsse, und auch beim Überqueren von Gräben und dass ihnen überall der beste Platz zustehe. [...] Bin ich etwa keine Frau? Sehen Sie mich an! Sehen Sie sich meinen Arm an! Ich habe gepflügt, gepflanzt und die Ernte eingebracht, und kein Mann hat mir gesagt, was zu tun war! Bin ich etwa keine Frau? Ich konnte so viel arbeiten und so viel essen wie ein Mann – wenn ich genug bekam – und die Peitsche konnte ich genauso gut ertragen! Bin ich etwa keine Frau?« (Sojourner Truth 1851).

Die Herausbildung dieser vergeschlechtlichten und rassifzierten Normen ist maßgeblich mit der Herausbildung der kapitalistischen Produktionsweise verknüpft. Sowohl Rassifizierung als auch Vergeschlechtlichung sind notwendig und funktional für die kapitalistische Gesellschaft. Das können wir mit den Theorien von Michel Foucault und Silvia Federici genauer verstehen. Federici zeichnet in *Caliban und die Hexe* (2017) jene Prozesse in der Zeit der ursprünglichen Akkumulation[5] nach, in der Weiblichkeit und Frauen »eingehegt«[6] wurden und sich moderne Geschlechterverhältnis-

5 Damit ist die Phase gemeint, in der die Ursprünge der kapitalistischen Produktionsweise entstanden.

6 ›Einhegung‹ ist hier als Metapher für Kontrolle zu verstehen. Mit Einhegung ist die Umzäunung von Grundstücken gemeint, die ursprünglich der Allgemeinheit zur Verfügung standen und von allen Menschen gleichermaßen genutzt und gepflegt

se, Vorstellungen von Weiblichkeit und Familienstrukturen entwickelten. Federici argumentiert, dass die Hexenverfolgung ein wichtiger Bestandteil in der Durchsetzung einer patriarchal-kapitalistischen Ordnung war. Als Hexen wurden unter anderem Personen angesehen und verfolgt, die selbstständig lebten. Es waren oftmals Personen, die ein großes naturkundliches und medizinisches Wissen, zum Beispiel in Bezug auf Schwangerschaften und Abtreibungen hatten. Sie widersprachen damit der sich durchsetzenden patriarchalen Ordnung, die Frauen im Haushalt verortete und als zu beherrschende Objekte einordnete. Die Hexenverfolgung steht beispielhaft für die gewaltsamen Prozesse, die mit der Herausbildung von Kapitalismus und Patriarchat einhergingen. Für den modernen industrialisierten Staat war es wichtig, die Bevölkerungsentwicklung zu kontrollieren, weil neue Arbeitskräfte benötigt wurden. Das bedeutete für den Staat, sich Zugriff auf Körper zu verschaffen, die schwanger werden können, und die Kontrolle von Schwangerschaften und Geburten (männlichen) Ärzten zu übertragen.

Foucault beschreibt, dass der moderne Staat nicht mehr über eine direkte Machtausübung auf seine Subjekte funktioniert, sondern dass sie sich über die sogenannte Gouvernementalität[G] selbst regulieren. Das heißt, sie verinnerlichen gesellschaftliche Normen und handeln nach diesen. Darüber regieren sie sich selbst, das heißt, das Regieren wird in ihr Bewusstsein aufgenommen. Der wichtigste Mechanismus für die Verinnerlichung der Normen ist die Sozialisierung, die maßgeblich über die heteronormative bürgerliche Kleinfamilie funktioniert (vgl. Foucault 1977). Zudem sind die Normen, die mit Sexualität verbunden sind, besonders wirksam in der Kontrolle der Bevölkerung. Durch diese Normen lässt sich einerseits eine ›normale‹ und ›gesunde‹ Sexualität etablieren, die auf Fortpflanzung ausgerichtet wird. Das bedeutet, abweichende Formen von Sexualität werden abgewertet und als ›pervers‹ wahrgenommen. Der weibliche Körper wird als jener eingeordnet, der Kinder bekommen kann und deshalb kontrolliert werden muss. Das bedeutet einerseits, die ›weibliche‹ Sexualität einzuschränken, und andererseits, den ›weiblichen‹ Körper einer medizinischen Kontrolle zu unterstellen. Auch hier sind es *weiße* bürgerliche Normvorstellungen, an der sich andere Gruppen zu messen haben.

---

wurden (Allmende). In der Herausbildung des Kapitalismus kam es jedoch zu einer privaten Aneignung dieser Grundstücke, indem sie mit Zäunen und Hecken versehen wurden. Das lässt sich, bildlich gesprochen, auf Frauen übertragen, die durch die Ehe und andere staatliche Strukturen ebenfalls ›eingehegt‹ werden sollten.

Der Kapitalismus funktioniert maßgeblich darüber, Konstruktionen des ›Normalen‹ und des ›Anderen‹ zu etablieren, das gesellschaftlich abgewertet wird. Das bedeutet, die Gesellschaft basiert nicht nur auf patriarchalen Strukturen, sondern kreiert verschiedenste Diskriminierungsverhältnisse wie Rassismus, Ableismus[G], Klassismus und Queerfeindlichkeit, aber auch bestimmte Schönheits- und Körpernormen.

Eine besonders wirkmächtige Norm in Bezug auf Geschlecht, die maßgeblich zur vergeschlechtlichten Arbeitsteilung beiträgt, ist Heteronormativität. Heteronormativität bezeichnet die vorherrschende soziale Norm einer binären Geschlechterordnung und Heterosexualität. Als Analyserahmen nimmt das Konzept der Heteronormativität unter anderem Privilegien von damit konformen Lebensweisen sowie die Sanktionierung von abweichenden Lebensformen in den Blick. Das bedeutet, dass eine heterosexuelle Beziehung und Lebensweise gesellschaftlich privilegiert und belohnt wird, während queere Lebensweisen marginalisiert und diskriminiert werden. Der Begriff ›queer‹ hat seinen Ursprung in der Beschreibung von etwas oder jemanden als ›pervers‹ oder auch ›fremdartig‹. Was früher als Abwertung genutzt wurde, eigneten sich LGBTQIA+[G] Personen Ende des 20. Jahrhunderts als positive Selbstbezeichnung an. Als Sammelbegriff umfasst er dabei die unterschiedlichen Lebens-, Beziehungs- und Begehrensformen, welche von der Heteronormativität abweichen.

Monique Wittig (1992) betrachtet Heteronormativität aus einer psychoanalytischen Perspektive. Nach dieser Analyse gibt es ein ›straight mind‹[7], durch das die Gesellschaft auf Heterosexualität ausgerichtet wird und welches die Geschlechter in ›Mann‹ und ›Frau‹ einteilt. Wittig plädiert dafür, dass queere Personen eigene Prinzipien und Strukturen entwickeln sollen, die unter anderem über Sprache funktionieren. Laut Wittig etablieren sich Geschlechternormen über ein heterosexuelles Begehren. Das bedeutet, eine Frau ist eine Person, die in Abhängigkeit von Männern steht und diese begehrt. Dadurch, dass Lesben aus dieser Ordnung aussteigen und sich von Männern unabhängig machen, sind sie laut Wittig keine Frauen. Es ist also Monique Wittig, der wir das L in dem Sammelbegriff ›FLINTA*‹ zu verdanken haben. Gedankengänge wie die von Wittig können uns helfen, Geschlechterstrukturen und ihre gesellschaftliche Verwobenheit besser zu verstehen und eigene Perspektiven zu entwickeln. Sie zeigt, dass

7 dt: »heterosexuelles Bewusstsein«

Heteronormativität ein Konstrukt ist, von dem wir abweichen können und gegen das wir uns entscheiden können, wenn wir unser Denken vom ›straight mind‹ befreien.

Gleichzeitig zeigt sich daran jedoch auch, warum queere Personen Gewalt und Hass erfahren. Sie ›verstoßen‹ gegen eine bestehende Ordnung der Heteronormativität und Geschlechterbinarität. Rechte und konservative Gruppen sehen dieses ›Verstoßen‹ als eine Gefahr für die bestehende Ordnung, von der sie selbst profitieren und an die sie sich in ihrem Blick auf die Welt klammern. Das Resultat sind Angriffe auf queere Personen, in Form von konkreter physischer Gewalt, aber auch durch öffentliche Kampagnen, in denen vor der angeblichen Gefahr gewarnt wird, die queere Personen beispielsweise für Kinder darstellen würden. Doch auch durch staatliche Strukturen werden queere Personen massiv ausgegrenzt. Das zeigt sich zum Beispiel daran, dass es für TIN*-Personen quasi unmöglich ist, ihre Geschlechtsidentität in öffentliche Dokumente eintragen zu lassen. Auch wenn es gelingt, im Melderegister mit dem richtigen Geschlecht und dem richtigen Namen zu erscheinen, ist es unter anderem für trans* Eltern nach wie vor schwierig, mit dem eigenen Geschlecht in den Geburtsurkunden ihrer Kinder zu erscheinen. Und auch der Geschlechtseintrag ›divers‹, den es in Deutschland seit 2018 gibt, ist nur bestimmten Personengruppen zugänglich. Neue Gesetze wie das »Selbstbestimmungsgesetz[G]«, das die Rechte von trans* Personen stärken soll, bleiben oft hinter der Erwartungen und Versprechungen zurück (vgl. Bouvar 2023). Auch der Abbau des Wohlfahrtsstaates und von Sozialleistungen kann queere Menschen besonders hart treffen (vgl. Cohen/Monk 2016). Durch die gesellschaftliche Ausgrenzung müssen queere Personen oft auch mehr emotionale Arbeit leisten. Sie müssen ihre queere Identität verstecken oder verstellen, um akzeptiert zu werden und beispielsweise Zugang zu Lohnarbeit und Wohnraum zu bekommen. Zudem wirken sich Ausgrenzungen und die ständige Auseinandersetzung mit der eigenen Identität, die nicht mit der herrschenden Ordnung verbunden ist, auf die psychische Gesundheit aus, sodass auch hier ein höherer Bedarf an emotionaler Arbeit besteht. Queerness bedeutet aber nicht nur das Hinterfragen des eigenen Geschlechts und der eigenen Sexualität. Wir begreifen es auch und besonders als Teil unserer eigenen queeren Praktiken, Binaritäten wie ›Mann‹ und ›Frau‹ und damit einhergehende Geschlechterrollen und die an diese geknüpfte geschlechtliche Arbeitsteilung infrage zu stellen. Dieses Infragestellen – und das gemeinsame Entwickeln von Alternativen – kann teilweise sehr befreiend wirken. Zugleich bringt das Hinterfragen von Normen, die der Gesellschaft und der Produktionsweise zugrunde liegen, diese nicht als naturgegeben zu akzeptieren und sich entsprechend gegen sie zu wehren, die Gefahr mit sich, queerfeindlicher Gewalt ausgesetzt zu sein.

Wir sehen somit in queeren Praktiken ein Potenzial, durch das Aufbrechen von Heteronormativität unser System des Zusammenlebens zu hinterfragen. An das Hinterfragen dieser Norm sind aber auch Sanktionen und Barrieren geknüpft. Neben vielen anderen Sanktionen wollen wir hier den oftmals erschwerten Zugang von queeren Personen zu einer klassischen (Klein-)Familie benennen, die für viele als Ort der Zuflucht und Fürsorge gilt. Wie wir in den vorherigen Abschnitten gesehen haben, spielt die Familie eine besondere Rolle in der Etablierung gesellschaftlicher Normen und der Umsetzung der vergeschlechtlichten Arbeitsteilung. Deshalb wollen wir im Folgenden noch einmal genauer darauf eingehen.

Warum wir auch über Familie reden müssen

Wie wir bereits am Anfang gesehen haben, wird Sorgearbeit maßgeblich im Privathaushalt verortet, das heißt im Raum der Familie. Auch für uns als Individuen kommt der Abtrennung der Sorgearbeiten in einen eigenen Bereich eine wichtige Funktion zu: In einer Gesellschaft, in der wir aufgrund der kapitalistischen Leistungslogik immer wieder alleine dastehen, soll unsere Familie die sichere Basis sein, zu der wir, zumindest größtenteils, immer wieder zurückfinden können. Die Familie wird als Ort gesetzt, als die Gruppe an Menschen, die immer schon da war und die uns auch später – so die idealtypische Vorstellung – noch auffängt. Familie wird zum Dreh- und Angelpunkt für Fürsorge.

Wie oben bereits erläutert, profitiert der Kapitalismus in dem Sinne von der Familie, als dass sie auch der Ort ist, an dem unbezahlt Sorgearbeit geleistet wird, sei es das Aufziehen von Kindern, das gegenseitige Kümmern oder später die Pflege der eigenen Eltern. Grundsätzlich ist dem Kapitalismus erst einmal egal, wer diese Art von Sorgearbeit übernimmt, aber im Einklang mit den oben genannten Normen werden diese Tätigkeiten Frauen zugeschrieben. Indem Sorgearbeiten als Tätigkeiten markiert werden, die Personen aus Liebe und Passion machen und weil sie ihnen einfach mehr ›liegen‹, wird gerechtfertigt, dass diese Tätigkeiten nicht bezahlt werden. Ein Aufbegehren oder gar ein Streik gegen diese Verhältnisse gilt als unmoralisch und unverhältnismäßig. Aus der feministischen Perspektive können wir Familie damit als Ort von Ausbeutung und Ansatzpunkt für Widerstand begreifen.

Familie kann in unterschiedlichen Kontexten verschiedene Bedeutungen bekommen. Besonders für BIPoC kann Familie beispielsweise eine andere Bedeutung haben als für *weiße* Personen. In Schwarzen Kontexten ist das Konzept Familie oft deutlich weniger an rechtliche Verwandtschaft und Schwäger*innenschaft gebunden als in *weißen* Kontexten und kann somit weitaus mehr Personen und Beziehungen umfassen. Das heißt, Familie als Ort der Sorge, womit vor allem eine Kleinfamilie gemeint ist, ist als *weißes* Konzept zu verstehen. Schwarze Feminist*innen weisen immer wieder darauf hin, dass Familien auch die Funktion erfüllen können, eigene Räume aufzubauen und sich selbst zu ermächtigen, was in einer rassistischen Welt für BIPoC besonders wichtig ist. Aber auch, dass die Familie einen Schutzraum darstellen kann, was wir aus einer *weißen* Perspektive häufig übersehen. Wie bereits angemerkt, kann die Kleinfamilie für queere Menschen wiederum ein Ort zusätzlicher Unterdrückungs- und Ausbeutungsverhältnisse sein. Sie haben häufig keinen Zugang zu Familie als fürsorgender Ort, denn immer noch bündeln sich in familiären Konstrukten die heteronormativen Strukturen unserer Gesellschaft. Für queere Personen bietet Familie oftmals nicht den Rückzug und die Sicherheit wie für andere. Sei es, weil sie aus ihrer Familie rausgeschmissen werden oder weil sie Schwierigkeiten haben, eine eigene Art Familie zu gründen, die nicht den heteronormativen Ansprüchen einer Familie genügt. Jetzt gibt es zwar seit einigen Jahren die ›Homoehe‹, aber nichtsdestotrotz orientiert auch diese sich in der Rollenverteilung und der Abgeschlossenheit der Kleinfamilie häufig an einer Heteronorm.

Die heteronormative Kleinfamilie ist eine relativ neue Struktur. Sie hat ihren Ursprung in der Zeit der Industrialisierung. In den Bauernfamilien vor der Industrialisierung gab es noch vergleichsweise wenig geschlechtliche Arbeitsteilung. Es wurde jede helfende Hand gebraucht, um die Arbeiten auf dem Gut und Land zu verrichten, und die hierarchische Ebene spielte sich weniger innerhalb der Familie und vor allem gegenüber den Feudalherren ab. Ein Leben ohne Anbindung an die Familie war auf dem Land kaum möglich. Mit der Industrialisierung und der zunehmenden Proletarisierung der Bauernfamilien veränderten sich die Strukturen innerhalb der Familien. Der Arbeitsplatz war nicht mehr das Stück Land vor dem eigenen Hof, sondern eine Fabrik etwas außerhalb. Plötzlich stellte sich die Frage danach, wessen Aufgabe es ist, auf die Kinder aufzupassen. Hier setzte die Normierung der heterosexuellen Kleinfamilie ein (vgl. O'Brien 2019).

Diese Norm gilt noch immer, auch wenn es mittlerweile kaum noch Familien gibt, die nach dem sogenannten ›Alleinverdienermodell‹ funktionieren, in dem der Vater zur Arbeit geht und die Familie finanziell versorgt, während die Mutter zu Hause bleibt. Inzwischen sind auch andere Familienformen, wie Patchworkfamilien und Alleinerziehende sehr viel üblicher – und dennoch sind es hauptsächlich FLINTA*, welche zu Hause die unbezahlte Sorgearbeit leisten müssen. Und auch die staatlichen Strukturen richten sich nach wie vor nach dieser Norm aus. So begünstigt das System der gemeinsamen Besteuerung (Ehegattensplitting) immer noch, dass eine Person der Familie viel verdient, während die zweite Person wenig verdient, und schafft dadurch steuerliche Anreize für diese Lebensform. Ein anderes Beispiel für die Ausrichtung staatlicher Politiken auf die Kleinfamilie hat sich zudem in der Corona-Pandemie gezeigt, als Richtlinien zu Kontaktbeschränkungen und Lockdowns vor allem auf einen Kontext ausgerichtet waren, in dem eine Familie in einem Haus zusammenlebt, die Eltern ihre Lohnarbeit von zu Hause aus erledigen und sich die technischen Voraussetzungen für Homeschooling leisten können. Andere Formen von Familie und Zusammenleben wurden in dieser Zeit kaum mitgedacht. Auch in Verbindung mit der bereits beschriebenen Sorgekrise kommt der Familie erneut eine zunehmende Bedeutung zu, weil zum Beispiel aufgrund von Umstrukturierungen der Krankenhäuser diese sich stärker finanziell selber tragen müssen und deswegen beispielsweise nach Operationen die noch zu pflegenden Personen viel schneller entlassen und ihrer Familie zur Pflege übergeben werden.

Nur, wenn wir die heteronormative Kleinfamilie (auch in ihrer homosexuellen Ausprägung) hinterfragen und aufheben, können wir die vergeschlechtlichte Arbeitsteilung auflösen und damit Patriarchat und Kapitalismus stürzen. Dafür bedarf es neuer Formen des Zusammenlebens und der Gemeinschaft, die Orte entstehen lassen, an denen Menschen sicher sein können und Zuflucht und Fürsorge erleben. Das Leben einzelner Personen sollte nicht davon abhängen, ob ihre Familie intakt ist und sie dort Zugang zu Sorgearbeit haben.

Wir müssen uns fragen, wie wir zusammenleben wollen und wie wir Sorgearbeit anders organisieren können. Dafür gibt es derzeit noch wenig Vorgaben und Ideen, also ist es an uns, hier Experimente zu wagen und neue Wege zu gehen. Formen der Fürsorge, die nicht an ein Leben in einer Kleinfamilie gebunden sind, sind in queeren Communitys immer wieder gängige und notwendige Praxen. Es existieren schon lange queere Formen der gegenseitigen Fürsorge jenseits von sexuell-romantischen Paarbeziehungen. Besonders für Queers und BIPoC bringen die gesellschaftlichen Verhältnisse die Notwendigkeit mit sich, in Gruppen und Communitys füreinander zu sorgen. Diese Praxis der queeren Fürsorge halten wir für politisch, weil sie die vermeintliche Selbstverständlichkeit der Organisation von Sorge in heteronormativen Kleinfamilien nicht einfach akzeptiert, sondern dieser vorherrschenden Auffassung und Praxis andere Formen der Organisation von Sorge entgegenstellt (leider eben oft aus der Not heraus).

Es wäre jedoch sehr voreilig zu behaupten, dass wir uns jetzt nur alle in füreinander sorgenden Gruppen zusammenzuschließen brauchen und dass damit eine Veränderung der kapitalistischen – und damit auf Leistung und nicht auf Bedürfnissen beruhenden – Verhältnisse erreicht wäre. Wir gehen davon aus, dass wir ein grundlegendes Umdenken darin benötigen, wie wir Fürsorge organisieren wollen und wie das gesamtgesellschaftlich funktionieren könnte. Dieses Umdenken muss Teil der queerfeministischen Klassenpolitik sein, die wir hier entwickeln. Um dieser queerfeministischen Klassenpolitik jetzt noch einen Schritt näherzukommen, werden wir im nächsten Kapitel auf Klasse, Klassenbewusstsein und Klassenpolitik eingehen.

Warum wir über Klasse reden

Lange Zeit war es ziemlich aus der Mode, über Klasse und Klassenkämpfe zu sprechen. In Gewerkschaften, Parteien, sozialen Bewegungen und Universitäten wurde sich kaum mehr auf Klasse als analytische Kategorie oder politisches Subjekt bezogen. Seit ein paar Jahren geistert nun aber der Begriff der Klassenpolitik wieder durch die Debatte, es wird an alte Klassentheorien angeschlossen und versucht, diese ins 21. Jahrhundert zu holen. Das finden wir gut, weil wir die starke Vermutung haben, dass wir, auch wenn es oft anders aussieht, noch immer in einer Klassengesellschaft leben, was unser Zusammenleben auf fundamentale Weise organisiert –

und eben auch Möglichkeiten politischen Widerstands maßgeblich beeinflusst.

Der Klassenbegriff ist für die Analyse unserer aktuellen Lebenssituation unter anderem deshalb hilfreich, weil er zwei unterschiedliche Aspekte vereint, die bei der Betrachtung des Kapitalismus wichtig sind. Einerseits beschreibt er die gemeinsame Unterwerfung der Menschen unter die Verhältnisse durch den Zwang zur Lohnarbeit. Er macht damit deutlich, dass wir nicht einfach ›Menschen‹ sind, sondern eben ›unterworfene Menschen‹. Gleichzeitig begreifen wir uns als Mitglieder der Arbeiter*innenklasse und somit über unsere Stellung in der Arbeitswelt als Produzent*innen des gesellschaftlichen Reichtums. Wir verstehen uns durch den Klassenbegriff zudem als handlungsfähige Menschen, die in der Lage sind, Gesellschaft aktiv zu gestalten. Die Stärke des Klassenbegriffs ist es, diese zwei Perspektiven (die Frage der Unterwerfung und die Frage der Emanzipation) zusammenzuführen. Ganz praktische Relevanz hat die Auseinandersetzung mit unserer Rolle in der Klassengesellschaft deshalb, weil uns als Arbeiter*innen einige Machtmittel zur Verfügung stehen, wie beispielsweise Sabotage, Streik oder Fabrikbesetzungen. Aber auch, weil die Unterdrückung und Ausbeutung als FLINTA* eng verschlungen ist mit Formen der kapitalistischen Ausbeutung. Eine Aktualisierung des Klassenbegriffs scheint uns vor allem aus queerfeministischer Perspektive angebracht.

Das Problem: Klasse scheint nicht mehr so direkt erfahrbar wie noch bis in die Mitte des 20. Jahrhunderts hinein. Es gibt den Kapitalisten mit Zylinder und Zigarre so nicht mehr und auch kein ›Arbeiter*innenmilieu[G]‹. Aufseiten des Kapitals könnte man sagen, es hat eine ›Demokratisierung‹ stattgefunden. Teilweise haben Arbeiter*innen Anteile an ihren Betrieben. Rentenfonds, die die gesparten Renten der Arbeiter*innen verwalten, investieren diese in große Konzerne. Und die meisten Konzerne werden von einer Heerschar an Manager*innen verwaltet, die selbst auch nicht Eigentümer*innen der Betriebe sind. Diese ›Demokratisierung‹ ist aber nur eine vermeintliche, weil damit nicht einhergeht, dass Arbeiter*innen über die Produktion bestimmen können. Vielmehr wird hier deutlich, dass das Kapital eher ein abstraktes gesellschaftliches Verhältnis denn eine konkrete Gruppe an Personen ist. Und, dass sich verändern kann, welche Personen dieses gesellschaftliche Verhältnis verkörpern. Das heißt nicht, dass es nicht trotzdem auch weiter sehr klassenbewusste Kapitalist*innen gibt, die durchaus politisch relevant sind und ihre Interessen mit aller

Macht durchzusetzen versuchen. Relevant ist für uns aber vor allem die Frage: Gibt es noch eine Arbeiter*innenklasse? Wie sieht diese heute aus? Und welche Möglichkeiten politischer Praxis ergeben sich für sie? Wir denken, dass, wenn jemand in der Lage ist, die aktuellen Herrschafts- und Ausbeutungsverhältnisse abzuschaffen, dann sind dies in erster Linie diejenigen, die von ihnen unterdrückt und ausgebeutet werden. Die Herrschenden um Verbesserungen für unser alltägliches Leben anzubetteln, hat noch nie sehr weit geführt. Vor allem, wenn wir über Streik nachdenken, wird klar, dass das handelnde Subjekt hier in der Arbeiter*innenklasse zu verorten ist. Zunächst also erst einmal zu der Frage, wer nun eigentlich diese Arbeiter*innenklasse ist.

Die Arbeiter*innenklasse

Ganz allgemein ließe sich auf diese Frage mit den Worten von Karl Marx antworten: Die Arbeiter*innenklasse besteht aus

> »freie(n) Arbeiter(n) in dem Doppelsinn, daß weder sie selbst unmittelbar zu den Produktionsmitteln gehören, wie Sklaven, Leibeigne und so weiter, noch auch die Produktionsmittel ihnen gehören, wie beim selbstwirtschaftenden Bauer und so weiter, sie davon vielmehr frei, los und ledig sind« (MEW 23: 742).

Zugriff auf gesellschaftlichen Reichtum bekommt man in der kapitalistischen Gesellschaft nur über Eigentum. Die Arbeiter*innen zeichnen sich dadurch aus, dass sie außer dem Eigentum an ihrer Arbeitskraft nicht viel haben. Sie müssen ihre Arbeitskraft verkaufen, um Zugriff auf das zu bekommen, was sie brauchen: Lebensmittel, Wohnraum und so weiter. Man könnte auch sagen: Was sie verbindet, was sie zu Arbeiter*innen macht, ist der Zwang zur Lohnarbeit. Das schließt auch Erwerbslose[G] ein – jede*r, der*die schon einmal zum Jobcenter musste, hat den Zwang zur Lohnarbeit dort ganz direkt zu spüren bekommen. Im Kapitalismus zeichnet sich die Arbeiter*innenklasse nicht nur dadurch aus, dass ihr nichts gehört, außer ihrer Arbeitskraft. Sie zeichnet sich auch dadurch aus, dass die Art und Weise, wie die Arbeiter*innen im Kapitalismus Reichtum produzieren, dafür sorgt, dass das auch so bleibt: In unserer Gesellschaft stehen wir vermittelt durch Arbeitsverhältnisse in Abhängigkeit zueinander. Und Arbeitsprozesse in unserem kapitalistischen Gesellschaftssystem sind Ausbeutungsprozesse. Ausbeutung ist dabei keineswegs ein moralisch wertender Begriff, sondern die Beschreibung der Funktionslogik kapitalistischer Arbeitsprozesse.

Ausbeutung im Kapitalismus bedeutet, dass wir als Arbeiter*innen in einem klassischen Lohnarbeitsverhältnis dazu gezwungen sind, mehr zu arbeiten, als es für unsere eigene Reproduktion notwendig wäre. Die Arbeiter*innen sind also diejenigen, die den Reichtum produzieren. Da sie dies aber für eine*n Kapitalist*in tun, dem*der sie ihre Arbeitskraft verkauft haben und dem*der die Produktionsmittel gehören, gehört auch der neu produzierte Reichtum dem*der Kapitalist*in (siehe Kasten »Mehrwert« auf S. 34). Das ständige Wachstum des Reichtums durch die Arbeit der Lohnabhängigen findet in der Tasche der Kapitalist*innen statt und die Arbeiter*innen bekommen keinen Zugriff auf diesen Reichtum. Der kapitalistische Produktionsprozess lässt sich also als eine ständige Umverteilung von unten nach oben beschreiben. Die Mittellosigkeit der Arbeiter*innen ist die Voraussetzung für Ausbeutungsprozesse und gleichzeitig immer wieder Resultat davon. Durch die Art und Weise, in der die Produktion stattfindet, reproduzieren die Lohnarbeiter*innen damit selbst ihr Lohnarbeiter*innendasein.

So weit, so gut in Grundzügen die marxistische Theorie. Wir sind davon überzeugt, dass wir dieser Theorie für unseren Begriff von Klassenpolitik einiges abgewinnen können, auch wenn damit nicht erschöpfend die Organisation von Arbeit unter aktuellen gesellschaftlichen Bedingungen geklärt ist. Aus der beschriebenen Logik der Ausbeutung lässt sich schließlich erklären, warum unsere Arbeitsbedingungen oft so schlecht sind. Durch das Einsparen von Personal, Verzicht auf Arbeitsschutz, Intensivierung der Arbeit, befristete Arbeitsverträge und niedrige Löhne können Gewinne maximiert werden. Zusätzlich zu der hier beschriebenen alltäglichen Ausbeutung lässt sich das Phänomen der Überausbeutung[G] insbesondere von migrantisierten Arbeiter*innen, Arbeiter*innen des globalen Südens und FLINTA* beobachten.[8] Marginalisierten Gruppen gegenüber ist es für das Kapital leichter, schlechtere Löhne zu zahlen und die Ausbeutung zu intensivieren. Wenn die Arbeitsbedingungen so schlecht und die Löhne so niedrig sind, dass die Arbeitskraft verschlissen wird, sprechen wir von Überausbeutung. Das ist der Fall, wenn beispielsweise Renten nicht zum Leben reichen, ständig Arbeitsunfälle passieren, die Arbeitsbedingungen so ungesund sind, dass sie in kurzer Zeit die Arbeiter*innen arbeitsunfähig machen oder

8 Eleonora Roldán Mendívil und Bafta Sarbo beschreiben dieses Phänomen für den Zusammenhang des Kolonialismus sehr treffend in Mendívil/Sarbo (2023).

Arbeiter*innen ihre Kinder nicht ernähren und betreuen können. Diese Überausbeutung ist schon immer Teil kapitalistischer Produktion gewesen. Für die Klassenverhältnisse in den kapitalistischen Zentren bedeutet das, dass die *weiße* Arbeiterklasse durch höhere Löhne besser integriert werden kann und durch die Überausbeutung anderer Teile der Klasse trotzdem die Profitraten weiter hochgehalten werden können. Gerechtfertigt wird dieser übermäßige Zugriff auf die Arbeit von marginalisierten Gruppen durch die ideologische Abwertung beispielsweise der Arbeitskraft von FLINTA* oder Migrant*innen. Auch wenn die Ausbeutungsbedingungen deshalb nicht überall dieselben sind, hängen sie dennoch zusammen und sind Ausdruck einer gemeinsamen sozialen Lage der Arbeiter*innenklasse.

Die beschriebene gemeinsame soziale Lage macht die Arbeiter*innen aber erstmal noch nicht zu einem handelnden Akteur. Die Arbeiter*innenklasse erscheint als politisches Subjekt sozusagen erst auf der Bühne der Weltgeschichte, wenn sie als Klasse kollektiv handelt: »Die Arbeiterklasse trat nicht wie die Sonne zu einem vorhersehbaren Zeitpunkt in Erscheinung; sie war an ihrer eigenen Entstehung beteiligt« (Thompson 1987: 7). Die durch die gesellschaftlichen Strukturen hervorgebrachte Klasse ist also eine notwendige, aber noch nicht hinreichende Bedingung für Klassenpolitik. Hinzukommen muss schließlich noch die Selbsttätigkeit, um politisch wirkmächtig zu werden.

Seit etwa den 1960er Jahren gibt es einige bedeutende Veränderungen der Arbeiter*innenklasse, die unsere heutigen Handlungsmöglichkeiten beeinflussen: die Ausweitung der Lohnarbeit, die Fragmentierung der Arbeiter*innenklasse und die zunehmende Selbstführung der Lohnarbeitenden. Um die aktuellen Bedingungen für Klassenpolitik und ihre feministische Bedeutung abzustecken, folgt nun also erst einmal eine kurze Beschreibung dieser Veränderungen.

1) Ausweitung der Lohnarbeit

Immer mehr Lebens- und Arbeitsbereiche werden kapitalistischen Logiken unterworfen. Diskutiert wird dieser Prozess meist unter dem Begriff der Landnahme (vgl. hierzu Luxemburg 1912; Dörre 2009). Das gilt beispielsweise für die Landwirtschaft und für die Wissenschaft. In der Landwirtschaft etwa werden Nahrungsmittel so gepflanzt und geerntet, dass es möglichst profitabel ist. Die Haltung und der Umgang mit Nutztieren verfolgen maßgeblich das Ziel, effizient und gewinnbringend zu sein.

Auch Wissenschaften schwirren nicht etwa in einer losgelösten eigenen Wissenschaftssphäre, sondern werden zunehmend in Produktionsprozesse eingebunden und ökonomisch nutzbar gemacht. Das hat Folgen für diejenigen, die in diesen Bereichen arbeiten: Wissenschaftler*innen werden so in den kapitalistischen Produktionsprozess eingebunden (insbesondere mit der Klassenlage von Studierenden beschäftigt sich in diesem Zusammenhang etwa Krahl (2008)). Die Ausweitung der kapitalistischen Logiken betrifft auch den Bereich der Sorgearbeit. Reproduktionstätigkeiten wie das Kümmern um Kinder, Kranke und Pflegebedürftige wurden früher meistens unbezahlt und im privaten Zuhause verrichtet. Heute sind große Teile dieser Arbeiten, etwa in öffentlichen Krankenhäusern, dem Druck unterworfen, möglichst gewinnbringend und zeitsparend sein zu müssen, was die aktuelle Sorgekrise verursacht, in der wir uns befinden. Immer mehr Bereiche der Gesellschaft sind so mittlerweile direkt in den kapitalistischen Akkumulationsprozess einbezogen – und damit auch die Personen, die in ihnen lohnarbeiten.

Das ist eine zweischneidige Situation: Durch das Größerwerden der Arbeiter*innenklasse steigt auch das Potenzial einer Klassensolidarität. Wir sind viele und werden immer mehr, die den Zwang der Lohnarbeit unmittelbar zu spüren bekommen und über die Stellung im Produktionsprozess Werkzeuge zur gesellschaftlichen Umgestaltung in die Hand bekommen. Gleichzeitig führt die massenhafte Freisetzung von Arbeitskräften im globalen Kontext durch die Automatisierung der Produktion zu einer immer größer werdenden ›Reservearmee[G]‹, was die Verhandlungsposition von Arbeiter*innen in Klassenkämpfen wiederum schwächt. Die Verallgemeinerung der Lohnarbeit hat aber auch das Problem zur Folge, dass man den Wald vor lauter Bäumen nicht mehr sieht: Da kaum mehr andere Arbeitsverhältnisse existieren, sieht es aus, als sei diese Form der Arbeit quasi natürlich und die Unterschiede innerhalb der Arbeiter*innenklasse treten hervor. Um diese Unterschiede soll es jetzt gehen.

2) Fragmentierung der Arbeiter*innenklasse

Die Bedingungen, unter denen Menschen Lohnarbeit leisten, könnten in den verschiedenen Bereichen unterschiedlicher kaum sein. Einige leisten körperlich anstrengende Arbeit, andere machen Kopfarbeit am Schreibtisch. Einige arbeiten alleine, für andere besteht der Arbeitsprozess vor allem in sozialer Interaktion. Viele Pflegekräfte im Krankenhaus brauchen dringend Entlastung und würden gerne weniger arbeiten, können es aber nicht, weil dann das Geld am Ende des Monats nicht mehr ausreichen würde. Andere suchen händeringend eine Vollzeitbeschäftigung und finden sie nicht, sodass sie sich weiterhin von einer befristeten Teilzeitstelle zur nächsten hangeln müssen.

Innerhalb der Arbeiter*innenklasse gibt es riesige soziale Unterschiede. Für die einen bedeutet Arbeiter*in-Sein, sich mit mehreren prekären Jobs kaum über Wasser halten zu können, in ständiger Gefahr, ins Elend abzurutschen. Für andere bedeutet es, ohne fundamentale Existenzängste einer Tätigkeit nachzugehen, die zwischendurch sogar als sinnvoll erfahren wird. Für die meisten liegt die Alltagserfahrung vermutlich irgendwo dazwischen.

Auch das Geschlechterverhältnis innerhalb der Arbeiter*innenklasse verändert sich. Oft ist von einer ›Feminisierung der Arbeitswelt‹ zu lesen. Das bedeutet einerseits, dass immer mehr Frauen lohnarbeiten. Jedoch wird die Arbeit von Frauen als weniger wert und weniger wichtig angesehen. Dadurch gibt es eine ideologische, aber auch materielle Abwertung bestimmter Branchen, in denen vorwiegend Frauen arbeiten, beispielsweise durch geringere Löhne. Andererseits kann unter Feminisierung der Arbeitswelt auch ein Ausbau des Dienstleistungssektors verstanden werden. Durch die Privatisierung ehemals staatlicher Unternehmen, wie der Post oder von Telekommunikationsunternehmen, waren auch diese gezwungen, sich einer Profitlogik zu unterziehen und wettbewerbsfähig zu werden. Dadurch war es notwendig, stärker service- und kund*innenorientiert zu handeln. Das bedeutet auch, dass die hier getätigte Arbeit mehr soziale und emotionale Aspekte beinhalten, also ›weiblicher‹ werden musste. Auch das geht mit einer Abwertung der entsprechenden Branchen und Tätigkeiten einher (vgl. unter anderem Hochschild 1985, Penz/Sauer 2016).

Frauen, trans*, inter, nicht-binäre und geschlechtslose Personen waren schon immer Teil der Arbeiter*innenklasse, zum großen Teil aber unsichtbar gemacht. So ist beispielsweise die Erwerbslosenquote bei trans* Personen höher als bei cis[G] Personen und liegt bei etwa 52 % (vgl. Fütty/Höhne/Caselles 2020). Trans* zu sein bedroht also die Existenzgrundlage. Schwierigkeiten im Zugang zum regulären Arbeitsmarkt befeuern irreguläre und besonders prekäre Beschäftigungsverhältnisse. Trans* Personen erhalten insgesamt weniger Lohn als der gesellschaftliche Durchschnitt, wobei trans* Frauen im Durchschnitt besser verdienen als trans* Männer (Frohn/Meinhold/Schmidt 2017). Es ist davon auszugehen, dass TIN* in allen möglichen Berufszweigen vertreten sind. Es haben sich historisch und aktuell aber immer auch einzelne Branchen und Nischen ergeben, in denen es für TIN* Personen leichter war, einen Zugang zu Erwerbsarbeit zu finden und in denen TIN* Personen überproportional vertreten sind. Hierbei handelt es sich oft (aber nicht immer) um irreguläre Arbeitsverhältnisse (vgl. O'Brien 2021).

Cis Frauen müssen häufig unbezahlte Sorgearbeit leisten (nebenbei müssen sie jedoch auch meist schlecht bezahlter Lohnarbeit nachgehen). Teilweise gab es historisch Einschränkungen von Frauenarbeit, was auch Gewerkschaften befürwortet haben, um die Konkurrenz auf dem Arbeitsmarkt zu verringern. Inzwischen ist es aber selbstverständlich, dass FLINTA* einer Erwerbsarbeit nachgehen. Mit der Feminisierung der Arbeitswelt, der In-Wert-Setzung von Reproduktionsarbeit und der Öffnung des Arbeitsmarktes für FLINTA* sind diese zu einem eigenständigen Teil der Arbeiter*innenklasse geworden und haben dadurch die Möglichkeit, als lohnabhängige FLINTA* auch Lohnarbeitskämpfe[G] zu führen.

Genauso wie feminisierte Arbeiten werden auch Tätigkeiten abgewertet, die überwiegend von Migrant*innen oder rassifizierten Personen ausgeübt werden. Auch die Position auf dem Arbeitsmarkt wird maßgeblich durch Rassifizierung beeinflusst. In einem globalen Kontext wird noch deutlicher, wie sehr Rassismus und postkoloniale Strukturen beeinflussen, was es bedeutet, Teil der Arbeiter*innenklasse zu sein.

Proletarisiert-Sein wird ganz unterschiedlich erfahren. Das heißt nicht, dass es den klassischen, männlichen, *weißen* Industriearbeiter nicht mehr gibt, den wir oft noch im Kopf haben, wenn wir von Arbeiter*innenklasse sprechen. Nur bildet dieser eben nur einen kleinen Teil einer sehr vielfältigen Klasse. Die hier aufgestellte Behauptung, dass wir als Arbeiter*innen heute nach wie vor und vielleicht noch viel mehr als jemals zuvor Teil einer Klasse sind, soll diese Unterschiede nicht leugnen. Unsere unterschiedlichen sozialen Lagen haben Einfluss darauf, wie viele Ressourcen wir haben, uns für unsere Interessen einzusetzen. Besonders prekäre Lebensverhältnisse machen es uns noch schwerer, unsere Lebensbedingungen zu verbessern. Die Zersplitterung der Klasse in verschiedene Milieus und teilweise krass verschiedene Lebenslagen sorgt dafür, dass die gemeinsame Klassenzugehörigkeit nicht (mehr) direkt erfahrbar ist, es gibt keine geteilte ›Arbeiter*innenkultur‹ und häufig auch keine geteilten Orte oder Räume. Staatliche Sozialpolitik (zum Beispiel die Agenda 2010) verstärkt dieses

Gefühl der Zersplitterung zusätzlich, indem ›Arbeitslose‹ und Erwerbsarbeitende gegeneinander ausgespielt werden.

Fragmentierung ist aber kein objektiver Prozess im Sinne eines natürlichen Geschehens. Stefanie Hürtgen betont, dass es eine »subjektive Spaltung, Abgrenzung und (xenophobe[G] und so weiter) Abwertung« (Hürtgen 2015: 79) sei, die sich auf allen Ebenen wiederfindet. Die Fragmentierung wird auch durch uns als einzelne Lohnarbeitende in unserem Alltagshandeln hergestellt. Diese subjektive Fragmentierung findet sich auch innerhalb eines Betriebes. Dabei führt sie einige Beispiele aus: Für Festangestellte bilden prekär-beschäftigte Arbeiter*innen zwar einen Vorteil für den Standort, gleichzeitig wird dadurch aber verdeutlicht, dass die Arbeit auch preisgünstiger erledigt werden kann. Auch rassistische Rollenzuschreibungen dienen den Arbeiter*innen dazu, Kolleg*innen auf- bzw. abzuwerten.

3) Ausdifferenzierung der Funktionen von Lohnarbeiter*innen im Produktionsprozess

Innerhalb der Arbeiter*innenklasse gibt es außerdem Unterschiede in der Funktion bzw. der Stellung im Produktionsprozess. Nicht jede Form von Lohnarbeit ist tatsächlich wertschöpfend und wirft einen Mehrwert für die Kapitalist*innen ab. Tätigkeiten, die selbst nicht wertschöpfend sind, sind dennoch wichtig, um den Produktionsprozess am Laufen zu halten. Darunter fallen vor allem Tätigkeiten, die in der Marx'schen Theorie unter »Zirkulationskosten[G]« zusammengefasst werden, wie beispielsweise Buchhaltung und Marketing, aber auch das Bankwesen (vgl. MEW 24). Dann gibt es eine Reihe von staatlichen Angestellten, die ebenfalls keinen Mehrwert abwerfen, aber für das Funktionieren des gesamten Systems von Relevanz sind, wie etwa Lehrer*innen oder Feuerwehrleute.

Sehr häufig sind diese nicht wertschöpfenden Jobs welche, die mit Weiblichkeit assoziiert werden und in denen viele FLINTA* tätig sind. Das hängt damit zusammen, dass insbesondere Sorgearbeiten schwieriger in Wert zu setzen sind. Alle diese Arbeitsverhältnisse bleiben jedoch Lohnarbeit, die Vergeschlechtlichung der Arbeitsverhältnisse findet über den Inhalt statt. Im Gesundheitsbereich sehen wir aber auch, dass Sorgearbeit von Pfleger*innen durchaus in der Form von wertschöpfender Arbeit ausgebeutet werden kann und Krankenhauskonzerne riesige Gewinne damit machen.

Erst einmal erscheint es für die meisten Lohnarbeiter*innen gar nicht ersichtlich, ob und inwiefern ihre Arbeit wertschöpfend ist. In den Möglichkeiten, Arbeitskämpfe zu führen, zeigen sich dabei jedoch (meistens) Unterschiede. Insbesondere bei staatlich organisierter bzw. finanzierter Sorgearbeit wird das sichtbar: Durch Streiks beispielsweise in Kitas wird kein unmittelbarer finanzieller Schaden aufseiten des Kapitals verursacht. Der Verhandlungsgegner ist dabei auch in den meisten Fällen kein Unternehmen, das Profit mit der Ausbeutung von Erzieher*innen macht. Im Gegensatz zu klassischen Industriearbeiter*innen ist der Feind nicht sichtbar als ›der Kapitalist‹. Lehrer*innen u.a. haben vielmehr den Auftrag, gesamtgesellschaftliche Aufgaben zu erfüllen, wie beispielsweise die Sozialisation von Kindern und Jugendlichen und die Herstellung neuer Arbeitskräfte.

Diese verschiedenen Stellungen im Produktionsprozess machen das Bewusstsein über die eigene Klassenzugehörigkeit diffuser und beeinflussen die Möglichkeiten des Arbeitskampfes. Gleichzeitig sind in öffentlich finanzierten, nicht-wertschöpfenden Branchen die Arbeitsbedingungen oft besonders prekär, weil sie nicht die Vermehrung von Reichtum versprechen. Lohnarbeiter*innen sind wir jedoch alle.

4) Selbstführung der Arbeiter*innenklasse

Neoliberalismus[G] bzw. Spätkapitalismus zeichnet sich dadurch aus, dass sich auch die Form der Herrschaft über die Einzelnen verändert. Schon immer funktionierte die Unterwerfung der Einzelnen unter den Zwang zur Lohnarbeit über ein gewisses Maß an Freiwilligkeit und Selbstverantwortung. Schon im obenstehenden Abschnitt über Arbeit haben wir versucht, mit Foucaults Begriff der ›Gouvernementalität‹ diese Form der Selbst-Beherrschung zu greifen. Die darin (scheinbar) enthaltene Freiwilligkeit war einmal viel stärker flankiert durch die Gefahr des absoluten Elends und direkte Machtausübung im Betrieb in Form von ständiger Kontrolle und Disziplinierung durch Vorgesetzte. In den kapitalistischen Zentren wird im Produktionsprozess inzwischen vermehrt auf flache Hierarchien und Teamarbeit gesetzt und auch in der Gesamtgesellschaft wird Selbstverwirklichung großgeschrieben. Für unser Verständnis von Klasse bedeutet das, dass gerade das, was die Arbeiter*innenklasse ausmacht – ihr Unterworfensein unter den Zwang zur Lohnarbeit – viel weniger sichtbar ist. Verinnerlichtes Leistungsdenken, Entgrenzung und Selbstbeherrschung lassen die Existenz als Lohnarbeiter*in fast als freiwillig erscheinen. Soziologische Beschreibungen wie »Arbeitskraftunternehmer« (Voß/Pongratz 2003) oder »unternehmerisches Selbst« (Bröckling 2007) sind Ausdruck davon: Es wirkt, als wäre das Klassenverhältnis aufgehoben. Tatsächlich kommt hier aber in Reinform zum Ausdruck, was die kapitalistische Klassengesellschaft schon immer ausgezeichnet hat. Die Arbeiter*innen müssen sich auf sich selbst als Eigentümer*innen ihrer eigenen Arbeitskraft beziehen und diese auf dem Arbeitsmarkt verkaufen. Die Seite des Kapitals wird dabei immer abstrakter und zieht sich hinter einen allgemeinen Zwang zur Lohnarbeit zurück, der durch die Lohnarbeitenden selbst verkörpert wird. Gleichzeitig bedeutet das, dass die aktive Mitarbeit der Arbeiter*innen für das Aufrechterhalten der Verhältnisse viel zentraler wird. Für klassenpolitische Auseinandersetzungen hat das Bewusstsein von Lohnabhängigen also eine zentrale Bedeutung. Zunächst kommen wir aber allgemeiner noch dazu, was Klassenpolitik eigentlich bedeutet, insbesondere unter den beschriebenen aktuellen Klassenverhältnissen.

Was heißt Klassenpolitik?

Klassenpolitik bedeutet, für die Interessen der eigenen Klasse einzutreten. Es kann dabei um Umverteilung gehen, aber auch um die Abschaffung der Klassen an sich. Klassenpolitik zielt darauf ab, die Lebensverhältnisse von Lohnabhängigen zu verbessern. Weiter oben haben wir schon beschrieben, dass wir Ausbeutungsprozesse als Umverteilungsprozesse begreifen. Lohnabhängige schaffen durch ihre Arbeit Reichtum, den sich Kapitalist*innen aneignen, was eine ständige Umverteilung von unten (den Lohnabhängigen) nach oben (zu den Kapitalist*innen) bedeutet. Klassenpolitik von unten setzt unserer Ansicht nach an diesem Punkt an und versucht, die permanent stattfindende Umverteilung einzuschränken. Konkret und sehr direkt findet das beispielsweise in Lohn- und Mietkämpfen statt, aber auch in Arbeitsverweigerung. Diese verändern die grundlegende Logik kapitalistischer Ausbeutungsprozesse zwar nicht, sie führen aber dazu, dass mehr Reichtum bei den Beschäftigten bleibt. Höhere Löhne und niedrigere Mieten sind darum zentrale Anliegen von Klassenpolitik.

Klassenpolitik kann viele verschiedene Formen annehmen, die auf unterschiedlichen Ebenen wirken. Die bisher genannten Beispiele beschrieben Versuche, Lohnabhängigen einen größeren Zugriff auf den gesellschaftlichen Reichtum zu erstreiten. Enteignungen (zum Beispiel privater Wohnungskonzerne), die Vergesellschaftung von Betrieben oder die Demokratisierung der gesamten Wirtschaft lassen sich als Klassenpolitik in einem größeren Maßstab einordnen. Sie greifen das Prinzip des Eigentums an und stellen damit eine grundlegende Funktionslogik kapitalistischer Wirtschaftssysteme infrage. Streik, Bummelei, Dienst nach Vorschrift, Sabotage, Wohnungen besetzen und sogar im Supermarkt klauen sind Beispiele für kollektive und individuelle Aktionen, um an Ressourcen zu gelangen, die uns verwehrt werden. Nachhaltig und konsequent kann Klassenpolitik jedoch nur gelingen, wenn sie kollektiv passiert. Dafür sind ein gewisses Klassenbewusstsein und eine gemeinsame Organisierung Voraussetzung.

Klassenbewusstsein[9]

Die Entwicklung von Klassenbewusstsein heißt für uns, zu erkennen, wie unsere persönlichen Interessen mit denen von anderen zusammenhängen – und wie sie mit der Gesellschaft als Ganzes zusammenhängen. Voraussetzung ist dabei natürlich erst einmal, seine eigenen, individuellen Interessen zu erkennen und zu formulieren, wie beispielsweise höhere Löhne, kürzere Arbeitszeiten oder sichere Arbeitsverhältnisse. Dabei begegnen wir uns erst einmal als isolierte Individuen in Konkurrenz zueinander und unsere Interessen erscheinen zunächst als Privatinteressen.

Dass wir unsere Interessen mit denen von anderen verbinden, ergibt aber Sinn für uns, weil wir als Lohnabhängige in einer strukturell schwächeren Position sind. Wir sind existenziell abhängig von unseren Jobs und damit erstmal ziemlich ausgeliefert. Nur im Zusammenschluss mit anderen können wir Druck aufbauen, zum Beispiel durch Streik. Wir sind also dazu gezwungen, herauszufinden, was unsere gemeinsamen Interessen sind. Wir werden als Arbeiter*innen aktiv in ein Konkurrenzverhältnis zueinander gestellt, was das Erkennen gemeinsamer Interessen erschwert. Klassenbewusstsein würde heißen, dass wir über die Verbindung miteinander ein Verständnis für die Gemeinsamkeiten (und auch Unterschiede) unserer Positionen in der kapitalistischen Gesellschaft entwickeln und uns darin nicht mehr nur als Konkurrent*innen verstehen. Unser Wunsch nach einem guten Leben, das können wir so erkennen, ist unser gemeinsamer Wunsch. Erst einmal sieht es für uns so aus, dass wir dem näherkommen, wenn wir

9 Wenn ihr Genaueres zum Thema Klassenbewusstsein nachlesen wollt, empfehlen wir Georg Lukács (1923): »Geschichte und Klassenbewusstsein. Studien über marxistische Dialektik«. In diesem Kapitel orientieren wir uns auch an Lukács' Begriff des Klassenbewusstseins.

uns in der Konkurrenz besser durchsetzen können als die anderen. Den Zwängen der Klassengesellschaft entkommen wir so aber nicht. Gemeinsam für einen Tarifvertrag[G] zu streiken, hilft da vielleicht schon eher, wirklich lösen tut das unsere Probleme aber auch nicht. Erst ein Selbstverständnis als Klasse macht die gemeinsame Perspektive auf, auch das Prinzip der Lohnarbeit infrage zu stellen (sowohl theoretisch als auch praktisch).

Klassenbewusstsein beschreibt nicht nur die Einsicht, dass wir eine Klasse in einer Klassengesellschaft sind, sondern auch die Einsicht, dass diese abschaffbar ist. Gegen das allgemeine Bewusstsein, der Kapitalismus sei eine Naturkonstante, setzt das Klassenbewusstsein die Perspektive der praktischen Veränderbarkeit. Wir erkennen uns damit, wie schon weiter oben beschrieben, als unterworfen unter die Klassengesellschaft, aber auch als ihre Schöpfer*innen. Klassenbewusstsein ist damit auch ein praktisches Bewusstsein. Auch in dem Sinne, dass die beschriebenen Einsichten nicht einfach vom Himmel fallen, sondern zentral durch praktische Erfahrungen gelernt werden, dadurch, dass wir uns miteinander in Verbindung setzen.

Für eine queerfeministische Klassenpolitik

Die Antwort auf die patriarchalen Klassenverhältnisse sehen wir in einer queerfeministischen Klassenpolitik. Damit wollen wir die scheinbaren Widersprüche von ›Identitätspolitik‹ und ›Klassenpolitik‹ überwinden. Hier wollen wir kurz noch einmal umreißen, wo wir den Ausgangspunkt für diese sehen, um dann die zentralen Praxisfelder queerfeministischer Klassenpolitik und ihre emanzipatorische Perspektive aufzuzeigen.

Wir haben in den vorherigen Abschnitten gezeigt, dass und inwiefern FLINTA* Teil der Arbeiter*innenklasse sind. Als das wurden sie in den dominanten Erzählungen über die Arbeiter*innenklasse immer unsichtbar gemacht, genauso wie ihre Teilhabe an Klassenkämpfen. Besonders Frauen, Queers und rassifizierte und migrantisierte Personen werden dabei innerhalb des Klassenverhältnisses häufiger überausgebeutet. Gleichzeitig ist das patriarchale Geschlechterverhältnis ein eigenes Produktions- und Ausbeutungsverhältnis. Sorgearbeit wird aus der kapitalistischen Produktion ausgelagert. Das ist funktional für die Kapitalakkumulation, das Patriarchat geht in dieser Funktionalität aber nicht auf, weil es auch ein eigenständiges Ausbeutungsverhältnis beschreibt. Das Patriarchat beschreibt das Prinzip des Zugriffs von Männern auf ›Frauenkörper‹ und ›weibliche‹ Arbeit zum

Zweck der Ausbeutung im Privaten. Das setzt voraus, dass binäre Zweigeschlechtlichkeit (immer wieder) hergestellt wird. Queere Personen gab es schon immer, aber auch heterosexuelle cis Männer und Frauen entsprechen dem Ideal dieser binären Ordnung nie ganz. Deshalb ist die Herstellung von Zweigeschlechtlichkeit ein ständiger Prozess, der sich durch unsere Leben und die gesamte Gesellschaft zieht. Aus dieser Analyse ergeben sich drei zentrale Felder für queerfeministische Klassenpolitik: eine queerfeministische Wendung von Klassenpolitik, Kämpfe um unbezahlte Sorgearbeit und das Zurückdrängen der zweigeschlechtlichen Ordnung.

Queerfeministische Klassenpolitik versteht auch feminisierte Berufe[G] als Feld von Klassenpolitik. Dabei müssen die Besonderheiten, die sich aus den jeweiligen Tätigkeiten und der Funktion im Prozess der Kapitalakkumulation ergeben, miteinbezogen werden. Sie haben Einfluss darauf, welche Formen von Klassenpolitik Sinn ergeben oder überhaupt möglich sind. Was für den klassischen *weißen* Industriearbeiter Sinn ergibt, lässt sich nicht einfach auf alle Arbeitsverhältnisse und Branchen übertragen. Arbeitskämpfe im Bereich der öffentlichen Daseinsvorsorge etwa müssen viel stärker gemeinsam mit Klient*innen und Angehörigen geführt werden und die Kämpfe haben meist einen viel politischeren Charakter – um nur ein Beispiel zu nennen. Queerfeministische Klassenpolitik bedeutet, die Vielfältigkeit der Arbeiter*innenklasse zu erkennen und, damit einhergehend, wie Arbeiter*innen unterschiedlich von Rassismus, Patriarchat und Queerfeindlichkeit betroffen sind. Das bedeutet, unsere reale Lebenssituation zum Ausgangspunkt zu nehmen und eigene, dafür passende Formen der Praxis zu entwickeln.

Queerfeministische Klassenpolitik findet außerdem auch auf dem Terrain des Privaten statt. Es geht darum, Ausbeutung von Menschen als ›Frauen‹ im Privaten einzuschränken und zu bekämpfen. Das heißt, trotz der Vereinzelung in den privaten Haushalten kollektive Formen zu finden, um den patriarchalen Zugriff auf ›weibliche‹ Körper und ›weibliche‹ Arbeit zurückzudrängen. Das heißt in der Konsequenz, die Trennung von privater und öffentlicher Sphäre aufzuheben und neue Formen der kollektiven Sorge umeinander zu entwickeln und zu erkämpfen. Feministische Organisierung im Stadtteil beispielsweise könnte eine Basis für diese Kämpfe und neuen Entwürfe sein.

In bisherigen feministischen Klassenpolitiken sahen wir oft, dass primär die Belange von *weißen* heterosexuellen cis Frauen, die in monogamen

Paarbeziehungen und Kleinfamilien unter patriarchalen Verhältnissen Sorgearbeit leisten, zentraler Bezugspunkt waren. Diese Kämpfe waren enorm wichtig und haben leider nicht an Aktualität verloren. Wir müssen aber auch die gewaltvolle Herstellung von Zweigeschlechtlichkeit überhaupt zurückdrängen. Hier setzen queere Kämpfe an. Diese stellen Zweigeschlechtlichkeit infrage, weisen Geschlechterrollen zurück und brechen immer wieder mit der Kleinfamilienstruktur. Damit arbeiten queere Praktiken auch gegen die Essenzialisierung der vergeschlechtlichten Zuweisungen als Legitimation geschlechtlicher Arbeitsteilung. Queere Politiken und Praktiken rütteln also an grundlegenden Normen und Stützen der kapitalistischen Organisation von Produktion und Gesellschaft, wie Heteronormativität und Familienstruktur. Queere Kämpfe fokussieren darüber hinaus auf das ›nicht richtig Reinpassen‹ oder ›komplett Rausfallen‹ aus Zweigeschlechtlichkeit und Heteronormativität, aus Normen körperlicher und psychischer Gesundheit und damit oft einhergehend aus der Lohnarbeit. Gerade das ›nicht mehr Funktionieren‹ und ›aus der Norm Fallen‹ sind Ausgangspunkte queerfeministischer Politiken. Hierin sehen wir aber auch die Möglichkeit für einen Ausgangspunkt für eine emanzipatorische Politik für alle. Das bedeutet, dass wir in unsere Kämpfe verschiedene Macht- und Ausbeutungsverhältnisse miteinbeziehen müssen.

Queerfeministische Klassenpolitik stellt das Ideal des *weißen* männlichen unversehrten Arbeiters infrage, der im Kapitalismus die unsichtbare Norm darstellt. Das Abweichende von diesem Ideal wird abgewertet und kann angegriffen werden – und wird dies auch. Besonders Frauen, queere und rassifizierte Personen entsprechen nicht dem Ideal. Überhaupt kann niemand diesem Ideal ganz entsprechen und der Zwang zum Funktionieren und zum Lohnarbeiten macht uns alle kaputt. Es geht also nicht nur um die Verteidigung partikularer Interessen einer queeren Communitiy, sondern auch um ein gesellschaftliches Prinzip, das uns alle betrifft und das die ideologische Grundlage der beschriebenen patriarchalen Ausbeutung darstellt. Angriffe auf die Rechte von Queers sollen uns alle zur (Geschlechter-)Ordnung rufen. Queerfeministische Klassenpolitik heißt deshalb, Rechte von Queers auf der Arbeit, aber auch überall anders zu erstreiten und zu verteidigen, Handlungsräume in der Geschlechterordnung zu erweitern und für eine Aufhebung der geschlechtlichen Arbeits- und Rollenteilung zu kämpfen. Der gängigen patriarchalen Ideologie der Zweigeschlechtlichkeit müssen wir unsere tatsächlich viel widersprüchlichere und vielfältigere Lebensrealität entgegenstellen und versuchen, uns gegen die Beschneidungen und Zurichtungen durch die Ideologie der Zweigeschlechtlichkeit zur Wehr zu setzen. Lohnarbeitskämpfe, Kämpfe um private Sorgearbeit und Anerkennungskämpfe von Queers erscheinen erst einmal als sehr unterschiedliche und getrennte Auseinandersetzungen. Für uns als einzelne Personen lassen sie sich aber nicht voneinander trennen.[10]

Erstens sind in unserem Alltag die verschiedenen Felder der Auseinandersetzung gar nicht so sehr voneinander getrennt: Als FLINTA* sind wir in der Lohnarbeit von Überausbeutung und in feminisierten Berufen von besonderen Ausbeutungsbedingungen betroffen. Zu Hause leisten die meisten von uns unbezahlte Sorgearbeit und unsere Körper sind ständigen Zugriffsversuchen durch Staat, Kapital und cis Männer ausgesetzt. Wo wir hinkommen, werden wir mit unerreichbaren Geschlechternormen und im Zweifel mit Gewalt konfrontiert, wenn wir zu stark aus dem Rahmen fallen. In all diesen Auseinandersetzungen bleiben wir dieselbe Person, für uns bilden sie einen Lebenszusammenhang.

Zweitens sind die so verschieden wirkenden Felder der Auseinandersetzung Teil eines gesellschaftlichen Zusammenhangs. Patriarchat und Kapitalismus greifen ineinander, wie wir in diesem Kapitel deutlich zu machen versuchten. Deshalb sind auch die Kämpfe in diesen Feldern jeweils nicht nur partikulare Kämpfe, sondern wirken sich auf den gesamten gesellschaftlichen Zusammenhang aus. Und schließlich muss eben dieser Gesamtzusammenhang abgeschafft werden, der Verbesserungen in einzelnen Feldern blockiert.

Gerade die Trennung der verschiedenen Bereiche isoliert uns einerseits und verstellt uns andererseits den Blick auf gesellschaftliche Gesamtzusammenhänge. Beides verhindert, dass wir uns effektiv für unsere Interessen und Bedürfnisse einsetzen. Demgegenüber will die Perspektive der queerfeministischen Klassenpolitik durch kollektive Praxen und das Schaffen von Verbindungen den Gesamtzusammenhang in den Blick bekommen und uns ermöglichen, uns in unserem konkreten Alltag zu organisieren. Wir denken, dass es hier tatsächlich um unterschiedliche Kampffelder geht und in den konkreten Kämpfen vordergründig nicht immer dieselben Interessen, Pri-

10 An dieser Stelle wäre ergänzend auch eine antirassistische Analyse gut möglich, zum Beispiel anhand der Frage, inwiefern unsere rassistische Gesellschaft die Lebensrealitäten von (queeren) BIPoC bestimmt und sich auf ihre bezahlten und unbezahlten Arbeitsverhältnisse auswirkt.

oritäten und Themen existieren. Das soll auch nicht harmonisiert werden. Wichtig ist uns die Erkenntnis, dass unsere Befreiung als Lohnabhängige und FLINTA* aneinander geknüpft ist und sich in unserem Leben die verschiedenen Kämpfe überschneiden.

Eine queerfeministische Klassenpolitik muss dabei bedürfnisorientiert sein und der Leistungs- und Konkurrenzlogik eine Logik der Sorge entgegensetzen. Wir müssen die Welt aus Sicht der Sorge betrachten, also die Carespective einnehmen. Das bedeutet, dass wir eine Perspektive einnehmen wollen, in der die Sorge und der Erhalt des Lebens Ausgangspunkt des Blicks auf die Welt sind und darauf, wie wir sie verändern wollen. Von diesem Standpunkt aus stellen wir die Bedürfnisse der Menschen ins Zentrum unserer Kämpfe, die wir danach ausrichten, wie wir uns am besten umeinander kümmern können. Wir erkennen an, dass wir soziale Wesen und voneinander abhängig sind. Wir wenden uns gegen den kapitalistischen Individualismus und streben nach Gemeinschaftlichkeit und Kollektivität[G]. In den kommenden Kapiteln nähern wir uns einer Antwort auf die Frage an, ob und inwiefern feministisch streiken die adäquate Praxis und Organisierungsform dafür darstellt.

4. Der feministische Streik – eine revolutionäre[G] Praxis[G]?

> *»Er flutet bald wie eine breite Meereswoge über das ganze Reich, bald zerteilt er sich in ein Riesennetz dünner Ströme; bald sprudelt er aus dem Untergrunde wie ein frischer Quell, bald versickert er ganz im Boden. Politische und ökonomische Streiks, Massenstreiks[G] und partielle Streiks, Demonstrationsstreiks[G] und Kampfstreiks, Generalstreiks einzelner Branchen und Generalstreiks einzelner Städte, ruhige Lohnkämpfe und Straßenschlachten, Barrikadenkämpfe – alles das läuft durcheinander, nebeneinander, durchkreuzt sich, flutet ineinander über; es ist ein ewig bewegliches, wechselndes Meer von Erscheinungen. Und das Bewegungsgesetz dieser Erscheinungen wird klar: Es liegt nicht in dem Massenstreik selbst, nicht in seinen technischen Besonderheiten, sondern in dem politischen und sozialen Kräfteverhältnis.« Rosa Luxemburg (1906)*

Seien es klassische Lohnarbeits[G]streiks wie beispielsweise 2022 der Pflegestreik in NRW, die seit 2018 stattfindenden Klimastreiks oder die aktuellen Streiks in Frankreich gegen die Rentenreform – Streik ist wieder im gesellschaftspolitischen Diskurs angekommen. Die unterschiedlichen Formen machen bereits deutlich, dass Streik nicht gleich Streik ist. Wenn wir einen feministischen Streik fordern, müssen wir uns daher auch mit den jeweiligen Definitionen, historischen Kontinuitäten und rechtlichen Bedingungen der verschiedenen Streikformen auseinandersetzen – um dadurch den Rahmen abzustecken und zu erkunden, wie wir uns in diesem bewegen können und wollen.

Generalstreik, wilder Streik, Warnstreik[G] – der Streik begegnet uns in den unterschiedlichsten Formen und mit den verschiedensten Begriffen. Nicht immer ist klar, auf welche Form des Streiks sich in den verschiedenen Diskursen bezogen wird. Somit beginnen wir mit einer Definition der unterschiedlichen Streikformen und legen dar, wie wir sie in diesem Buch benutzen.

Als *Streik* beschreiben wir grundsätzlich erstmal einfach die kollektive, organisierte Einstellung oder Niederlegung von Arbeit mit dem Ziel der Durchsetzung einer Forderung. Der Streik ist ein Kampfmittel, welches traditionell von Arbeiter*innen und Gewerkschaften genutzt wird und sich im traditionellen Sinne auf arbeitsrechtliche Forderungen wie die Forderung nach mehr Lohn oder Arbeitszeitverkürzungen fokussiert. Grundlegend können wir dann diesen Streik noch in zwei Kategorien einordnen, die beschreiben, welche Form der Streik annimmt, also wie er sich in seiner praktischen Umsetzung zeigt. Wir unterscheiden zwischen einem Demonstrationsstreik und einem Kampfstreik. Diese Unterscheidung bezieht sich sehr stark auf die Form und das strategische Ziel des jeweiligen Streiks. Wenn wir alle am 8. März wie jedes Jahr auf die Straße gehen und den feministischen Kampftag[G] ausrufen oder wenn die EVG einen Warnstreik zur Weiterführung ihrer Verhandlungen ausruft, wird der Streik meist sichtbar gemacht durch öffentliche Demonstrationen. In diesem Beispiel reden wir von einem *Demonstrationsstreik*. Wir haben also einen festgelegten Start- und Endpunkt sowie eine festgelegte Startzeit und Endzeit. Wenn wir uns auf der Demonstration bewegen, ist uns klar, dass diese innerhalb einiger Stunden beendet wird, ob wir das von uns ausgerufene Ziel erreicht haben oder nicht. Ein Demonstrationsstreik ist also ein Streik, der zeitlich begrenzt ist und welcher in seiner politischen, praktischen Ausformulierung versucht, den politisch herrschenden Kräften die Forderungen der Arbeiter*innenklasse aufzuzeigen (vgl. Redler 2004). Ein andere, meist gegenteilige, Form ist der *Kampfstreik*. Als Kampfstreik lassen sich zum Beispiel die Tarifstreiks bei der Deutschen Bahn, aber auch der Frauenstreik in der Schweiz 1991 bezeichnen. Die Arbeitenden treten in den Streik, um ein ausgerufenes Ziel oder eine ausgerufene Forderung zu erreichen. Der Streik endet somit nicht zu einem festgelegten Zeitpunkt, sondern wenn eine Änderung in Bezug auf die Forderung erreicht wurde. Hierbei ist wichtig, dass diese Änderung nicht unbedingt die ausgerufene Forderung der Streikenden vollumfänglich erfüllen muss, sondern auch ein Entgegenkommen beider Seiten möglich ist, wie es bei fast allen Streikeinigungen der Fall ist. Natürlich haben die jeweiligen Streiks innerhalb des Kampfstreiks ebenfalls einen ausgeschriebenen Start- und Endzeitpunkt, wie zum Beispiel bei der Deutschen Bahn, wenn diese sagt, dass der Fernverkehr zwischen Freitagabend und Sonntag früh um 10 Uhr nicht verkehrt. Trotzdem werden die Streikenden, in diesem Beispiel die Mitarbeitenden der Deutschen Bahn, immer wieder in den Streik treten, bis irgendeine Form von Änderung in Bezug auf ihre Forderung erzwungen wurde.

Wenn wir nun selbst davon sprechen, dass wir einen feministischen Streik brauchen, dann meinen wir damit einen Kampfstreik. Unser Ziel ist es, die gegebenen Verhältnisse ins Wanken zu bringen – und dafür in einen Kampfstreik zu treten. Und nicht, wie aktuell jedes Jahr am 8. März[G], einen Demonstrationsstreik auszurufen. Wir wollen, dass unser feministischer Streik erst endet, wenn wir Veränderungen erreicht haben!

Die zweite grundlegende Einordnung, welche sich ebenfalls auf die Form des Streiks bezieht (aber unabhängig davon ist, ob es sich um einen Demonstrationsstreik oder einen Kampfstreik handelt), ist die Unterscheidung zwischen einem Angriffsstreik und einem Abwehrstreik. Grundsätzlich ist diese Unterscheidung sehr einfach: Entweder versuchen wir, mit dem Streik etwas zu erkämpfen, oder wir versuchen, etwas zu verhindern. Praktisch kann diese Unterscheidung auch einfach entlang dieser Abgrenzung vorgenommen werden. Wenn wir uns die Generalstreiks in Frankreich gegen die Rentenreform oder die Massenproteste in Polen gegen die neuen Abtreibungsgesetze anschauen, dann versuchen die Streikenden vor Ort, eine spezifische Policy[11G] – in diesem Fall die Rentenreform durch Macron oder die neuen Abtreibungsgesetze in Polen – abzuwehren, und befinden sich somit in einem *Abwehrstreik* (ebd.: 16). Wenn wir jedoch über den von uns erwünschten feministischen Streik reden, möchten wir den Streik als Methode oder Kampfmittel nutzen, um Veränderung herbeizuführen. Wir wehren somit nicht ein konkretes Gesetz oder eine neue Verordnung ab, sondern fordern durch unseren Streik selbst etwas Neues. In diesem Fall reden wir von einem *Angriffsstreik* (ebd.: 17). Der feministische Streik, den wir in unseren Thesen anführen, soll also ein Kampfstreik und ein Angriffsstreik sein.

Das Feld der Streikmethoden ist breit. Deswegen hört unsere Definition eines feministischen Streiks an dieser Stelle nicht auf. Als weitere Unterscheidung führen wir an dieser Stelle die Trennung zwischen dem ökonomischen Streik und dem politischen Streik ein. Während der ökonomische Streik seine Forderungen an die Arbeitgeber*innen richtet, adressiert der politische Streik politische Akteur*innen. Das übliche Mittel der ökonomischen Streiks sind die *Lohnarbeitsstreiks*. Ein Lohnarbeitsstreik im Sinne

11 konkrete politische Initiativen oder Ziele, die erreicht werden sollen.

der klassischen Arbeitskampfmaßnahme stellt das Mittel dar, um in Tarifverhandlungen von Arbeitnehmer*innen kollektiv Forderungen durchzusetzen. Hierbei findet der Streik auf dem betrieblichen Level statt und die Adressat*innen der Forderungen sind die Arbeitgeber*innen. Es geht somit um die kollektive Arbeitsniederlegung innerhalb eines Betriebes mit dem Ziel, Forderungen entlang des Tarifvertrags[G] durchzusetzen. Betriebliche Streiks sind rechtlich im Grundgesetz Art. 9 Absatz 3 verankert. Lohnarbeitsstreiks werden grundsätzlich von Gewerkschaften getragen. Sie werden von Gewerkschaften organisiert und durch diese ausgerufen. Aktuelle Beispiele für Lohnarbeitsstreiks sind zum Beispiel die Tarifauseinandersetzungen im Öffentlichen Dienst zu Beginn des Jahres 2023. Hier forderten die Gewerkschaften 10,5 % mehr Lohn oder aber mindestens 500 Euro monatlich mehr bei einer Laufzeit des Tarifvertrags von zwölf Monaten. In den Monaten von Januar bis April 2023 fanden deshalb zahlreiche Streiktage im Sozial- und Erziehungsdienst, im öffentlichen Nahverkehr und in vielen weiteren Branchen statt. In diesem Kontext ist auch die Begrifflichkeit des *Warnstreiks* relevant. Als Warnstreiks bezeichnen wir eine mehrstündige Arbeitsunterbrechung oder -niederlegung durch Arbeiter*innen während eines Verhandlungsstillstands. Ein Warnstreik dient erst mal dazu, den Arbeitgeber*innen zu demonstrieren, dass es die Möglichkeit gibt, den Betrieb lahmzulegen. Die Verhandlungsmacht der Gewerkschaften steigt, je mehr Arbeiter*innen sich an den Warnstreiks beteiligen. Der Warnstreik hat das Ziel, die Arbeitgebenden zum Einlenken in den Tarifverhandlungen zu bewegen, wie zum Beispiel der angekündigte 50-Stunden-Warnstreik der Eisenbahngewerkschaft EVG im Mai 2022, welcher durch seine bloße Ankündigung eine Tarifeinigung erzielen konnte (vgl. Schubert; Klein 2020).

Neben den klassischen Streikformen, welche im gewerkschaftlich organisierten Lohnarbeitskampf relevant sind, kann der Streik, ob tarifgebunden oder als politische Kampfmethode, jedoch weitere Formen annehmen, welche besonders für unsere Vorstellung eines feministischen Streiks relevant sind. Wenn Arbeitende innerhalb eines Unternehmens einen Streik ausrufen, dieser jedoch nicht gewerkschaftlich organisiert ist, reden wir von einem *wilden Streik*. Dieser wilde Streik stellt einen Arbeitskampf[G] dar, der unmittelbar durch die Arbeiter*innen getragen wird und dem die Gewerkschaften oder Arbeitnehmer*innenverbände nicht zugestimmt haben. Der wilde Streik wird somit nur von den Arbeitnehmer*innen selbst ausgerufen und organisiert. In Deutschland wird er zumeist als Arbeitsverweigerung ausgelegt und hat in vielen Fällen arbeitsrechtliche Konsequenzen. Er gilt als illegal. Wilde Streiks zeichnen sich besonders dadurch aus, dass sie häufig sehr spontan, ohne große Planung im Vorhinein entstehen. Ein aktuelles Beispiel für einen wilden Streik ist der Streik der Gorillas-Fahrradkuriere im Jahr 2022, welche aufgrund einer Entlassung eines Mitarbeiters in den Streik traten und die Verteilerzentren der Firma Gorillas besetzten, obwohl sie keine gewerkschaftliche Vertretung hatten. Das Ziel des Streiks war die Wiedereinstellung des entlassenen Mitarbeiters. Da der Streik jedoch als illegal erklärt wurde, kündigte der Arbeitgeber den Teilnehmenden ihr Arbeitsverhältnis und somit blieb die Forderung ohne Erfolg. Der Streik sorgte jedoch für mediale Aufmerksamkeit für die oft miserablen Arbeitsbedingungen in Lieferdiensten und die Schwierigkeit, in diesem Bereich zu streiken, zudem zog er einen Politisierungseffekt nach sich.

Der *Generalstreik* ist eine Streikform, in welcher Arbeitende versuchen, kollektive Handlungsmacht zu erlangen. In einem Generalstreik legen die Arbeitenden ihre Arbeit über verschiedene Branchen, Städte oder Regionen hinweg gleichzeitig nieder. Generalstreiks entwickelten sich im 19. Jahrhundert während des Übergangs zum organisierten Kapitalismus und der damit verbundenen Kapitalkonzentration und Massenproduktion (Wissenschaftliche Dienste des Deutschen Bundestags 2006: 3). Generalstreiks können von Gewerkschaften ausgerufen werden. Sie können in einigen Beispielen aber auch aus Empörung über Geschehnisse entstehen und in diesem Fall von sozialen Bewegungen[G] getragen werden. Um am Generalstreik teilzunehmen, muss man daher nicht zwangsläufig Mitglied einer Partei sein oder selbst lohnarbeiten. Mit unseren Thesen machen wir uns für einen feministischen Streik stark, der das Ziel hat, die gesellschaftlichen Verhältnisse als Ganzes zu kippen, und damit ein hohes Level an Handlungsmacht benötigt. Denn wir wollen damit langfristig den Aufbau einer umfassenden feministischen Streikbewegung erreichen, in deren Handlungsmacht es liegt, die gesellschaftlichen Verhältnisse als Ganzes ins Wanken zu bringen. Wenn wir hierbei den feministischen Streik als Mittel und Zwischenschritt hervorheben, dann meinen wir damit diese umfassendste Form des Streiks, einen feministischen Generalstreik.

Der Generalstreik wird häufig auch als politischer Streik definiert. Diese Einordnung wird mit der Anwesenheit der gesamten Arbeiter*innenklasse begründet oder damit, dass in der Form des Generalstreiks auch Ziele adressiert werden können, welche über Tarifverträge hinausgehen. Da diese Argumentation jedoch einzelfallspezifisch ausgewertet werden muss, vereinfachen wir an dieser Stelle und gehen davon aus, dass der Generalstreik sowohl in die Kategorie des ökonomischen Streiks als auch in die Kategorie des politischen Streiks eingeordnet werden kann.

Die für den feministischen Streik relevantere Streikform ist die des *politischen Streiks*. Beim politischen Streik sind es (politische) Akteur*innen, an die gesellschaftspolitische Forderungen gestellt werden (vgl. Redler 2004). Ein prominentes Beispiel hierfür ist der Streik von rund 250.000 Arbeiter*innen in Belgien 1883, welche das allgemeine Wahlrecht erstreikten (vgl. Bundeszentrale für politische Bildung 2022). Damit stellt der politische Streik auch die Trennung von Politik und Ökonomie infrage, indem er ein Mittel darstellt, um politische Forderungen mit ökonomischer Macht durchzusetzen. Die schwierige rechtliche Stellung des politischen Streiks in der BRD, welche später erläutert wird, sorgt dafür, dass politische Streiks rechtlich gesprochen außerhalb des Arbeitsrechtes stattfinden müssen. Der feministische Streik kann nur ein politischer Streik sein, da unsere Forderungen weit über betriebliche Forderungen hinausgehen. Auch ist es für uns wichtig, dass der politische Streik sich nicht auf Lohnarbeit fokussieren muss. Das erweitert die Möglichkeiten in der Niederlegung der Arbeit, es kann auch unbezahlte Care-Arbeit[G] bestreikt werden, was unserem Verständnis von Arbeit entspricht und für den feministischen Streik fundamental ist.

Die letzte Streikdefinition, die wir in diesem Kontext einführen möchten, ist die Begrifflichkeit des Massenstreiks. Der Begriff *Massenstreik* entstammt einer Debatte zu Anfang des 20. Jahrhunderts, welche das Verhältnis zwischen dem Ökonomischen und Politischen und die Frage des Massenstreiks als Kampfmittel zur Vorbereitung der Revolution umkreiste. Die Diskussion über die Wirkungsmacht und Ausformulierung des Massenstreiks orientiert sich stark an einer theoretischen Auseinandersetzung zwischen Wladimir Iljitsch Lenin und Rosa Luxemburg. Auch wenn eine Nachzeichnung der historischen Texte der beiden Autor*innen einen tiefen Einblick in die Debatten um den Massenstreik als Mittel bieten, möchten wir hier auf diese historische Einordnung verzichten. Stattdessen orientieren wir uns am Massenstreikbegriff Rosa Luxemburgs und versuchen, seine heutige Bedeutung für unsere Praxis zu erklären. Grundlegend ähnelt der Massenstreik in seiner Form dem Generalstreik. So legen auch während eines Massenstreiks die Arbeitenden ihre Arbeit über verschiedene Branchen, Städte oder Regionen gleichzeitig nieder, um kollektive Handlungsmacht zu erreichen. Der Massenstreik wird jedoch, abweichend vom Generalstreik, als »politisches Mittel, als Kampfmittel, zur Vorbereitung von Revolution oder als Erscheinungsform des proletarischen Kampfes in der Revolution« beschrieben (vgl. Haug; Wilde; Heidenreich 2018). Rosa Luxemburg beschreibt ein mögliches Zustandekommen wie folgt: Es beginnt mit einem Anlass, einem Ereignis. Dieses Ereignis kann viele Formen haben: eine Entlassung eines*einer Arbeiter*in, der Lohn von Arbeitenden wird nicht ausgezahlt, es passiert ein Unfall. Aufgrund dieses Ereignisses treten die Arbeitenden in den Streik. Dieser Streik kann zu Beginn auch einfacher ökonomischer Natur sein. Innerhalb dieses Streiks treten jedoch die Klassenerfahrungen der Arbeitenden immer weiter in den Vordergrund oder werden immer deutlicher. Diese Erfahrungen führen dazu, dass der Streik von einem ökonomischen in einen politischen Streik umschwingt. Luxemburg beschreibt, dass dieser Umschwung nicht plötzlich passiert, sondern dass ihm Klassenbewusstsein[G] vorausgeht, sprich eine teilweise jahrzehntelange Schulung und Bildung und der damit verbundene Wissensgewinn über die kapitalistische Ausbeutungslogik und die eigene Eingebundenheit der Arbeiter*innen in diese. Wenn nun also gleichzeitig eine geeignete politische Situation entsteht, wenn also die Zeit die richtige ist, kann es zu einem Massenstreik kommen. Der Massenstreik »ist [folglich] nicht ein pfiffiges Mittel, ausgeklügelt zum Zwecke einer kräftigeren Wirkung des proletarischen Kampfes, sondern er ist *die Bewegungsweise der proletarischen Masse, die Erscheinungsform des proletarischen Kampfes in der Revolution*« (ebd.: 125). Einfach gesagt, im Gegensatz zum Generalstreik, der auch dann enden kann, wenn nur ein kleiner Teil der Forderungen umgesetzt ist, zielt der Massenstreik auf einen Systemumbruch ab. Zusammenfassend ist der Massenstreik also eine Form, welche der politische Kampf annehmen kann, jedoch kein planbares oder wählbares Mittel, sondern ein »Sammelbegriff einer [...] vielleicht jahrzehntelangen Periode des Klassenkampfes« (ebd.: 100). Der Massenstreik kann sich aus einer passenden, fast zufälligen Situation entwickeln. Wir können ihn also als Bewegung nicht planen, so, wie wir nicht sagen können: »Wir machen jetzt zwei Jahre politische Arbeit und dann kommt die große Revolution«. Was bedeutet dies für unser Bestreben nach einem feministischen Streik?

Wenn wir von ›Systemumbrüchen‹ oder der ›Beendigung des Patriarchats[G]‹ sprechen, ist ein anderes Wort für diese Forderung ›Revolution‹ und wir wissen, wie groß und utopisch dieser Begriff daherkommt. Trotzdem kennen wir keine Revolution, in welcher der Streik als Methode nicht mindestens eine untergeordnete Rolle gespielt hat, und daher halten wir einen feministischen Streik für das richtige Mittel, wenn wir den für uns alle so alltäglichen Takt des Kapitalismus verändern möchten. Natürlich können wir uns den großen Massenstreik herbeiwünschen, gleichzeitig müssen wir aber anerkennen, dass eine Forderung nach einem solchen nur Wunschdenken sein kann. Trotzdem muss ein feministischer Streik, welcher das ausgewiesene Ziel hat, die gegebenen Gesellschafts- und Herrschaftsverhältnisse umzuwerfen, ein Massenstreik sein. Wir erkennen also an, dass der Massenstreik, wie Rosa Luxemburg sagt, ein nicht wählbares Mittel ist und nicht geplant werden kann, sondern nur ein Produkt vieler Einzelhandlungen sein kann. Trotzdem können wir versuchen, die von Rosa Luxemburg beschriebene Schulung und politische Einrahmung voranzutreiben und feministisch zu prägen, in der Hoffnung, dass sich ein feministischer Generalstreik am richtigen Ort und zur richtigen Zeit in einen feministischen Massenstreik entwickelt. Dafür, dass das funktioniert, gibt es leider keine Garantie – was uns nicht daran hindern sollte, an der Möglichkeit dieser Entwicklung weiter festzuhalten. Das muss nicht funktionieren – aber kann.

Das bedeutet für uns als Feminist*innen: Wenn wir Streik als Methode wählen, müssen wir daran arbeiten, feministische politische Streiks aufzubauen und gleichzeitig bestehende gewerkschaftliche, ökonomische Streiks feministisch und damit politisch zu prägen und zu deuten. Das bedeutet, dass wir Arbeit in Beziehungen stecken, dass wir unermüdlich Gespräche mit Kolleg*innen, mit Freund*innen und Bekannten suchen und uns über unsere Lebens- und Arbeitsverhältnisse austauschen. Es gilt, Klassenbewusstsein zu lernen und zu vertiefen und unsere politische, feministische Positionierung auch in unseren eigenen (Lohn-)Arbeitskämpfen zu vertreten und zu teilen. Wir müssen versuchen, in unserer politischen Arbeit zum feministischen Streik die Rahmenbedingungen dafür zu schaffen, dass ökonomische Streiks in politische umschlagen können. Gleichzeitig müssen wir anerkennen, dass die Bedingungen für einen Massenstreik nur in wenigen, nicht absehbaren Momenten vorhanden sind und somit unser Ziel für einen feministischen Streik zuallererst immer der Generalstreik sein muss. Wenn wir auf einen politischen Streik hinarbeiten und uns in diesem Kontext mit Gewerkschaften zusammentun, die sich im Rahmen der Lohnarbeitskämpfe bewegen, muss es unsere Aufgabe sein, die politische, antikapitalistische Einbettung dieser Kämpfe aufzuzeigen. Wir müssen immer wieder versuchen, die Rahmenbedingungen dafür zu schaffen, dass aus ökonomischen Streiks politische werden können.

Wenn wir in unseren Thesen also vom feministischen Streik reden, dann meinen wir einen politischen feministischen Generalstreik, welcher sowohl als Kampfstreik als auch als Angriffsstreik auftritt.

Die (kleine) Geschichte des deutschen Streikrechts

Um zu verstehen, in welchem rechtlichen Kontext wir uns hierbei bewegen, beginnen wir mit einer kurzen Übersicht über die Situation des deutschen Streikrechts vor dem Jahre 1919, also vor der Weimarer Republik. In Deutschland gab es zu diesem Zeitpunkt kein explizites Streikrecht im deutschen Rechtssystem, Streiks wurden oft als rechtswidrig angesehen und konnten mit harten Strafen geahndet werden. Gewerkschaften waren schwach und die Arbeitgeber hatten weitreichende Macht über die Arbeitsbedingungen der Arbeiter*innen (Birke 2015). Mit der Entstehung der Weimarer Verfassung von 1919 entstand in Deutschland erstmals das Recht auf Koalitionsfreiheit und somit das Recht zu streiken. Gewerkschaften gewannen an Einfluss und Streiks wurden als legitimes Mittel zur Durchsetzung von Arbeit*innenrechten anerkannt. Dennoch war die damalige Situation nicht mit der heutigen vergleichbar und die Arbeiter*innenrechte waren deutlich weniger ausgebaut als heute. So nahmen die Streiks teils absurde Formen an, indem etwa Arbeiter*innen ihren Arbeitsvertrag kündigten, bevor sie in den Streik traten, um Repressionen[G] durch den Arbeitgeber zu entgehen und während der Streikverhandlungen Wiedereinstellungsklauseln auszuhandeln. Diese Situation änderte sich im Nationalsozialismus. Unter der Herrschaft der Nationalsozialist*innen wurden die Gewerkschaften zerschlagen und das Streikrecht abgeschafft. Die Regierung erlangte volle Kontrolle über die Arbeitsbeziehungen und unterdrückte jeglichen Widerstand. Auch wenn es einige Fälle von Streiks auch während des Nationalsozialismus gab, war das Streikrecht sehr stark eingeschränkt und Streiks wurden mit hohen Repressionen belegt.

Nach dem Ende des Nationalsozialismus nahm die Streikkultur in Westdeutschland schnell wieder zu und es kam zu vielen, auch politischen, Streiks. Am 12. November 1948 kam es dann zum letzten Generalstreik in der BRD, zu welchem die westdeutschen Gewerkschaften aufriefen. Der auswirkungsreiche Streik in der britischen und der US-amerikanischen Besatzungszone richtete sich gegen Lohnstopps und die Preissteigerungen auf dem damaligen Wohnungsmarkt. Knapp neun Millionen Arbeiter*innen nahmen an diesem Streik teil (vgl. Birke 2015). Mit der Verabschiedung des Grundgesetzes im Jahr 1949 wurden die Grundlagen für das aktuelle deutsche Streikrecht gelegt. Das Streikrecht wurde als ein wesentliches Element der Koalitionsfreiheit geschützt und somit rechtlich verankert. Innerhalb dieser Periode wurde in Westdeutschland viel und stark gestreikt, sowohl ökonomisch als auch politisch (vgl. Nowak 2016).

Im Jahr 1952 kam es dann zu einem zweitägigen Demonstrationsstreik der Drucker*innen und Setzer*innen, der sog. ›Zeitungsstreik‹, welcher in einer politischen Niederlage für die Gewerkschaften endete. Der Streik gegen das Betriebsverfassungsgesetz verfolge das Ziel, ein größeres Mitspracherecht in Fragen der Leitung und Kontrolle von Betrieben zu erlangen. Auf den Streik folgte eine juristische Auseinandersetzung darüber, ob dieser Streik als politischer oder arbeitsrechtlicher Streik einzustufen war. Die Auslegung des Gesetzestextes geschah durch den konservativen und früheren NS-Richter Hans Carl Nipperdey und der Streik wurde als politisch eingestuft. Hierbei setzte sich die bis heute vorherrschende Auffassung durch, dass politische Streiks illegal seien, was noch immer stark umstritten ist (Interview Nowak). Bis heute wird die Frage des politischen Streiks rechtlich in Bezug auf diese damalige richterliche Entscheidung beantwortet. Das deutsche Streikrecht wird daher auch als ›Richter*innenrecht‹ betitelt, also als Recht, das auf der Entscheidung eines*einer Richter*in beruht und nicht auf einer niedergeschriebenen Gesetzgebung. Das Streikrecht heute beruht auf von fünf Säulen:

Tarifautonomie: Streiks sind in erster Linie ein Instrument der Tarifautonomie. Das bedeutet, dass Gewerkschaften und Arbeitnehmer*innenverbände das Recht haben, Tarifverhandlungen zu führen und dabei auch Arbeitskampfmaßnahmen wie Streiks einzusetzen.

Friedenspflicht[G]**:** Während der Laufzeit eines gültigen Tarifvertrags besteht normalerweise eine Friedenspflicht. Das bedeutet, dass sowohl die

Gewerkschaften als auch die Arbeitgeber*innen keine Streiks oder anderen Arbeitskampfmaßnahmen durchführen dürfen. Die Friedenspflicht soll den Arbeitsfrieden während dieser Zeit sicherstellen.

Verhältnismäßigkeit: Streiks müssen verhältnismäßig sein, das heißt, sie dürfen nicht übermäßig schädlich oder gewalttätig sein. Sie sollen darauf abzielen, die Verhandlungen zu beeinflussen und Arbeitgeber*innen zu Zugeständnissen zu bewegen, ohne dabei unverhältnismäßigen Schaden anzurichten.

Ausschluss bestimmter Berufsgruppen: In einigen Bereichen, wie dem öffentlichen Dienst oder ›systemrelevanten‹ Bereichen, können Einschränkungen gelten. Dies dient dazu, die Aufrechterhaltung wichtiger Dienstleistungen für die Gesellschaft sicherzustellen. Beispielsweise Verbeamtete sind aus dem Streikrecht ausgeschlossen und dürfen in Deutschland nicht streiken. Für Krankenhäuser gilt es, zuvor eine Notstandsversorgung sicherzustellen, damit die Gesundheit der Patient*innen nicht gefährdet wird.

Tarifverhandlungen und Schlichtungsverfahren: Bevor ein Streik ausgerufen wird, sollen in der Regel Tarifverhandlungen stattfinden. In einigen Fällen sind Schlichtungsverfahren vorgesehen, um eine außergerichtliche Einigung zu erzielen, bevor ein Streik stattfindet.

Wenn einer dieser Punkte nicht erfüllt wird, besonders der erste Punkt, also die inhaltliche Ausrichtung des Streiks auf einen Tarifvertrag, kann ein Streik theoretisch als politisch eingeordnet und somit verboten werden (Wissenschaftliche Dienste des Deutschen Bundestags 2022). Trotzdem soll an dieser Stelle erwähnt werden, dass eine reine Teilnahme an einem politischen Streik nicht gesetzlich verboten ist. Aber Menschen, die an einem politischen Streik teilnehmen, sind nicht vom Streikrecht geschützt und laufen somit Gefahr, für ihre Teilnahme von ihren Arbeitgeber*innen belangt zu werden, wie zum Beispiel durch den Verlust ihres Arbeitsplatzes. Diese Einordnung ist jedoch unter Jurist*innen stark umstritten und viele vertreten die Meinung, dass es einer Testung der Einordnung durch eine Klage gegen die Auslegung des Streikrechts bedarf. Damit ist gemeint, dass die Entscheidung des Richters Hans Carl Nipperdey zur Definition, welcher Streik als politisch gilt, erneut vor Gericht verhandelt werden sollte. Dafür braucht es jedoch nach Einschätzung verschiedener Jurist*innen eine neue Klage vor dem Bundesgerichtshof, welche von den gängigen Gewerkschaften jedoch nicht angestrebt wird.

»Der Streik« von Robert Koehler (1886)
© bpk / Deutsches Historisches Museum / Arne Psille

Nun zur Geschichte des feministischen Streiks: Die feministische Streikbewegung (in Europa) hat ihre historischen Wurzeln in betrieblichen als auch politischen feministischen Streiks. Ein Rückblick auf betriebliche feministische Streiks ist von großer Bedeutung, aber auch mit Schwierigkeiten verknüpft. Wie in Kapitel 3 zu queerfeministischer Klassenpolitik aufgezeigt wurde, wurden Frauen im Zuge der Industrialisierung als für reproduktive Arbeiten zuständig erklärt und von der Lohnarbeit ausgeschlossen, beziehungsweise als Lohnarbeiter*innen unsichtbar gemacht. Dies führte dazu, dass sich in der Geschichte der Arbeiter*innenbewegung quantitativ mehr Männer als Frauen an Streiks beteiligten. Wie sich dies auch im kollektiven Gedächtnis widerspiegelt, zeigt Ingrid Artus in ihrer Analyse von »Der Streik« von Robert Koehler – eine prägende Darstellung der Arbeiter*innenbewegung. Auf dem Bild lassen sich in der aktiven Rolle der Streikenden ausschließlich Männer finden. Die wenigen anwesenden Frauen tragen keine Arbeitskleidung und gehören auch ansonsten offensichtlich nicht zu den Streikenden. Einige von ihnen befinden sich im Gespräch mit streikenden Männern, scheinen sie leidend anzuflehen und nicht zu streiken. Patriarchale Geschichtsschreibung lässt hier Frauen eher hinderlich und unbeteiligt am Streikgeschehen erscheinen, inter, nicht-binäre und trans* Personen werden sowieso komplett ausradiert (vgl. Artus 2019). Ebenfalls wird, wenn von der Schlagfertigkeit großer Industriestreiks zu Beginn der Industrialisierung erzählt wird, oft vergessen, dass viele dieser Streiks ohne die Unterstützung von Frauen, zum Beispiel in Form von unbezahlter Care-Arbeit und Solidarität, »zum Scheitern verurteilt gewesen« wären (Notz 1994: 23).

Auch wenn in genderunspezifischen[12] Dokumenten nur von »Arbeitern« gesprochen wird, gibt es doch einige dokumentierte Streiks, die größtenteils oder auch ausschließlich von Frauen getragen wurden. Beispielsweise streikten 1844 in Schlesien mehrheitlich heimarbeitende Weberinnen für höhere Löhne und bessere Arbeitsbedingungen. Mit hoher medialer Aufmerksamkeit wurde der erste ›reine‹ Frauenstreik 1893 in Wien begleitet, wo Textilarbeiterinnen für mehrere Wochen ihre Arbeit niederlegten. Zu weiteren Streiks in der Textilarbeit kam es beispielsweise 1903/04 in Crimmitschau, welche ebenfalls mehrheitlich von Frauen getragen wurden.

Inwieweit die jeweiligen Streiks ihre Forderungen durchsetzen konnten, ist eine spannende Frage, die sich in diesem Buch aber nicht weiter erörtern lässt. Doch diese Streiks verbindet, dass sie von Frauen getragen wurden und dass es oft an der Solidarität männlicher Kollegen mangelte. Auch das Fehlen von öffentlicher medialer Anerkennung oder ein Ernstnehmen dieser Streiks ist eine Gemeinsamkeit. Darstellungen wie bei Robert Koehler zeichnen ein falsches Bild von Frauen als unsolidarisch und unbeteiligt am Streik, obwohl Frauen natürlich ebenfalls am Kampf gegen kapitalistische Ausbeutungsverhältnisse und für ein besseres Leben für alle beteiligt waren.

Neben den betrieblichen feministischen Streiks entwickelte sich gegen Ende des 20. Jahrhunderts eine neue Form des feministischen Streiks: der politische feministische Streik oder auch feministischer Streik zweiten Typs. Hier streiken nicht ausschließlich Arbeiter*innen eines Betriebs oder einer Branche zusammen, sondern FLINTA*[G] gemeinsam gegen patriarchale Verhältnisse. Eines der ersten Beispiele ist der feministische Streik in

12 In geschichtlichen Quellen aus dieser Zeit wird ausschließlich das generische Maskulinum verwendet, selbst wenn andere Geschlechtsidentitäten beschrieben werden.

Island 1975. An diesem beteiligten sich 90 % der weiblichen Bevölkerung und legten bezahlte, aber auch unbezahlte Arbeit nieder. Als Folge der großen Mobilisierung[G] konnten an diesem Tag zahlreiche Einrichtungen wie Schulen und Kindergärten oder Geschäfte bestreikt werden. Infolge des Bestreikens unbezahlter Arbeit konnten viele Männer nicht wie gewohnt ihrer Arbeit nachgehen (vgl. Kiechle 2019). Auch in der Schweiz fand 1992 ein feministischer Streik statt und 1994 auch in der BRD. Doch auch in den letzten Jahren gab es durch feministische Streiks große Mobilisierungen. So brachte der feministische Streik in Spanien 2018 über fünf Millionen Menschen auf die Straße. Auch in Argentinien wurde mit der Kampagne »Ni una menos«[G] (Nicht eine weniger) der feministische Streik als Protestform gegen patriarchale Gewalt genutzt.

Es gibt also eine lange Geschichte von ökonomischen und politischen Streiks, die von Frauen getragen wurden. Doch was zeichnet denn nun eigentlich einen feministischen Streik aus? Die bloße Hauptbeteiligung von FLINTA* reicht nicht zwingend aus, um einen Streik als einen feministischen Streik zu deklarieren. Ein feministischer Streik qualifiziert sich als ein solcher, wenn die Forderungen, die im Streik aufgestellt werden, feministische Forderungen sind, also Forderungen, welche die Lebensbedingungen für FLINTA* verbessern. Dies kann von der Aufwertung feminsierter Berufe bis zur Überwindung patriarchaler Gewalt reichen.

Wir kämpfen für einen feministischen Streik – und doch wollen wir an dieser Stelle noch einmal ausführen, was wir eigentlich meinen. Der feministische Streik, für den wir kämpfen, soll, wie wir in den letzten Zeilen beschrieben haben, ein Kampfstreik und Angriffsstreiks sein. Wir wollen eine kollektive Niederlegung der Arbeit, doch hat der feministische Streik, für den wir kämpfen, noch eine andere Qualität. Wir wollen und müssen die gesellschaftlichen Verhältnisse umstürzen. Auch wenn sich dieses Ziel riesig und nicht erreichbar anhört, ist es nichts Kleineres, für das wir kämpfen. Natürlich ist jeder kleine Streik für die Aufwertung von feminisierten Berufen ein feministischer Streik, doch können diese im Großen und Ganzen nur ein Schritt auf unserem Weg sein. Ein feministischer Streik kann zärtlich sein, aber auch kämpferisch und militant. Er soll eine Form der Sozialität herstellen und das gemeinsame Sorgen in den Mittelpunkt stellen. Feministisch streiken bedeutet für uns auch, eine neue Form der Beziehungen zueinander zu erlernen und zu leben.

Warum eigentlich Streik?

Nachdem wir uns mit der rechtlichen Einordnung politischer Streiks und der Geschichte feministischer politischer Streiks in Deutschland befasst haben, fragen wir nun: Warum eigentlich Streik? Warum ist der feministische Streik das Mittel unserer Wahl und beispielsweise nicht einfach eine Demonstration?

Mit der Methode des Streiks können wir an der Wurzel der Verzahnung von Kapitalismus und Patriarchat ansetzen. Wenn wir kollektiv unsere Arbeit niederlegen, stört das die kapitalistischen Produktionsprozesse, wir erreichen damit also nicht nur Aufmerksamkeit für unsere Forderungen, sondern können Druck aufbauen, indem Abläufe in der Produktion und im Zusammenleben nicht wie gewohnt stattfinden können. Damit setzen wir uns aktiv gegen die kapitalistischen patriarchalen Verhältnisse zur Wehr, die uns unterdrücken und ausbeuten – mehr dazu haben wir im vorherigen Kapitel zu queerfeministischer Klassenpolitik geschrieben.

Wenn wir uns also manchmal fragen, wozu der ganze Aufwand, warum wollen wir einen feministischen Streik und warum belassen wir es nicht bei Demonstrationen, die doch auch Aufmerksamkeit für Themen schaffen, so wird schnell klar, dass das Streiken viel mehr Wirkungskraft entfalten kann als gelegentliche Demonstrationen. Denn der Kampfstreik, um den es sich bei unserem Begriff von feministischem Streik handelt, ist darauf ausgelegt, so lange anzudauern, bis bestimmte Forderungen umgesetzt werden. Das unterscheidet den Streik von einer Demonstration, welche normalerweise nach einem vorher festgelegten Zeitraum beendet wird, unabhängig davon, ob Forderungen umgesetzt wurden oder nicht. Wir haben also das Ziel, die Gesellschaft zu verändern, und dafür erscheint uns ein Streik das geeignetere Mittel. Die Methode Streik ist aber nicht nur ein hilfreiches Werkzeug für die Durchsetzung unserer Ziele, sondern hat an sich schon politisierende Effekte. Diese Kampfform bringt es notgedrungen mit sich, dass wir, um überhaupt streiken zu können, Kollektivität[G] aufbauen und einüben. Darüber hinaus zeichnen sich Demos unter anderem dadurch aus, dass die Gruppen der Organisator*innen und der Demoteilnehmer*innen klar voneinander zu unterscheiden sind. Die einen haben die Demo im Vorhinein geplant und kümmern sich darum, dass das Geplante umgesetzt wird. Die anderen befinden sich oft in einer Rolle, in der sie nur begrenzt mitgestalten und eher das konsumieren, was die Organisator*innen geplant haben. Allein wegen der zeitlich eher langen Dauer des Streiks erfordert feministisch zu streiken das aktive Mitgestalten vieler. Denn schon die Verantwortung für eine mehrstündige Demo zu haben, ist für die Organisator*innen oft mit viel Anstrengung verbunden. Diese Verantwortung kann nicht über mehrere Tage oder Wochen bei einigen Wenigen liegen, sondern muss möglichst kollektiv getragen werden. Somit ist eine breite gemeinsame Organisierung[G] des feministischen Streiks bereits aus Gründen personeller Kapazitäten notwendig. Außerdem: Streiken muss jede Person selbst, was automatisch heißt, sich aktiv mit Arbeitgeber*innen, Kolleg*innen, dem weiteren Umfeld und so weiter auseinanderzusetzen. Das kann einem niemand wirklich abnehmen. Auf eine Demo kann ich theoretisch alleine gehen, ohne dass das irgendwelche Konsequenzen für mein Leben und mein soziales Umfeld hat. Wenn ich auf meiner Arbeit streike, werde ich mich in der darauffolgenden Zeit an meinem Arbeitsplatz mit den Konsequenzen auseinandersetzen müssen, zum Beispiel, wenn mein*e Chef*in den Streik richtig scheiße fand.

Auch das Bestreiken von Sorgetätigkeiten macht Selbstorganisation im feministischen Streik notwendig. Denn um Sorgearbeit[G] bestreiken zu können, muss diese für den Zeitraum des Streiks gemeinsam organisiert werden. Es handelt sich um Tätigkeiten, von denen Menschen direkt abhängen, weswegen diese Tätigkeiten nicht ohne Weiteres niedergelegt werden können (mehr dazu im folgenden Abschnitt). Die feministische Streikpraxis erfordert also die Mitgestaltung aller Streikenden in der Selbstorganisation. Das trägt auch dazu bei, dass wir als Streikende ein ermächtigendes Gefühl erfahren können, wenn wir gemeinsam und selbstorganisiert für das kämpfen, wofür wir brennen.

Wir glauben, dass es für die Überwindung von Patriarchat und Kapitalismus, für die Umverteilung von Sorgearbeit und für den Kampf gegen vergeschlechtlichte Arbeitsteilung, den kapitalistischen Zwang zur Arbeit und Heteronormativität mehr braucht als gelegentliches Demonstrieren. Jedoch können und sollten Demos durchaus Bestandteil von Streiks sein, da sie Aufmerksamkeit schaffen können und gemeinsames Auf-der-Straße-laut-Sein durchaus ermächtigend für die Teilnehmenden wirken kann.

Da die feministische Streikpraxis gesellschaftspolitische Forderungen stellt und das Bestreiken von bezahlter und unbezahlter Arbeit miteinander vereint, bewegt sich der feministische Streik notwendigerweise im Bereich des politischen Streiks. Vom betrieblichen Streik unterscheidet ihn, dass es sich hier nicht vordergründig um Lohnarbeitskämpfe handelt, sondern beispielsweise auch häusliche unbezahlte Care-Arbeit bestreikt werden kann. Betriebliche Streiks, wie zum Beispiel Streiks von Krankenhauspflegepersonal, gehen im Idealfall im politischen Streik auf, indem sie gesellschaftspolitische Forderungen, also Forderungen, die über Lohnforderungen hinausgehen und die gesellschaftlichen Verhältnisse betreffen, formulieren. Da sich die im feministischen Streik formulierten Forderungen auf das gesamte gesellschaftliche Zusammenleben und das ökonomische System beziehen, muss der feministische Streik also notwendigerweise über den Rahmen des betrieblichen Streiks hinausgehen und wird im Idealfall in einen Massenstreik münden.

Auch unbezahlte Arbeit[G] muss bestreikt werden

Das Bestreiken von Sorgetätigkeiten, ganz gleich ob bezahlt oder unbezahlt, funktioniert anders als das Bestreiken von vielen anderen Tätigkeiten. Denn diejenigen, für die die Sorgearbeit geleistet wird, können nicht einfach unversorgt bleiben. Viele Sorgearbeiten müssen zwangsläufig gemacht werden, weil an ihnen unmittelbar das Leben und Wohlergehen anderer Menschen hängt. Erzieher*innen in der Kita sollen ihren Streik mit genügend Vorlauf ankündigen, sodass andere Erwachsene Zeit einplanen können, um Verantwortung für die entsprechenden Kinder zu übernehmen. Im Krankenhaus müssen mit zeitlichem Vorlauf Betten geschlossen werden, und auch während eines Streiks bleibt die Notfallversorgung immer am Laufen. Denn eines ist klar: Irgendjemand muss sich kümmern. Das führt zu mehreren Herausforderungen beim Bestreiken von Sorgearbeiten.

Die meisten Personen, die in Sorgeberufen tätig sind, wissen: Diejenigen, die zuallererst und am stärksten darunter leiden, wenn sie ihre Arbeit bestreiken würden, sind beispielsweise Patient*innen, Kund*innen der Sozialassistenz oder Jugendliche in einer Wohngruppe. Ein Streik lässt sich darum nur sehr schwer mit dem Berufsethos, für andere da sein zu wollen, vereinbaren. Für eine Verbesserung der eigenen Arbeitsbedingungen einzustehen liegt oft auch deshalb fern, weil doch permanent mit Menschen gearbeitet wird, die notwendigerweise auf diese Arbeit angewiesen sind. Was ist im Vergleich dazu schon das bisschen Stress auf der Arbeit?

Im bezahlten Sorgebereich zu streiken führt meistens nicht dazu, dass die Arbeitgebenden unmittelbar einen finanziellen Schaden zu spüren bekommen. Wird im öffentlichen Dienst gestreikt, sparen die Kommunen im Gegenteil sogar Geld: Sie müssen den Beschäftigten während eines Streiks keinen Lohn zahlen. Stattdessen zahlen die Gewerkschaften einen Lohnausgleich und können das nur so lange leisten, wie die Streikkassen[G] gefüllt sind. Das macht es schwer, ökonomischen Druck auszuüben. Zum ökonomischen Schaden kommt es nur vermittelt: Erst wenn Eltern nicht ihrer Erwerbsarbeit nachgehen können, weil die Erzieher*innen der Kita ihres Kindes streiken und sie darum selbst die Sorgeverantwortung übernehmen müssen, wird ökonomischer Druck aufgebaut.

Das Gleiche lässt sich, zumindest teilweise, auf das Bestreiken unbezahlter Arbeit übertragen. Nur dass die Bedingungen, hier zu streiken, noch schwieriger sind und ein Erfolg, damit Veränderungen in der Organisation und Verteilung der Arbeit zu erzielen, weniger aussichtsreich ist. Längst nicht mehr in allen, aber doch in vielen heterosexuellen Paarbeziehungen übernehmen Frauen den Hauptteil der Sorgeverantwortung für die Kinder oder zu pflegenden Angehörigen. Diese Arbeitsteilung wird insofern unterstützt, als dass durch den Gender Pay Gap im Durchschnitt Männer noch immer mehr verdienen als Frauen und es sich darum oft finanziell eher lohnt, wenn der Mann weiterhin seiner Erwerbsarbeit nachgeht und die Frau zu Hause bei den Kindern bleibt. Wenn sich in einer solchen Kleinfamilie die Frau plötzlich weigert, das schmutzige Geschirr zu spülen oder die Kinder von der Schule abzuholen, staut sich die Arbeit zu Hause und der Mann muss in seiner Erwerbsarbeitszeit[G] kürzertreten, um sich wenigstens um die notwendigsten Dinge zu kümmern. In diesem Fall wird ökonomischer Druck aufgebaut. Im Privaten zu Hause zu streiken ist jedoch sehr voraussetzungsvoll: So ein Arbeitskampf führt zu Streit und anstrengenden Aushandlungen, man selbst leidet genauso unter den schmutzigen Geschirrstapeln und schreienden, ungewaschenen Kindern und das alles findet auch noch isoliert und vereinzelt statt. Klar ist: So ein Streik geht nicht allein. Wenn, dann muss er kollektiv sein. Konkretere Ansatzpunkte könnten zum Beispiel eine feministische Stadtteilorganisierung oder eine Stadtteil-Küfa[G] (Küche für alle) sein. Das Bestreiken von unbezahlter Arbeit ergibt erst dann einen Sinn und entfaltet auch erst dann eine Wirkung, wenn wir uns mit vielen zusammentun und gemeinsam darauf beharren, dass Sorgetätigkeiten in unserer Gesellschaft aufgewertet, als Arbeit anerkannt und nicht als natürlicherweise weiblich erachtet werden. Auch wenn es mühsam und kräftezehrend ist, sind wir überzeugt: Zu gewinnen haben wir einiges!

Wie groß das revolutionäre Potenzial des feministischen Streiks ist, haben unsere Genoss*innen aus Hamburg in dem hier folgenden Text erörtert.

Der feministische Streik als Vorbild revolutionärer Praxis?

von Malin Ford und Franziska Trillian vom 8.-März-Streik Hamburg

Nach den großen feministischen Streiks in 2018, die wir mit Begeisterung beobachtet haben, und nach den sehr spannenden, aber nicht besonders erfolgreichen Streikversuchen auch in der Bundesrepublik haben wir uns zusammengesetzt und versucht zu verstehen, woher die damalige Euphorie bei uns und vielen Genoss*innen kam. Uns erschien die Organisierung rund um den 8. März als ein Ausweg aus dem Hamsterrad linksradikaler Praxis hin zu einer wirklichen gesellschaftlichen Bewegung. Aus dieser Auseinandersetzung haben wir vieles für politische Organisierung im Allgemeinen gelernt: Unser Leben und die Gesellschaft, in der wir leben, ist von Trennungen durchzogen und, auch wenn wir das nicht immer bewusst erleben oder benennen können, prägen uns diese Trennungen.

Wenn wir uns mit dem politischen Streik beschäftigen wollen, ist dabei die Trennung in öffentlich und privat besonders interessant. Denn die Praxis des politischen Streiks überschreitet diese Grenzen und stellt diese Trennung grundsätzlich infrage.

Die Trennung von Privatem und Öffentlichem

Wir orientieren uns hier an einer Theorie von Oskar Negt und Alexander Kluge aus den 1980er Jahren (Negt/Kluge 2022), die wir ziemlich hilfreich finden.

Der erste wichtige Punkt: Öffentlichkeit im Kapitalismus bedeutet, dass wir uns hier niemals als Menschen, als Ganzes begegnen, zusammenarbeiten oder organisieren, sondern immer als Besitzer*innen von Eigentum. Wenn wir nicht sehr viel Eigentum besitzen, ist das einzige, was wir besitzen, unsere Arbeitskraft. Diese Besitzverhältnisse sind erst einmal grundlegend für alles, was in der Gesellschaft läuft und entschieden wird. Alles andere spielt für diese Prozesse keine Rolle, vor allem nicht unsere Bedürfnisse und die Frage, wie wir eigentlich leben, arbeiten und lieben wollen.

Diese Fragen sollen wir privat beantworten und auch unsere Bedürfnisse müssen wir privat organisieren – sie sind den Besitzverhältnissen und ihrer Verwertungslogik untergeordnet. Das hört sich jetzt erst einmal abstrakt an, hat aber sehr konkrete Auswirkungen: Wenn du deine Wohnung neben der Lohnarbeit nicht sauber kriegst: Schlaf weniger und putz sie um 5 Uhr morgens vor der Arbeit! Wenn dich dein Typ abfuckt oder gewalttätig ist: Wende dich an eine Beratungshotline und zieh aus! Wenn du dir die neue Wohnung dann nicht leisten kannst: Tja, Pech gehabt – das Konzept des Eigentums an Wohnraum wird nicht infrage gestellt!

Genau hier merken wir, was mit der Trennung von öffentlich und privat gemeint ist: Unsere Interessen, Bedürfnisse und Wünsche werden nicht gemeinsam verhandelt, sondern finden eben nur als *Anhängsel* der Öffentlichkeit statt, sie gelten als privat. Dabei ist das, was als privat abgespalten wird – die Organisation unserer Produktion und Reproduktion[G] – gerade die Grundlage dieser Gesellschaft.

Dieser belastende Zustand wird zusätzlich noch dadurch verschleiert, dass die Themen, die uns so sehr etwas angehen und bedeuten, in der Öffentlichkeit trotzdem immer wieder benannt und aufgerufen werden: die x-te Reportage über schlechte Arbeitsbedingungen im Care-Bereich, die steigenden Zahlen häuslicher Gewalt während der Corona-Lockdowns und die immer weiter auseinanderklaffende Schere zwischen Arm und Reich. Zu diesen Themen kann sich positioniert und eine Meinung gebildet werden, doch grundsätzlich gilt die unternehmerische Freiheit der Besitzenden und die Unsichtbarmachung und Privatisierung von Reproduktionsarbeit, was weitreichende kollektive Verhandlungen verunmöglicht.

Dass diese Themen im Privaten verortet werden, macht auch, dass sie uns wie Partikularinteressen erscheinen, denn in der Öffentlichkeit können sie nur aus getrennten Sphären und Interessengruppen heraus artikuliert werden. Die Mieterin, die gegen die steigenden Mieten kämpft, die Erzieherin, die gegen schlechte Arbeitsbedingungen kämpft, und die Mutter, die allein versucht, Lebensunterhalt und Kindererziehung zu managen. Was nicht verhandelt wird: dass gerade der Zusammenhang von privatisiertem Wohnraum, patriarchaler Geschlechterordnung und Lohnarbeit die Wurzel des Übels in unserem Leben ist und wir eben

Mieterin, Arbeitnehmerin und fürsorgende Person gleichzeitig sind – als ganzer Mensch, mit umfassenden Interessen und Wünschen.

Die Trennungen, die wir erleben und verinnerlichen und die die Gesellschaft aufteilen in privat und öffentlich, sind *gemacht* und nicht natürlich gegeben: Wir sind der gleiche Mensch in all diesen Auseinandersetzungen – und diese stehen in einem Zusammenhang.

Eine Öffentlichkeit, die auf diese Art und Weise strukturiert ist, nennen Negt und Kluge eine »bürgerliche[G] Öffentlichkeit«. Damit stellen sie in den Raum, dass Öffentlichkeit im Sinne einer gesellschaftlichen Allgemeinheit auch ganz anders organisiert sein könnte, sodass öffentlich und privat nicht in dem hier beschriebenen Widerspruch erscheinen.

Der politische Streik, der feministische Streik, fordert diese Trennungen heraus und ermöglicht eine Organisierung, in der wir uns als ganze begegnen. Bevor wir uns dies genauer anschauen, noch ein paar Worte zur Kritik des Aktivismus, der sich in die bürgerliche Öffentlichkeit mit ihren Trennungen einfügt.

Kritik des Aktivismus

Auch linke Politik hat oft die Tendenz, die beschriebenen Trennungen zu reproduzieren und sich innerhalb der Grenzen bürgerlicher Politik zu bewegen. Im Folgenden nennen wir diese Form linker Politik ›Aktivismus‹, im Gegensatz zu einer revolutionären Praxis, deren Grundzüge wir später zu umreißen versuchen. Ausgeliehen haben wir uns dieses Begriffspaar aus dem Text »Aktivismus als höchstes Stadium der Entfremdung«. Der Text wurde 1972 in Frankreich von der *Organisation des jeunes travailleurs révolutionnaires* (OJTR) erstmals veröffentlicht. Wir glauben, dass diese Gegenüberstellung die wirkliche politische Praxis nicht abbildet, aber als analytisches Instrument hilfreich ist, um das revolutionäre Potenzial des feministischen Streiks zu fassen. Revolutionäre Politik muss dabei eher als ein Fluchtpunkt verstanden werden, an dem wir uns orientieren sollten, und nicht als eine heute wirklich umsetzbare Praxis. Damit ist der ›Aktivismus‹ auch nicht als Vorwurf gegen bestimmte Teile der gesellschaftlichen Linken gemeint, sondern wir verstehen darunter ein grundlegendes Problem linker Politik unter den Bedingungen der bürgerlichen Öffentlichkeit. Zunächst also zu einer Beschreibung dessen, was wir und die *jeunes travailleurs révolutionnaires* mit Aktivismus meinen:

Die Aktivist*in strebt nicht die Verbesserung ihres eigenen, alltäglichen Lebens an, sondern stellt sich in den Dienst bloßer Ideen: sei es die Befreiung des revolutionären Proletariats[G], der unterdrückten Völker dieser Erde oder anderes. Dabei verortet sie sich selbst außerhalb der politischen Auseinandersetzungen. Ein Großteil ihrer Erfahrungen, die eigenen Wünsche, Ängste und Interessen bleiben aus ihrer Praxis ausgeschlossen. Diejenigen, die befreit werden sollen, sind immer die anderen, von deren Erfahrungen, Wünschen, Ängsten und Interessen die Aktivistin aber auch nicht besonders viel weiß, da sie sie nicht mit sich selbst in Verbindung setzen kann. Für linke Politik ist das ein Problem, geht es ihr doch gerade darum, eine Gesellschaft zu errichten, die sich an den Bedürfnissen der in ihr lebenden Menschen orientiert. Linke Politik verliert damit ihren eigenen Ansatzpunkt und Maßstab. Es geht nicht mehr um die Bedürfnisse der Menschen und den Grad der Verwirklichung dieser Bedürfnisse. Stattdessen fangen wir an, unseren politischen Erfolg darin zu messen, wie viele Flugblätter wir verteilt haben, wie groß die Zahl der Teilnehmer*innen unserer Demonstrationen in einer namenlosen Masse ist, ob wir mit der letzten Aktion in den Lokalnachrichten erwähnt worden sind. Was einmal Mittel zur Erreichung unseres politischen Ziels, der Verbesserung unserer Lebensverhältnisse war, wird zu einem Selbstzweck. Das Ziel kommt der Aktivistin abhanden, da es nur in Bezug auf das eigene Leben Sinn macht.

Gemeint ist damit nicht, dass wir unbedingt immer eine ›Politik der ersten Person‹ machen sollten. Das heißt, wir dürfen uns nicht nur zu Themen äußern, die uns unmittelbar betreffen. Gerade wenn wir uns als ganze Person in die politische Praxis einbringen, wird sichtbar, wie sehr uns auch die Probleme anderer Menschen betreffen. Wenn wir uns selbst jedoch als außerhalb jedes politischen Kampfes verstehen, können wir kein wirkliches Verständnis für diese Kämpfe entwickeln. Ein klassisches Beispiel dafür sind die ständigen Klagen von Genoss*innen, dass die ›Arbeiter*innen‹ nicht streiken. Würden diese Genoss*innen sich selbst einmal befragen, weshalb sie nicht streiken, würde für sie schnell klar, wie wirkmächtig die Angst um die eigene Karriere und gar vor Jobverlust, die Propaganda der Seite des Kapitals und das Gefühl der Isolation am

Arbeitsplatz sind und dass es viele gute Gründe gibt, keinen Ärger am Arbeitsplatz anzufangen. Würde die Aktivist*in die eigenen Ängste und Sorgen in ihre Politik einbeziehen, könnte sie die der anderen besser verstehen und erst das würde die Möglichkeit eröffnen, Wege zu finden, die gemeinsamen Ängste und Sorgen zusammen zu überwinden.

Dass dies im Aktivismus nicht passiert, ist nicht einfach die Schuld der einzelnen Aktivist*in, sondern liegt in den gesellschaftlichen Verhältnissen begründet. Die Aktivist*in wiederholt nur die Prinzipien der bürgerlichen Öffentlichkeit und führt sie auch in ihrer Organisierung fort. Auch im Aktivismus werden keine (praktischen) Antworten auf die Frage gefunden: Wie wollen wir eigentlich leben, arbeiten und lieben? Stattdessen begnügt sich der Aktivismus damit, auf die bürgerliche Öffentlichkeit einzuwirken.

Antworten ließen sich nur finden, wenn wir faktisch kollektiv über diese Lebensbereiche bestimmen könnten. Die Aktivist*in fängt genau damit gar nicht an, weil sie in ihrem eigenen Leben diese Fragen immer ausklammert. Auch wenn ihre Forderungen und Theorien mit der Logik der kapitalistischen Gesellschaft brechen und die Trennung von Öffentlichkeit und Privatheit infrage stellen – so tut dies die Art und Weise ihrer Praxis nicht. Was von der bürgerlichen Gesellschaft in die Sphäre des Privaten verschoben wird, wird von der Aktivist*in auch genau dort gelassen – ganz entgegen der eigenen Behauptungen.

Wie gestaltet sich im Gegensatz dazu eine revolutionäre Praxis?

Auf der Suche nach einer revolutionären Praxis

Eine revolutionäre Praxis würde bedeuten, die Trennung von Privatem und Öffentlichem selbst infrage zu stellen. Anders als in der bürgerlichen Öffentlichkeit nehmen wir an den Aushandlungsprozessen hier nicht als vereinzelte Eigentümer*innen teil, sondern werden mit all unseren Verschiedenheiten Teil eines Kollektivs.

Das bricht bereits in der Praxis mit den Verfahrensweisen der kapitalistischen Gesellschaft. Wenn wir uns nicht mehr nur als Eigentümer*innen begegnen, birgt das überhaupt erst die Möglichkeit, das Prinzip des Eigentums infrage zu stellen. Erst wenn wir die Grundstruktur der Gesellschaft, das Primat des Eigentums, nicht mehr einfach so hinnehmen, können wir es auch gemeinsam verhandeln und verändern.

Revolutionäre Politik müsste darauf zielen, alle gesellschaftlichen Bereiche als Ganzes selbst zu verwalten, statt in den vermeintlich demokratischen Verwaltungsformen dieser Gesellschaft steckenzubleiben. In unserem Alltag und in uns als Person sind alle gesellschaftlichen Bereiche miteinander verbunden. Wir sind keine andere Person, nur weil wir gerade lohnarbeiten, Plenum[G] haben, wählen gehen oder abwaschen. Trotz der verschiedenen Bereiche unseres Lebens – und der damit verbunden unterschiedlichen Wege der Artikulation unserer Interessen und Bedürfnisse – bleiben wir wir selbst, mit unseren Erfahrungen, Wünschen, Ängsten und Interessen.

Schon in unserer Praxis müssen wir die Trennung aufheben und damit ein grundlegendes Prinzip dieser Gesellschaft infrage stellen. Gleichzeitig legt dies den Grundstein für eine vernünftige, nach den Bedürfnissen der Menschen eingerichteten Gesellschaft.

So klar die Gegenüberstellung von revolutionärer Praxis und Aktivismus in dieser Analyse zu sein scheint – in unserer politischen Organisierung fällt es schwer, diese Gegenüberstellung aufrechtzuerhalten. Wir werden uns auch weiterhin dafür entscheiden müssen, uns trotz/neben einer revolutionären Praxis an die bürgerliche Öffentlichkeit zu richten und unsere Interessen und Forderungen zu artikulieren. Diese Verfahrensweisen können jedoch nicht grundlegend emanzipativ gewendet werden.

Feministisch streiken als Antwort?

Ein feministischer Streik ist ein politischer Streik, weil wir für politische Ziele kämpfen, die über unser einzelnes Arbeitsverhältnis hinausgehen. Diese Form der Praxis überschreitet den engen institutionalisierten Rahmen des Streikrechtes in der Bundesrepublik. Das heißt, für einen feministischen Streik gibt es keine rechtliche Absicherung, kein Streikgeld und keine verhandelnden Gewerkschaften. Stattdessen sind wir darauf angewiesen, tatsächlich massenhaft zu streiken und eigene solidarische Strukturen zu schaffen, die die Folgen des Streiks auffangen. Das hat zwei bedeutende Konsequenzen für uns:

Erstens bedeutet dies, dass wir im Bestehenden neue Beziehungsweisen aufbauen müssen. Während der politischen Auseinandersetzungen müssen die Kinder der Streikenden betreut werden, es muss Essen gekocht werden, es braucht Zugang zu alltäglichen Lebensmitteln. Wilde Streiks, wenn sie sich länger ziehen, zwingen die Streikenden früher oder später, alle diese Dinge selbstorganisiert und kollektiv zu lösen. Die Frage, wie und was wir produzieren und wie wir füreinander sorgen, wird so Teil politischer Aushandlungen. Man könnte auch sagen: Die Trennung zwischen Politik und Ökonomie wird aufgehoben. In der Geschichte der Arbeiter*innenbewegung hieß das aber trotzdem meist: Reproduktionsarbeit übernehmen Frauen. Die Möglichkeit, über die gemeinsame Versorgung kollektiv zu verhandeln, ist jedoch eine Voraussetzung, um Reproduktionsarbeit genauso wie Produktionsarbeit demokratisch und geschlechtergerecht zu organisieren – und die künstliche Trennung der beiden Lebensbereiche aufzuheben.

Zweitens haben wilde Streiks in der Geschichte der Arbeiter*innenbewegung die Schaffung neuer, demokratischerer Entscheidungsstrukturen und Verwaltungsformen nach sich gezogen: sogenannte Räte. Da Streikende in nicht-institutionalisierten Kämpfen so sehr aufeinander angewiesen sind, hat sich die Notwendigkeit ergeben, alle möglichst stark in Entscheidungen über den Streik einzubeziehen. Diese neuen Orte der Entscheidungsfindung über den gemeinsamen Kampf wurden schnell zu Orten der kollektiven Organisierung aller Lebensbereiche – aus der beschriebenen praktischen Notwendigkeit.

Was den feministischen Streik außerdem auszeichnet, ist die Tatsache, dass wir selbst darin die handelnden Subjekte sind: Streik müssen wir selber machen. Vor allem, wer wild streikt, muss sich selbst als ganze Person in seinem Sozial- und Arbeitsumfeld organisieren und einbringen. Unsere sozialen Beziehungen und unsere Solidarität am Arbeitsplatz sind das Fundament des Streiks. Sie müssen stark genug sein, um auch die negativen Konsequenzen, die für die Einzelnen drohen, kollektiv zu tragen. Unsere Ängste, Sorgen und Wünsche können der politischen Auseinandersetzung hier nicht äußerlich bleiben.

Gleichzeitig haben wir im feministischen Streik die Erfahrung gemacht, dass wir nicht mehr nur in unseren Rollen als Krankenpfleger*in, Bandarbeiter*in oder Erwerbslose[G] oder als Elternteil, Frau oder queere[G] Person auftauchen – sondern als ganze Menschen. Anders als sonst konnten wir die Kämpfe, die wir in unseren verschiedenen Lebensbereichen meist isoliert voneinander führen, zusammenbringen und durch die gemeinsame Praxis des Streiks gegen das Patriarchat aufeinander beziehen: von den Auseinandersetzungen um das Recht auf körperliche Selbstbestimmung und reproduktive Gerechtigkeit[13]G, über die beschissenen Arbeitsbedingungen im Care-Sektor und den Kampf gegen sexualisierte Gewalt bis hin zur unbezahlten Reproduktionsarbeit, die wir machen. Ein Streik gegen Femizide[G] beispielsweise, die als ›Beziehungstaten‹ entpolitisiert und ins Private verschoben werden, macht Gewalt gegen FLINTA* plötzlich zu einem Thema am Arbeitsplatz. Faktisch sind beide Dinge auch miteinander verbunden: Die schlechtere Position auf dem Arbeitsmarkt macht FLINTA* im Privaten abhängiger – und liefert sie viel eher der Gewalt durch Partner aus. Die gesellschaftlichen Trennungen machen diese Zusammenhänge jedoch unsichtbar und eben auch nicht verhandelbar. Die Überschreitung dieser Trennung, indem vermeintlich Privates auf das Terrain des Arbeitskampfes gezerrt wird, macht die Zusammenhänge sichtbar und angreifbar.

Feministisch streiken stellt eine kollektive Praxis dar, die alle Bereiche des Lebens betrifft, auch die, in denen wir vereinzelt auftauchen und kämpfen. In Form einer kollektiven basisdemokratischen[G] Organisierung kann er die Entpolitisierung unserer Einzelerfahrungen aufheben. Er kann uns in die Lage versetzen, eigene Interessen und Bedürfnisse gesellschaftlich zu organisieren, das heißt, sie mit dem großen Ganzen der Gesellschaft in Verbindung zu setzen, und endlich darin handlungsfähig zu werden und uns selbst als wirkmächtig zu erleben.

Wir haben eine Welt zu gewinnen!

In diesem Kapitel haben wir uns mit den historischen Kontinuitäten, rechtlichen Rahmenbedingungen, aber auch dem revolutionären Potenzial des feministischen Streiks beschäftigt. In unserem Schreibprozess als auch in unserer politischen Praxis fragten und fragen wir uns jedoch auch

13 Reproduktive Gerechtigkeit ist ein Konzept, dass in den 1990er Jahren von Schwarzen Feminist*innen in den USA entwickelt wurde. Es verbindet die Forderung nach körperlicher Selbstbestimmung mit Forderungen nach sozialer Gerechtigkeit. Reproduktive Gerechtigkeit umfasst demnach nicht nur Schwangerschaftsabbrüche, sondern auch Bevölkerungspolitik, Verhütungspolitik, Familien- und Rollenbilder, Reproduktionstechnologien, Geburt und vieles mehr.

immer wieder: Überwiegen die Vorteile der Methode des feministischen Generalstreiks die Nachteile?

Argumente, die gegen diese Methode sprechen, gibt es einige. Personen, die im Rahmen des feministischen Generalstreiks ihre Lohnarbeit niederlegen, sind anderen rechtlichen Konsequenzen ausgesetzt als Personen, die unbezahlte Arbeit bestreiken. Durch das Bestreiken von Lohnarbeit, kombiniert mit gesellschaftspolitischen Forderungen, sind Personen stark gefährdet, gekündigt zu werden. Hier sind prekarisierte Lohnabhängige noch mal stärker betroffen, da es insbesondere in prekären[G] Arbeitsverhältnissen oftmals weniger gewerkschaftliche Strukturen gibt und trotzdem ein hoher Konkurrenzdruck beispielsweise durch Befristung oder Leiharbeit besteht. Auch wenn oft gesagt wird, politischer Streik sei illegal, ist es keine Straftat, sich an einem zu beteiligen. Trotzdem sind Folgen wie der Verlust des Arbeitsplatzes nie ausgeschlossen, wie sich am Beispiel der Gorillas zeigt.

Der Aufbau und die Planung eines feministischen Streiks ist gegenüber einer ›bloßen‹ Demonstration oder Kundgebung weitaus aufwendiger. Einen feministischen Streik, so wie wir ihn uns vorstellen, müssen eigentlich alle mitplanen, die an ihm teilnehmen. Das eigene Umfeld muss organisiert werden und auch die Kolleg*innen müssen überzeugt werden mitzumachen – und das wäre eine Grundvoraussetzung, denn es wäre riskant, einen ›zu kleinen‹ feministischen Streik zu machen. Der Aufwand ist also merklich größer, aber gleichzeitig ist diese Involviertheit von allen, diese andere Form der politischen Praxis, ja auch das, was den feministischen Streik so erstrebenswert macht.

Zu der vielen Arbeit kommen Zweifel, ob es am Ende funktionieren wird. Auch mit Blick in die Geschichte lässt sich kein eindeutiges Erfolgsrezept für politische Streiks finden.

Zudem löst der politische Streik als Methode der Wahl für das Bestreiken von unbezahlter Arbeit natürlich auch bei uns manchmal Fragen oder Bedenken aus. Mit dem Bestreiken von unbezahlter Arbeit wirtschaftlichen Schaden anzurichten dauert einfach länger, da hier nicht direkt auf einen Produktionsprozess Einfluss genommen werden kann. Kinder, Kranke und andere sorgebedürftige Personen können nicht einfach unversorgt bleiben. Platt gesagt: Ein Fließband kann einfacher für einen Tag bestreikt werden. Wie wir bereits im Kapitel »Queerfeministische Klassenpolitik« beschrieben haben, ist es keine Option im feministischen Kampf, einen Tag eine pflegebedürftige Person zu Hause zu bestreiken und damit sich selbst zu überlassen. Unbezahlte Arbeit findet oftmals vereinzelt im Privaten statt, das macht die Hürde noch größer, sich überhaupt zu organisieren, und birgt die Gefahr, mit dem möglicherweise damit verbundenen Stress im Privaten allein zu bleiben. Eine kollektive Organisierung macht vieles besser, löst aber das Problem des sich stapelnden dreckigen Geschirrs nicht. Den besten Weg, wie unbezahlte Sorgearbeit am besten bestreikt werden kann, haben wir bisher leider noch nicht finden können.

Diese Herausforderungen können manchmal einschüchternd und ernüchternd sein. Wo es irgendwie geht, müssen wir uns ihrer annehmen und unsere Konzeption vom feministischen Streik daran anpassen. Im Aufbau eines politischen Streiks, um überhaupt politisch streiken zu können, muss schon viel von dem, wofür wir kämpfen, organisiert werden, wie z. B. kollektive Kinder- und Krankenbetreuung. Die Wirkung des Streiks mag zwar indirekt kommen, aber er ist eine Überwindung der Symbolpolitik und kann tatsächlich wirtschaftlichen Schaden anrichten, vor allem weil im feministischen Streik nicht nur unbezahlte Arbeit, sondern auch bezahlte Arbeit bestreikt wird. Ein feministischer Streik ist die geeignete krasse Antwort auf die aktuellen krassen Verhältnisse. Durch den politischen Streik als Methode setzen wir konkret bei Arbeit an und zielen auf die Veränderung der Arbeitsorganisation ab. Die Organisation von Arbeit, also die Produktions- und Reproduktionsbedingungen sind die Basis dieser Gesellschaft. Genauso wie die Trennung zwischen Politik und Ökonomie und die zwischen privat und öffentlich. Der feministische Streik rüttelt in seiner Praxis an diesen Grundfesten, weil er die Trennungen überschreitet und dabei die Kollektivierung von Care-Arbeit in gewisser Art und Weise erzwungen wird.

Wir sehen die Nachteile und Herausforderungen, die die Methode des politischen Streiks mit sich bringt, aber wir sind davon überzeugt, dass die Vorteile überwiegen und sich der Streik als Methode für den feministischen Kampf am besten eignet.

5. »Da war plötzlich so viel lila …«[14] – Zum Verhältnis zwischen Gewerkschaften und der feministischen Streikbewegung

Gewerkschaften gelten schon lange als die zentrale Form der Arbeiter*innenorganisierung. In den meisten Ländern der Welt gelten sie als die mächtigsten zivilen Akteure neben dem Staat. Wenn wir uns mit Arbeitskämpfen[G] beschäftigen – ob im Bereich bezahlter oder unbezahlter Arbeit – drängt sich die Frage auf, wie stark Gewerkschaften heute noch sind und ob wir als radikale Linke eigentlich ihre Ziele teilen. Für uns als Feminist*innen stellt sich insbesondere die Frage, ob Gewerkschaften ›den Arbeiter‹ noch immer mit dem männlichen Stahl- oder Kohlearbeiter gleichsetzen oder ob sie die unterschiedlichen Lebensrealitäten und gesellschaftlichen Positionen von Beschäftigten im Blick haben. Aber ganz gleich, wie es um die Gewerkschaften steht: In Deutschland sind sie die einzigen Akteure, die legal zu einem Streik aufrufen können. Brauchen wir darum Gewerkschaften, wenn wir die Methode des feministischen Streiks voranbringen möchten? Wie geht man mit dem Bürokratiemonster um, wenn man Arbeitskämpfe im Care-Sektor unterstützen und feministische Streiks durchführen will?

Da wir diese Fragen nicht allein beantworten konnten, haben wir Gespräche mit Menschen geführt, die jeweils einen unterschiedlichen Bezug zu Gewerkschaften und zum Feminismus haben. Wir haben mit zwei Gewerkschaftssekretärinnen[G] gesprochen: Christina aus Berlin[15] und Franzi aus Freiburg. Wir haben mit Ingrid aus Nürnberg gesprochen, die sich schon lange aus wissenschaftlicher Perspektive mit dem feministischen Streik und Gewerkschaften beschäftigt. Und wir haben mit Silvia aus Berlin gesprochen. Sie ist gewerkschaftlich aktiv und arbeitet als Pflegekraft in einem Krankenhaus in Berlin. Außerdem haben wir innerhalb unseres lokalen feministischen *Solidaritätsbündnisses Care-Arbeit Kassel* (SCK) dis-

14 aus dem Interview mit Christina
15 Name geändert

kutiert, in dem einige aus unserem Autor*innenkollektiv selbst aktiv sind. Wir bedanken uns herzlich für das Interesse, die Zeit und die vielen klugen Gedanken von unseren Interviewpartner*innen. Ohne die Gespräche mit euch wäre es unmöglich gewesen, das Zusammenspiel von Gewerkschaften und der feministischen Streikbewegung so genau unter die Lupe zu nehmen und dabei die Erkenntnisse zu gewinnen, die ihr auf den folgenden Seiten nachlesen könnt.

Das Kapitel über Gewerkschaften ist so aufgebaut, dass wir als Erstes grundlegend beschreiben, was wir unter einer Gewerkschaft verstehen, wie eine Gewerkschaft aufgebaut ist und welche Geschichte sie hat. Zweitens geht es um Erfahrungen zu der Frage, wie feministisch eine Gewerkschaft sein kann. Hierbei beziehen wir uns maßgeblich auf die Dienstleistungsgewerkschaft ver.di, da ver.di Berufe im Dienstleistungsbereich vertritt, in denen viele FLINTA*[G] arbeiten. Außerdem konnten wir als Aktivist*innen die meisten Erfahrungen in der Zusammenarbeit mit dieser Gewerkschaft sammeln. Der dritte Teil des Kapitels widmet sich der Frage, wie wandelbar gewerkschaftliche Strukturen sein können und welche Rolle wir als Feminist*innen darin einnehmen. Zum Schluss versuchen wir zu bestimmen, wie das Verhältnis der radikalen Linken zu den Gewerkschaften aussehen könnte.

Was genau eine Gewerkschaft ist, haben bis heute viele Leute auf verschiedene Weisen zusammenzufassen versucht. Zum Verständnis unserer Überlegungen werden auch wir kurz darstellen, was wir unter Gewerkschaft verstehen.

Eine Gewerkschaft ist eine Organisation, die den Arbeiter*innen ermöglicht, ihre Interessen gemeinsam zu vertreten. Wichtig dabei ist, dass wir davon ausgehen, dass es eine von den Mitgliedern getragene Organisation ist, die demokratisch aufgebaut und bürokratisch verwaltet ist. Wie demokratisch die Strukturen sind, unterscheidet sich je nach Gewerkschaft (vgl. Banse 2016). Gebildet haben sich Gewerkschaften aus sozialen Bewegungen[G] heraus, um die bestehende soziale und ökonomische Ordnung zu verändern (vgl. Hyman 2001). Gewerkschaften kann man heute als Interessenvertretungen der Arbeiter*innen bezeichnen, welche sich kurz zusammengefasst für höhere Löhne, bessere Arbeitsbedingungen und kürzere Arbeitszeiten der Arbeitenden einsetzen (vgl. Goes 2016). Sie möchten dafür die Arbeiter*innen zusammenbringen und stärken, festigen dadurch aber auch ihre eigene Macht als Organisation. Gewerkschaften haben sich zu unternehmensähnlichen Service-Organisationen entwickelt. Sie haben ihre eigene Handlungslogik, welche sich auch daraus ergibt, dass sie in einem komplexen System von industriellen Beziehungen handeln. Sie stellen also die Schnittstelle zwischen Arbeiter*innen und Arbeitgeber*innen, zwischen Arbeit und Kapital[G] dar. Sowohl diese Definition als auch unsere Beschreibung der Zusammenarbeit mit Gewerkschaften treffen dabei lediglich auf die deutschen Gewerkschaften und ihre Funktionsweisen zu.

Das ursprüngliche Ziel von Gewerkschaften ist eigentlich das kompromisslose Einstehen für die Interessen der Arbeiter*innen und daraus folgend auch das Überwinden der im Kapitalismus wirkenden Klassenherrschaft (vgl. Müller-Jentsch 2001). Also zielen die Gewerkschaften auf mehr als die reine Verbesserung der Lebensstandards ihrer Mitglieder. Und hier kommt die Krux des gewerkschaftlichen Handelns ins Spiel: Das Ziel ist einerseits die Abschaffung der Klassenverhältnisse, andererseits aber auch, die Position der Lohnabhängigen innerhalb der bestehenden Verhältnisse zu verbessern. In Zusammenhang damit lässt sich das immer wiederkehrende Muster erkennen, dass sie als Vertragspartner*innen und nicht als Gegner*innen der Arbeitgeber*innen auftreten. Dies liegt daran, dass sie für ihren eigenen Selbsterhalt das System der Lohnarbeit[G] aufrechterhalten müssen, beziehungsweise wollen. Also kurz gesagt: Eigentlich ist ihr ursprüngliches Ziel, das kapitalistische System zu überwinden. In den letzten Jahrzehnten hat sich ihr Ziel aber dahin entwickelt, dass sie bei Verbesserungen im Hier und Jetzt (die nicht zu unterschätzen sind!) stehengeblieben sind. Das übergeordnete Ziel, für eine antikapitalistische Wirtschaftsordnung und Gesellschaft zu kämpfen, haben sie aufgegeben. Dies bringt ihnen insofern etwas, als dass sie so ihr eigenes Überleben sichern, anstatt auf ihre eigene Abschaffung hinzuwirken.

Wenn wir die aktuelle Situation der Gewerkschaften in Deutschland anschauen möchten, müssen wir verstehen, aus welchen Kontexten diese Institutionen historisch erwachsen sind. Die ersten Arbeiterverbände existieren in Deutschland schon seit dem 19. Jahrhundert. Arbeiter schlossen sich zusammen, sammelten Geld für Krankheitsfälle oder unterstützten Familien im Falle des Todes eines Arbeiters. Ihr Kampf richtete sich auch gegen den Staat und das System an sich. So waren starke Repressionen[G] gegen sie üblich. In unseren Ausführungen beginnen wir aber mit der Zeit nach 1945, da die Arbeitsstrukturen, die sich nach dem Zweiten Weltkrieg herausgebildet haben, für die aktuellen Bedingungen von Klassenpolitik entscheidend sind. Im Nationalsozialismus wurden Gewerkschaften größtenteils zerschlagen und die Arbeiter*innenbewegung war sehr schwach aufgestellt. Nach 1945 entwickelte sich das Kräfteverhältnis zwischen Kapital und Arbeit in eine nützliche Situation für die Seite der Arbeiter*innen. Die Arbeiter*innen fanden sich in einer »ungewöhnlich günstigen Verhandlungsposition, weil die Wirtschaft boomte und Arbeitskraft entsprechend gefragt war« (Mayer-Ahuja 2018: 18). Die Gewerkschaften begannen, sich zentralistischer zu organisieren, und entwickelten sich zu bürokratischen Massenorganisationen, welche eine sozialpolitische Ordnungsfunktion einnahmen (vgl. Müller-Jentsch 2001). Praktisch bedeutete dies, dass die Gewerkschaften mehr Aufgaben an Hauptamtliche übertrugen, was bedeutet, dass sich bei diesen auch mehr Entscheidungsgewalt ansammelte. In diesem Kontext gründete sich der Deutsche Gewerkschaftsbund (DGB[G]), der sich zu Beginn offen antikapitalistisch positionierte und zu einem anerkannten und einflussreichen Akteur wurde.

Zum Ende der 1950er Jahre etablierte sich in Deutschland das Normalarbeitsverhältnis, welches eine »unbefristete, sozial abgesicherte und tariflich entlohnte Vollzeit- bzw. vollzeitnahe Tätigkeit« versprach (Oschmiansky 2020). FLINTA* und BIPoC waren von diesem jedoch weitestgehend ausgeschlossen. In dieser Zeit erstarkt in der BRD das Klassenbewusstsein und die hiermit verbundene Macht der Lohnabhängigen.

In den 1960er Jahren folgte dann die sogenannte Sozialpartnerschaft[G], welche als ein »Dreieckskompromiss zwischen Unternehmen, Gewerkschaften und Staat« geschlossen wurde (Buci-Glucksmann; Therborn 1982, zit. n. Schmalz; Weinmann 2013). Durch dieses Übereinkommen änderten die Gewerkschaften ihre Vorgehensweise und entwickelten sich zu »intermediären Organisationen«. Das bedeutet, sie begannen, Klassen- und Systeminteressen gleichzeitig zu vertreten und sich somit von der konfrontativen, kämpferischen Vertretung der Arbeiter*inneninteressen eher auf den Versuch der Vermittlung zwischen Arbeit und Kapital zu fokussieren (vgl. Müller-Jentsch 2001). Als im Jahr 1952 der politische Streik als verboten erklärt wurde, beschränkten die Gewerkschaften ihren Handlungsbereich ein für alle Mal auf den Bereich der Tarifkämpfe. Auch wenn die 1960er Jahre heute häufig als große Zeit der Gewerkschaften erinnert werden, die gewerkschaftlichen Kämpfe in dieser Zeit stark von Militanz[G] geprägt waren und es auch an vielen Orten zu wilden Streiks kam, verloren die Arbeiter*innen mit der Ölpreiskrise[G] im Jahr 1973 stark an Macht. Der Neoliberalismus[G] führte zu struktureller Massenarbeitslosigkeit und zur Flexibilisierung und Rationalisierung[G] von Arbeitsverhältnissen, also der Umstrukturierung der Arbeit und Abläufe in den Betrieben (zum Beispiel durch die Ersetzung von Arbeiter*innen durch Maschinen), um Kosten zu senken. Die Gewerkschaften begrenzten die Proteste gegen diese Entwicklungen, indem sie radikalere Stimmen isolierten und sich als zentrales Sprachorgan der Arbeiter*innen präsentierten. Durch diese Eingrenzung schafften sie einen Rahmen, in welchem sie als die zentralen Organisationen der Arbeiter*innen durch den Staat und die Arbeitgeber*innen anerkannt wurden.

Als im Jahr 1984 das Streikrecht weiter eingeschränkt wurde, hielten die Gewerkschaften an der Sozialpartnerschaft fest und akzeptierten somit die weitere Einschränkung ihrer Handlungsfähigkeit (vgl. Röttger 2007). Diese Entscheidung führte dazu, dass in den letzten 35 Jahren die sozialpartnerschaftlichen Gewerkschaften im Zuge der Neoliberalisierung in die Defensive getrieben wurden, während es zum Ausbau der Kapitalmacht kam. Infolge dessen stieg die Prekarisierung der Arbeiter*innen und die soziale Ungleichheit. Es entstand eine »aktivierende Sozialpolitik[G][16]«, welche den Grund für Arbeitslosigkeit aufseiten der Betroffenen suchte. Auch wenn Sozialpartnerschaft zuweilen als »Ergebnis verlorener antikapitalistischer Kämpfe um eine wirtschaftsdemokratische Umgestaltung« gedeutet wird (Goes 2016), ist die Entwicklung der Gewerkschaften nicht nur als Erzählung eines Niedergangs zu begreifen. Gewerkschaftliche Kämpfe konnten in den vergangenen Jahren Erfolge wie etwa die Einführung des Mindestlohns erzielen und auch ihre Mitgliederzahlen stabilisieren.

Aber wer sind überhaupt diese Gewerkschaften, von denen wir die ganze Zeit reden? Gewerkschaften gibt es in Deutschland viele und in allen möglichen Größen und Formen. Aktuell sind in Deutschland etwa 16 Prozent der Arbeiter*innen in Gewerkschaften organisiert. Die Branchengewerkschaften haben sich im Dachverband, dem DGB (Deutscher Gewerkschaftsbund) zusammengeschlossen. Im Jahr 2023 versammelt der DGB 5,64 Millionen Mitglieder, wobei zwei Drittel von ihnen männlich sind.

16 Bezeichnung für eine Politik, deren Arbeitsmarkt- und Sozialpolitik dem Leitmotiv von Fördern und Fordern folgt und Leistungsfähige sowohl »in Bewegung setzen« als auch befähigen soll, die erwarteten Leistungen tatsächlich zu erbringen (vgl. Wohlfahrt 2001).

Innerhalb des DGBs gibt es acht Gewerkschaften: Die zwei größten unter ihnen sind die Industrie-Gewerkschaft (IG Metall) – die Gewerkschaft der Branchen Metall/Elektro, Stahl, Holz/Kunststoff, Textil/Bekleidung und der Informations- und Technologiebranche (2,14 Mio. Mitglieder) – sowie ver.di, die Gewerkschaft der Dienstleistungsberufe (1,9 Mio. Mitglieder). Außerdem sind in der DGB die IG BCE, die Gewerkschaft der Berufe im Bereich Bergbau, Chemie und Energie (600.000 Mitglieder), die IG BAU, die Gewerkschaft der Bereiche Bauen, Agrar und Umwelt (221.000 Mitglieder) und die NGG, die Gewerkschaft Nahrung-Genuss-Gaststätten (198.000 Mitglieder) organisiert. Sowie die EVG, die Gewerkschaft der Eisenbahn und des Transportwesens (185.000 Mitglieder), die GEW, die Gewerkschaft im Bereich Erziehung und Wissenschaft (280.000 Mitglieder) und die GdP, die Gewerkschaft der Polizei (#bullensindkeinekollegen) (204.000 Mitglieder).[17] Auch wenn der DGB etwa 80 Prozent der organisierten Arbeiter*innen in Deutschland in sich vereint, gibt es natürlich noch weitere, häufig kleinere Gewerkschaften. Besonders hervorheben möchten wir hier die FAU[G] [18], die Freie Arbeiter*innen Union. Die Gewerkschaft FAU wurde offiziell 1977 gegründet. Sie ist nicht an eine Branche gebunden und steht somit allen Arbeiter*innen offen. Im Gegensatz zu den oben genannten Gewerkschaften setzt die FAU stark auf direkte Aktionen als Mittel, um Arbeitskonflikte zu gewinnen, und unterstützte somit in der Vergangenheit auch wilde Streiks. Durch die anarchosyndikalistische Ausrichtung der Gewerkschaft und ihre Branchenoffenheit vertritt die FAU häufig Konflikte, welche die üblichen Gewerkschaften nicht abdecken. Sie ist somit bekannt für ihre Vertretung von migrantischen Arbeiter*innen. Beispiele hierfür sind Streiks im Bereich der Essens-Kurierdienste wie Lieferando oder Gorillas, bei denen viele migrantisierte[G] Personen arbeiten.

Beschäftigt man sich etwas länger mit Gewerkschaften, merkt man schnell, dass sie ihren eigenen Sprech haben. Rasch wird mit Abkürzungen und Begriffen um sich geworfen: TVöD[G], TV-L, TV-E und Hauptamt, Ehrenamt, Friedenspflicht[G], Sekretär*innen, Haustarifverträge, Eingruppierungen, IG-Dies und IG-Das. Da wir aus unserer eigenen Erfahrung wissen, dass man da schnell nicht mehr mitkommt, möchten wir an dieser

17 Die Zahlen sind den jeweiligen Internetseiten der Gewerkschaften entnommen (Stand 2023).

18 Grüße gehen raus <3

Stelle kurz einige der wichtigsten Begriffe erklären, die auch für das Verständnis unserer Ausführungen wichtig sind.

Ein*e *Hauptamtliche*r* ist eine Person, die bei der Gewerkschaft lohnarbeitet, also im Gegensatz zu den *Ehrenamtlichen* Geld für die gewerkschaftliche Arbeit bekommt. Sie ist für einen bestimmten Fachbereich, also bei ver.di beispielsweise für »Handel« zuständig und unterstützt die Beschäftigten in Tarifrunden und anderen Auseinandersetzungen mit den Arbeitgeber*innen. *Tarifverträge* werden zwischen einer Gewerkschaft und den jeweiligen Arbeitgeber*innen ausgehandelt. Sie können verschiedene Dinge beinhalten, meistens werden hier die Löhne festgelegt. Der Vorteil eines Tarifvertrags ist, dass die Arbeiter*innen ihr Gehalt nicht einzeln aushandeln müssen, sondern es für alle in diesem Vertrag geregelt wird. Der *TVöD* ist der Tarifvertrag des öffentlichen Diensts. Er gilt für etwa fünf Millionen Beschäftigte, die entweder beim Bund angestellt sind oder eine*n Arbeitgeber*in haben, der*die Mitglied bei der Vereinigung der kommunalen Arbeitgeber*innen ist. Dort sind beispielsweise die Löhne oder die Anzahl der Urlaubstage geregelt. Im TVöD werden die einzelnen Berufe in Entgeltgruppen einsortiert, in denen man unterschiedlich hohe Gehälter ausgezahlt bekommt. In die Entgeltgruppen werden die Beschäftigten beispielsweise nach ihrer Qualifikation oder ihrem Berufsfeld einsortiert. Auch die jeweilige Berufserfahrung spielt dabei eine Rolle. Ein weiterer interessanter Tarifvertrag ist der *TV-E*, der Entlastungstarifvertrag. Krankenhausbeschäftigte in Berlin, NRW und Marburg haben in den vergangenen Jahren einen solchen TV-E erstritten. Er regelt explizit nicht die Entlohnung, sondern die Arbeitsbedingungen. Beispielsweise ist es ihnen nun vertraglich zugesichert, dass die Beschäftigten einen freien Tag erhalten, wenn sie zu häufig unter besonders hoher Belastung arbeiten müssen. Darüber hinaus gibt es noch viele weitere Tarifverträge, die für den Inhalt des Buches jedoch weniger relevant sind und deswegen hier nicht weiter ausgeführt werden. Ein weiterer Begriff, der häufig fällt, ist die sogenannte *Friedenspflicht*. In Deutschland darf nur für Tarifverträge gestreikt werden. Diese haben eine gewisse Laufzeit, in der nicht neu verhandelt werden kann und dementsprechend auch kein Arbeitskampf begonnen werden darf. Diese Zeit ist die Friedenspflicht. Wer mehr über das Streikrecht in Deutschland erfahren möchte, kann dazu auch das Kapitel zum politischen Streik in diesem Buch lesen. Ein weiterer wichtiger Punkt, um die Funktionsweisen von Gewerkschaften zu erklären, sind die *regionalen Un-*

terschiede der einzelnen Gewerkschaften. In einigen Regionen gibt es sehr kämpferische Gewerkschaften, andere Bezirke sind eher zurückhaltend und kompromissbereiter. Das ist wichtig, um zu verstehen, weshalb Tarifverträge bundesweit angenommen werden, obwohl es den Eindruck macht, dass einzelne Gebiete in Deutschland unzufrieden mit dem Tarifergebnis sind.

Gewerkschaften und Feminismus

Was macht Arbeitskämpfe feministisch?

Historisch ist das Verhältnis zwischen Gewerkschaften und Feminismus ein schwieriges. Als klassische Arbeiter, und damit als Personen, deren Interessen die Gewerkschaften vertreten wollen, galten cis Männer – und keine Frauen (und erst recht keine trans*, inter oder nicht-binären Personen). Viele Kapitalist*innen haben die zunehmende Frauenerwerbsarbeitsquote als Grund dafür herangezogen, die Löhne aller Arbeiter*innen zu senken. Schließlich musste jetzt nicht mehr ein Mann eine ganze Familie als Alleinernährer versorgen. Stattdessen gab es, zumindest für diejenigen, die in heterosexuellen Kleinfamilien lebten, nun zwei Menschen, die Lohn bekommen haben. Kapitalist*innen hatten es erstaunlich leicht, mit diesem Argument Lohnkürzungen zu legitimieren, womit sie zugleich die Arbeiter*innenschaft spalteten. Die Gewerkschaften hatten dabei nichts Besseres zu tun, als die Spaltung zwischen Männern und Frauen noch zu vertiefen und die Abwertung von Frauenarbeit zu verstärken.

In unserer Gesellschaft werden feministische Forderungen oft als separatistisch wahrgenommen, das heißt als die Durchsetzung von Interessen, die nicht allen, sondern ausschließlich Frauen zugutekommen.[19] Diese Wahrnehmung gibt es auch innerhalb der Gewerkschaften. Darüber hinaus wird Arbeit auch für Gewerkschaften traditionell mit Lohnarbeit gleichgesetzt. Die unbezahlte Sorgearbeit[G] zu Hause wird hingegen wenig thematisiert.

Darum hat sich uns die Frage gestellt, wie das mit dem Feminismus und den Gewerkschaften denn eigentlich heute so aussieht. Auf der Suche nach

---

19 Diese Wahrnehmung gibt es bis heute. Besonders deutlich zeigt sich das an der kürzlich geschaffenen Kategorie der ›Männerfeindlichkeit‹, die nun als eigener Straftatbestand in den Kriminalstatistiken aufgeführt wird. In der aktuellen Auslegung dieser Kategorie wird das Bild eines ›männerfeindlichen‹ Feminismus gezeichnet. So wurde unter anderem ein Graffiti mit dem Schriftzug »Feminismus für alle!« in die Kategorie ›männerfeindlich‹ eingeordnet.

Antworten haben wir jedoch festgestellt, dass diese Frage viel zu groß und ungenau ist. Um das zu klären, müssen wir nämlich erst einmal überlegen, was für uns eigentlich Feminismus heißt. Und daran anschließend, was feministische Arbeitskämpfe sind.

Unser Feminismus zielt auf eine Gesellschaft ab, in der keine Profitinteressen, sondern unsere Bedürfnisse bestimmen, wie wir arbeiten, wohnen und leben. Wir wollen eine Gesellschaft, in der es unter würdigen Bedingungen möglich ist, füreinander zu sorgen. Das bedeutet zum Beispiel, dass es ausreichend Zeit und Geld dafür gibt, Menschen gesundzupflegen, Kinder zu erziehen oder be_hinderten[G] Menschen zu assistieren.

Arbeitskämpfe im Krankenhaus, in der Kita oder den verschiedensten Einrichtungen der Sozialen Arbeit tun genau das: Sie erkämpfen eine Verbesserung der Arbeitsbedingungen im professionellen Care-Bereich. Damit verfolgen sie ein grundsätzlich feministisches Ziel: die Aufwertung von Sorgearbeit. Dafür ist es nicht notwendig, dass sich die Beschäftigten selbst als Feminist*innen begreifen. Ein Arbeitskampf für mehr Personal im Krankenhaus ist für uns darum feministisch, weil er uns dem Ideal einer gerechteren Organisation von Care-Arbeit[G] ein kleines Stückchen näherbringt. Darüber hinaus arbeiten im professionellen Care-Sektor überwiegend Frauen. Viele trans*, inter, nicht-binäre und geschlechtslose Personen arbeiten ebenfalls im Sorgebereich. Eine Tarifauseinandersetzung im Care-Sektor führt (wenn es gut läuft) also zur Verbesserung der Arbeitsverhältnisse und beeinflusst im besonderen Maße die Lebenssituation von FLINTA*, weil diese nun mal den Großteil der Beschäftigten ausmachen.

Eine konkrete Tarifauseinandersetzung im Care-Bereich lässt sich als Teil eines langfristigen Kampfes gegen das kapitalistische Patriarchat[G] betrachten. Nicht etwa, weil es dabei überwiegend um die Interessen von FLINTA* geht, die in diesem Bereich arbeiten. Auch FLINTA* profitieren von Unterdrückungsverhältnissen und erhalten sie aufrecht. Der liberale Feminismus, der zum Beispiel mehr Frauen und Queers[G] in Aufsichtsräten fordert, ist darum nicht unser Feminismus. Dadurch, dass es mehr Frauen in Führungspositionen gibt, ändert sich rein gar nichts daran, dass es diese Führungspositionen und damit einhergehende Machtverhältnisse überhaupt gibt. Genau diese Machtverhältnisse wollen wir aber mit unserem Feminismus grundsätzlich abschaffen. Nur mit mehr Personal im Krankenhaus lässt sich das kapitalistische Patriarchat nicht überwinden. Nichtsdestotrotz führen bessere Löhne im Care-Bereich dazu, dass FLINTA* strukturell weniger unter Altersarmut leiden oder finanziell weniger abhängig von ihren Ehemännern oder Kleinfamilien sind. Bessere Arbeitsbedingungen im professionellen Sorgebereich sind ein kleiner Schritt auf dem Weg zur grundsätzlichen Aufwertung von Care-Arbeit, sowohl in ihrer bezahlten als auch der unbezahlten Form.

Ein Arbeitskampf ist für uns außerdem auch dann feministisch, wenn damit die Lebenssituation von Menschen verbessert wird, die zu Hause unbezahlte Sorgearbeit leisten. Diese Menschen haben andere Interessen in Bezug auf ihre Lohnarbeitsverhältnisse als beispielsweise Menschen, die keine Kinder haben oder sich nicht um pflegebedürftige Menschen kümmern müssen. Viele Arbeiter*innen, die alleinstehend und gesund sind, möchten häufig mehr Stunden in der Woche arbeiten, einfach weil das mehr Geld bedeutet. Wer hingegen Kinder hat, möchte durchschnittlich weniger lohnarbeiten, um mehr Zeit zu Hause zu haben (Ingrid). Es geht dabei aber nicht nur um die Zeit, sondern auch um die Arbeitsbelastung und die Abnutzung der Arbeitskraft: Die Lohnarbeit sollte für niemanden so anstrengend sein, dass danach nichts anderes mehr geht, als erschöpft auf dem Sofa zu liegen. Stattdessen sollte selbstverständlich sein, dass wir neben der Lohnarbeit noch Zeit und Energie für soziale Beziehungen haben. Sei es Zeit, um mit den eigenen Kindern auf den Spielplatz zu fahren oder um Gespräche mit Mitbewohner*innen am Küchentisch über den nervigen Macker aus der Kneipe zu führen.

In Anbetracht dessen, dass viele Beschäftigte überarbeitet und gleichzeitig unsicher beschäftigt sind, schließen wir uns der Forderung nach einer kurzen Vollzeit für alle[G] an. Das bedeutet sowohl ein gesichertes Arbeitsverhältnis, als auch eine Arbeitszeitverkürzung bei vollem Lohn- und Personalausgleich (mehr dazu bei Kocsis 2017). Aber leider ist auch die verkürzte Vollzeit für alle noch nicht das Ende der Fahnenstange. Doch bis wir unser gesamtes Gesellschaftssystem umgebaut und entlang unserer Bedürfnisse neu ausgerichtet haben, ist es ein Ziel, das wir sinnvoll finden und für das wir einstehen.

Ein Arbeitskampf kann also wie oben beschrieben aus mehreren Gründen feministisch sein. Das Feministische daran beschränkt sich aber nicht auf die Ziele und Auswirkungen des Arbeitskampfes. Es geht auch um die Art und Weise, wie gestreikt wird. Fast alle unsere Interviewpartner*innen haben betont, dass ein Arbeitskampf für sie feministisch ist, wenn die Streikstrategie unter anderem basisdemokratisch[G] angelegt ist. Das bedeutet, dass die Beschäftigten selbst den Arbeitskampf gestalten und nicht etwa ein hauptamtlicher Gewerkschaftssekretär alle Entscheidungen trifft. Eine Streikstrategie sollte beinhalten, dass die Beteiligten an dem Arbeitskampf wachsen können und selbst handlungsfähig werden, im besten Falle auch außerhalb des Arbeitskampfes. Es sollte möglich sein, dass durch den Arbeitskampf Beziehungen zwischen Kolleg*innen geknüpft werden können und sich die Beschäftigten einander als in einer ähnlichen Situation und mit den gleichen Interessen erkennen, das heißt Kollektiv- und Klassenbewusstsein[G] entwickeln.

Eine Streikstrategie sollte entlang der Frage ausgerichtet sein: Was brauchen wir, um uns zu ermächtigen, also um handlungsfähig zu werden? Wie kann eine Strategie aussehen, mit der wir durchhalten? Ein Arbeitskampf ist anstrengend. Er kostet Mut zur Konfrontation, Durchhaltevermögen, Zeit und Kraft. Dass es einem dabei nicht immer gut geht, ist völlig selbstverständlich. In einem ganzheitlichen Arbeitskampf haben auch diese Gefühle Platz und können thematisiert werden. Die Mehrfachbelastung von Beschäftigten, die zu Hause für andere Menschen sorgen, ist ein Verhinderungsgrund, sich an einem Streik zu beteiligen. Eine feministische Form des Arbeitskampfes erkennt dieses Problem an, sucht nach gemeinsamen Umgangsformen dafür und macht sie zum Teil des Kampfes. Dieser wird etwa dadurch feministisch, dass er auch von Menschen geführt werden kann, die privat Verantwortung für Kinder tragen. So simpel das auch klingen mag: Oft bedeutet es einfach, für leckeren Kuchen, Musik und eine Spielecke zu sorgen, damit auch Kinder an Streik-Aktionen teilnehmen können.

Die Entscheidung für eine bestimmte Streikform ist eine politische Entscheidung. Vergangene Streiks im Dienstleistungssektor haben sich durch ihre Friedlichkeit ausgezeichnet. Kuchen, Luftballons und Kinderschminken haben sie für alle zugänglich gemacht und ganz andere Bilder produziert, als es traditionelle Streikformen tun. Wenn wir uns Streiks im Industriebereich anschauen, ergeben sich häufig andere Bilder. Wir sehen männliche, kämpferische Metallarbeiter mit Stahlhelmen und Flex oder die Werftarbeiter*innen im Hafen, die hinter brennenden Reifen für bessere Arbeitsbedingungen streiken. Das Narrativ ist eindeutig: Die Streikform soll zur Arbeit passen. Wer körperlich anstrengend arbeitet – so scheint es – hat das Recht, auch in seinem Arbeitskampf Krawall zu machen und ordentlich auf den Putz zu hauen. Wer hingegen im Kindergarten oder auf der Krankenstation arbeitet, soll dies doch auch bitte in der Streikform ausdrücken.

Stellen wir uns die öffentliche Reaktion vor, wenn Erzieher*innen beginnen würden, militanter zu streiken, und die Tore der Kitas verschließen oder volle Windeln nicht nur vor das Rathaus transportieren, sondern auch dort anzünden würden. Der Aufschrei wäre groß. Insbesondere deswegen, weil Arbeitskämpfe in feminisierten Berufen als »unerhörter« gelten (Ingrid). Wir wollen uns von dem Anspruch verabschieden, dass die Streikform zur Arbeit passen muss. Wir finden es richtig, dass Streiks zugänglich sind und nicht von Mackern und ihrem Auftreten dominiert werden. Militanz und Luftballons schließen sich jedoch nicht gegenseitig aus. Ganz im Gegenteil sind wir überzeugt davon, dass es möglich ist, auch in Sorgeberufen mit einer gewissen Militanz für die eigenen Interessen einzustehen und dass gleichzeitig Kinder und zu Pflegende Teil des Protestes sein können.

Das kapitalistische Patriarchat zeichnet sich dadurch aus, dass es von Trennungen durchzogen ist. Von der Trennung zwischen unbezahlter Arbeit zu Hause und der Lohnarbeit im Erwerbsbereich oder der Trennung zwischen Gefühl und Rationalität. Ein feministischer Arbeitskampf muss darum auch seiner Form nach diese patriarchalen Strukturen durchkreuzen. Für uns wird ein Arbeitskampf dadurch radikal, dass er Gefühle zulässt und ihnen Raum verschafft. Er wird dadurch radikal, dass Beschäftigte und die Menschen, für die sie Verantwortung übernehmen, mit den unterschiedlichsten Lebensrealitäten daran teilhaben können. Und er wird dadurch radikal, dass Beschäftigte die Entscheidungsmacht über die Ausgestaltung des Arbeitskampfs besitzen und sich als Kollektiv begreifen.

In einem konkreten Arbeitskampf lässt sich schnell das große Ganze aus dem Blick verlieren – es erfordert schon viel Zeit und Widerstandskraft, auch nur für eine kleine Verbesserung der Arbeitsbedingungen zu kämpfen. Aber in einem Arbeitskampf geht es um viel mehr als nur um den einen konkreten Tarifvertrag. Es geht um die Stellung und Rechte von Lohnabhängigen insgesamt. Außerdem geht es vor allem im Care-Bereich auch darum, unter welchen Bedingungen Menschen umsorgt werden. Ein Streik im Altenheim, der Kita oder im Krankenhaus dreht sich immer auch um die Frage, wie wir in unserer Gesellschaft Menschen behandeln, die pflegebedürftig und abhängig von der Sorgearbeit anderer sind. Es geht also um gesamtgesellschaftliche Verhältnisse.

Arbeitskämpfe funktionieren nach unterschiedlichen Logiken, je nachdem, in welchem Bereich sie geführt werden. Wenn in einem Betrieb gestreikt wird, wo Dinge produziert werden, kann die Arbeit niedergelegt werden und es kommt unmittelbar zu einem ökonomischen Schaden für die Arbeitgebenden, beispielsweise weil Teile für ein Auto durch einen Streik nicht mehr produziert werden, die weiterverkauft werden sollen. Im Dienstleistungssektor funktioniert das anders. Dort sind nicht nur die Themen oft anders (es ging zum Beispiel in den Krankenhauskämpfen der letzten Jahre viel um Entlastung und weniger um Lohn). Auch die Streikstrategie muss eine andere sein, weil ein Minimum der Versorgung oft weiter gewährleistet werden muss und nicht einfach alle Arbeit gestoppt werden kann. Die Notfallambulanz in einem Krankenhaus muss weiterhin besetzt sein, und auch Menschen, die Assistenz benötigen, können nicht alleingelassen werden. Vielen Beschäftigten in Sorgeberufen liegt es darüber hinaus oft fern, für eine Verbesserung ihrer Arbeitsbedingungen einzustehen – spielt doch Selbstlosigkeit und die Aufmerksamkeit für andere Menschen eine entscheidende Rolle in ihrem Beruf. Um sie in ihrem Arbeitskampf zu stärken, kann die Unterstützung durch solidarische Gruppen von außen hilfreich sein. Hierzu kann beispielsweise bei Angehörigen oder Eltern Akzeptanz und Verständnis dafür geschaffen werden, weshalb dieser Arbeitskampf auch für sie wichtig ist.

Kämpfe verbinden

Über die Zusammenarbeit zwischen feministischen Gruppen und Gewerkschaften

In den letzten Jahren hat es in vielen Städten eine Zusammenarbeit zwischen ver.di und feministischen Gruppen gegeben, um die Arbeitskämpfe von Beschäftigten im Sozial- und Erziehungsdienst[20] zu stärken und ihren politischen Druck zu erhöhen. Nicht nur in Kassel, sondern auch in Freiburg, Stuttgart, Jena, Hamburg und vielen weiteren Städten haben Aktivist*innen, die am Aufbau eines feministischen Streiks arbeiten, die Streiks von Beschäftigten im Sozial- und Erziehungsdienst unterstützt.

Die solidarische Unterstützungsarbeit der gewerkschaftlich organisierten Streiks seitens feministischer Aktivist*innen kann unterschiedliche Formen annehmen. Zum Beispiel haben wir uns in Kassel einige Tage vor

20 Die größten Berufsgruppen im Sozial- und Erziehungsdienst (SuE) sind Erzieher*innen, Sozialpädagog*innen, Sozialarbeiter*innen und Heilerziehungspfleger*innen. Der SuE umfasst aber weitaus mehr Berufsgruppen.

dem 8. März morgens früh um sieben vor Kitas gestellt und mit Eltern das Gespräch darüber gesucht, dass es in den nächsten Tagen zu Warnstreiks kommen kann. Wir haben darauf hinzuwirken versucht, dass sie sich trotz der dadurch für sie höher werdenden Arbeitslast mit den Erzieher*innen solidarisieren. In Jena haben Genoss*innen eine Petition gestartet, in der sie mehr Personal und Gelder für den Kitabereich fordern. Dadurch sind sie mit vielen Erzieher*innen ins Gespräch gekommen, haben das Thema in den Landtag gebracht und Aufmerksamkeit für die Arbeitsbedingungen von Erzieher*innen geschaffen. In Freiburg wurde ein Stammtisch für Beschäftigte im Sozial- und Erziehungsdienst ins Leben gerufen, mit dem ein informeller Rahmen geschaffen wurde, um sich als Beschäftigte in unterschiedlichen Einrichtungen kennenzulernen und zu vernetzen. In vielen Städten haben Aktivist*innen darüber hinaus auf Warnstreik-Kundgebungen solidarische Grußworte an die Beschäftigten ausgesprochen, um ihnen Mut zuzusprechen und deutlich zu machen: Eure Arbeitsbedingungen gehen uns alle an. Wir profitieren als gesamte Gesellschaft davon, wenn im Sozial- und Erziehungsdienst genauso wie im Gesundheitsbereich gute Arbeit unter guten Bedingungen stattfinden kann. Alle feministischen Unterstützungsaktionen beruhen auf dem Wissen, dass es im Care-Sektor schwierig ist, ökonomischen Druck aufzubauen, und haben darum zum Ziel, den politischen Druck der Arbeitskämpfe zu verstärken.

Die Zusammenarbeit ist regional unterschiedlich abgelaufen und hat unterschiedlich gut funktioniert. Das liegt unter anderem daran, dass Hauptamtliche bei ver.di und ehrenamtlich aktive Beschäftigte teilweise große Lust auf die Zusammenarbeit hatten und teilweise hingegen nur wenig davon hielten. Aber selbst wenn die Motivation groß ist, dass die feministische Streikbewegung und ver.di zusammenzukommen, gibt es für eine gute Zusammenarbeit einige Schwierigkeiten zu überwinden. Eine offensichtliche Schwierigkeit ist, dass verschiedene Arbeitsweisen aufeinandertreffen und wechselseitig manchmal Verständnis für die Handlungslogik der anderen fehlt. Feministische, selbstorganisierte Gruppen haben zum Beispiel oft den Anspruch, möglichst wenig informelle Hierarchien zu entwickeln, weswegen Entscheidungen meist kollektiv mit der gesamten Gruppe besprochen werden. Dadurch brauchen Prozesse Zeit und es gibt oft nicht die eine klare Ansprechperson für Außenstehende. Das kann die Zusammenarbeit mit solchen Gruppen erschweren. Gewerkschaftssekretär*innen haben oft eine so hohe Arbeitsbelastung, dass jede neue Kooperation kaum möglich ist, weil das zunächst Mehrarbeit und zusätzliche Kommunikation und Verständigung benötigt. Für viele Inhalte braucht es Übersetzungsarbeit. Gewerkschaftliche Fachbegriffe sind für viele Aktivist*innen am Anfang nicht verständlich und es braucht immer wieder Erklärungen, was genau womit gemeint ist. Andersherum setzen Aktivist*innen oft Dinge voraus, die für andere nicht selbstverständlich sind. Das Infragestellen der binären Geschlechterordnung (in der es nur cis Männer und cis Frauen gibt) und Debatten über Queerness sind Gewerkschafter*innen oft fremd und müssen erst einmal vermittelt werden. Auch militante Aktionen finden einige hauptamtliche und ehrenamtliche Gewerkschafter*innen nicht unterstützenswert. Aber nicht nur in ihren Begriffen und Themenschwerpunkten, sondern ganz grundsätzlich verfolgen feministische Gruppen und Gewerkschaften zum Teil unterschiedliche Ziele und haben unterschiedliche Forderungen. Während Aktivist*innen die Abschaffung von Patriarchat und Kapitalismus fordern und dafür streiken wollen, können sich Gewerkschaften rechtlich nur für einen konkreten Tarifvertrag einsetzen. Auch der politische Streik ist dabei ein Thema, an dem sich die Geister scheiden: Während die feministische Streikbewegung von einem politischen Massenstreik träumt, wollen Gewerkschaften oft gar nicht unbedingt einen umfassenden Systemwandel und beschränken sich stattdessen auf graduelle Verbesserungen der Arbeitsbedingungen in einzelnen Betrieben. Auch der Zusammenhang zwischen den Arbeitsbedingungen im Sozial- und Erziehungsdienst und patriarchalen Machtverhältnissen liegt für viele erst einmal nicht offenkundig auf der Hand. Wenn feministische Aktivist*innen mit lilafarbenen Warnwesten zu Warnstreik-Kundgebungen kommen, um Beschäftigten ihre Solidarität zu zeigen, kann das darum schon mal überrumpeln. »Da war plötzlich so viel lila!« (Christina) ist ein Eindruck, den Beschäftigte zuweilen hatten, weil sie gar nicht richtig mitbekommen hatten, woher diese ganzen Leute kommen und wofür sie stehen.

Trotz alledem kann die Zusammenarbeit zwischen feministischen Streikgruppen und Gewerkschaften sehr gut funktionieren. Für eine gute Zusammenarbeit braucht es in erster Linie Beziehungsaufbau, Vertrauen, Verbindlichkeit und Langfristigkeit. Trotz unterschiedlicher Handlungslogiken und Ziele gibt es gemeinsame Interessen, beispielsweise und ganz grundsätzlich die Aufwertung von Care-Arbeit. »Wir wollen in eine ähnliche Richtung. Welche Differenzen stören jetzt und warum? Was muss jetzt wirklich geklärt werden, weil es wichtig für zum Beispiel die

Mobilisierung[G], Durchsetzungskraft und Zieldefinition ist?«, fragt unsere Interviewpartnerin Christina. Die Zusammenarbeit wird dadurch erleichtert, dass einige Gewerkschaftssekretär*innen sowohl in der Gewerkschaft als auch in der feministischen Bewegung verankert sind. Besonders gut lässt sich aber zusammenkommen, wenn sich die Aktivist*innen, Beschäftigten und Hauptamtlichen in ihren Rollen aufeinander einlassen und eine gemeinsame Praxis[G] erproben. Viel mehr als über ideologische Auseinandersetzungen lässt sich durch eine gemeinsame Praxis voneinander lernen.

Aber wofür der ganze Aufwand? Was können wir gewinnen durch eine stärkere Verzahnung von Gewerkschaften und feministischen Gruppen? Wir sind davon überzeugt, dass, auch wenn es mühsam ist, sich viel gewinnen lässt und wir letztendlich alle davon profitieren können. Feministische Aktivist*innen können durch die Einblicke in einen gewerkschaftlichen Arbeitskampf lernen, wie ein Streik funktioniert. Gewerkschaften haben viel Erfahrung, Kontakte, Ressourcen, Infrastruktur und Wissen dazu, wie Streiks und Arbeitskämpfe geführt werden können. Einiges davon lässt sich vielleicht auch übertragen auf das Bestreiken unbezahlter Arbeit, was ein Anliegen der feministischen Streikbewegung ist. Gleichzeitig sind Gewerkschaften nah am Leben von Arbeiter*innen und können uns Kontakte und Einblicke vermitteln, auch in Branchen, in denen wir nicht schon selbst lohnarbeiten. So ist in ihnen über die Branchen hinweg viel Wissen darüber versammelt, welche noch so kleinen Kämpfen aktuell notwendig sind, um die aktuelle Lebenssituation von Arbeiter*innen zu verbessern. Das ist für uns insbesondere für jene Bereiche von Bedeutung, die wir in unserer Lebensrealität nicht wahrnehmen.

Außerdem ist die Methode Streik an keinem Ort so sehr verankert wie in den Gewerkschaften. Während wir also den feministischen Streik planen, finden in Gewerkschaften schon Streiks statt, auch wenn sie nicht (immer) feministisch sind. In der Zusammenarbeit mit der Gewerkschaft setzen wir also nicht bei null an und müssen nicht versuchen, Streiks ganz neu aufzubauen, sondern können unsere feministischen Forderungen mit bestehenden Arbeitskämpfen verknüpfen. Um es mit den Worten der Bewegungslinken zu sagen: Hier lassen sich Kämpfe verbinden!

Andersherum können gewerkschaftliche Arbeitskämpfe von der Unterstützung durch feministische Gruppen profitieren. Arbeitskämpfe im Care-Sektor sind darauf angewiesen, politischen Druck aufzubauen, weil der ökonomische Druck oft gering ist. Genau hier setzen feministische

Gruppen an: Sie erhöhen die Aufmerksamkeit für die schlechten Arbeitsverhältnisse und Tarifauseinandersetzungen der Beschäftigten, erreichen mehr und andere Leute und können die zivilgesellschaftliche Solidarität mit den Beschäftigten stärken. Auch davon, dass feministische Aktivist*innen radikalere Forderungen stellen und auf andere Methoden zurückgreifen können, kann ein gewerkschaftlicher Arbeitskampf profitieren: Die Spannweite dessen, was gefordert und getan werden kann, wird größer, wenn sich Akteur*innen mit eindeutigen, solidarischen Positionen einmischen.

Insgesamt zeigt sich: Um eine Aufwertung von Sorgearbeit gesamtgesellschaftlich zu erreichen, sind sowohl Gewerkschaften als auch feministische, selbstorganisierte Bewegungen unerlässlich. Eine Verzahnung und Zusammenarbeit erfordert Geduld und Experimentierfreudigkeit aller Beteiligten. Sie hat dafür aber das Potenzial, konkret im Hier und Jetzt Arbeitsrealitäten zu verbessern und zugleich grundlegende Herrschaftsverhältnisse im Blick zu behalten und anzugreifen.

»Das ist ein richtig fetter Klotz an Institution«[21]

Es ist kaum zu übersehen, dass Gewerkschaften momentan in einer Phase der Neuorientierung stecken. Sie erproben neue Handlungsstrategien, wie zum Beispiel die Methode ›Organizing‹[22G], die einen basisdemokratischen Ansatz verfolgt und durch Jane McAlevey bekannt geworden ist. So wurde beispielsweise innerhalb der TV-E-Auseinandersetzung in Berlin sowohl das Konzept des Organizings verwendet, als auch die Einbeziehung der Beschäftigten in die tatsächlichen Verhandlungen sehr stark ausgeweitet. Doch was bedeutet diese Ausgangslage für uns als Feminist*innen, die das so stark gewerkschaftlich geprägte Thema Streik neu besetzen möchten?

Um diese Frage zu beantworten, müssen wir zuallererst schauen, inwiefern sich Gewerkschaften wirklich im Wandel befinden und wie sich Gewerkschafter*innen diesen Wandel vorstellen. Wir haben also unsere Gesprächspartner*innen dazu befragt, was ihr Grund war, Gewerkschaftsmitglied zu werden, und wie sie den Wandel wahrnehmen oder denken, dass er unterstützt werden kann. Mehrmals wurde uns erzählt, dass die Ge-

21 Aus dem Interview mit dem *Solidaritätsbündnis Care-Arbeit Kassel*)

22 Unter Organizing versteht man das Organisieren und Ermächtigen der Basis, um linke Politik in der Gesellschaft zu verankern sowie eine Demokratisierung von Gewerkschaften und anderen Organisationen voranzutreiben.

werkschaft sich damals, als unsere Gesprächspartner*innen aktiv wurden, im Wandel befand und dass es ein Gefühl des Aufbruchs gab. Gleichzeitig nennen unsere Gesprächspartner*innen ihre schlechten Arbeitsbedingungen als Grund dafür, so richtig aktiv geworden zu sein. So beschreibt eine Person, dass sie aktiv geworden ist, weil die Arbeitsbedingungen und der Personalmangel im Krankenhaus nicht mehr auszuhalten waren. Grundsätzlich zeigt sich, gerade in Abgrenzung zur linken Bewegung, dass Gewerkschaften als sehr nahbar wahrgenommen werden. Tarifkämpfe sind stark verknüpft mit der Lebensrealität der Mitglieder, kleine Erfolge in der politischen Arbeit der Gewerkschaften sind schnell spürbar und verändern die akute Lebenssituation der Mitglieder teilweise stark. Unsere Interviewpartner*innen betonen die gesellschaftliche Macht, die Gewerkschaften besitzen und durch Streiks demonstrieren. Die Stärke, mit Tarifauseinandersetzungen tatsächlich Arbeitsverhältnisse verändern zu können, kommt insbesondere daher, dass sehr viele Lohnabhängige Gewerkschaftsmitglieder sind. Christina stellt sogar fest, dass »Gewerkschaften die Vereine mit den meisten organisierten Menschen in ganz Deutschland« sind.

Wir müssen daher festhalten, dass Gewerkschaften ihren Mitgliedern ein Gefühl der Selbstermächtigung[G] geben, welches alle Interviewten nicht in der linken Bewegung sehen. Dies begründen sie damit, dass ihre Kämpfe stärker und wirkmächtiger mit der Lebensrealität der Mitglieder verknüpft sind, als wir es in anderen Bewegung hinbekommen. Einfach gesagt, es gelingt uns als radikale Linke nicht gut zu kommunizieren, was unsere Themen mit dem realen Leben der Arbeiter*innen (und damit ja auch unseren eigenen Leben) zu tun haben.

Die Funktionslogik von Gewerkschaften beruht grundsätzlich auf der Idee, dass die Gewerkschaftsmitglieder selbst bestimmen, wie sich ihr Arbeitskampf entwickelt und mit welchen Forderungen sie eine Tarifauseinandersetzung antreten. Die DGB-Gewerkschaften stoßen dabei jedoch auf strukturelle Grenzen. Interne Hierarchien, patriarchale Strukturen und eine teils starre Gremienstruktur beschneiden die Entscheidungsmacht und den Handlungsspielraum von Beschäftigten. In unseren Gesprächen wurde immer wieder ein schwieriges Verhältnis zwischen haupt- und ehrenamtlichen Gewerkschafter*innen beschrieben, das der Organisationsform der Gewerkschaften verschuldet ist. Die Arbeitsbelastung von hauptamtlichen Gewerkschaftssekretär*innen ist oft so hoch, dass die Frage nach dem ›Wie‹ des Streiks unter der Arbeitslast verloren geht. Diese Arbeitslast lässt sich unter anderem auf eine vorherrschende Dienstleistungsmentalität[G] zurückführen, also die Einstellung, dass Arbeit von den Hauptamtlichen übernommen werden soll und muss, und eine hieraus resultierende Antriebslosigkeit, als ehrenamtliches Gewerkschaftsmitglied Aufgaben selbst zu übernehmen. Somit herrscht in den Gewerkschaften eine Problematik, die viele andere NGOs nur allzu gut kennen. Es werden Hauptamtliche angestellt, um die Ehrenamtlichen zu entlasten. Nach einiger Zeit sind die Hauptamtlichen überlastet, weil der Aufgabenberg, der ihnen zugeordnet ist, immer größer wird. Zum hauptsächlichen Ziel wird stattdessen oft, dass möglichst viele zum Streik kommen, weil die Teilnehmer*innenzahlen relevant sind. Eine ermächtigende und basisdemokratische Art und Weise der Organisierung[G] bleibt dabei auf der Strecke.

Momentan besitzen Gewerkschaften nicht die Macht, um wirklich gute Arbeitsbedingungen für Lohnabhängige durchsetzen zu können. Sie gehen in Tarifverhandlungen Kompromisse mit den Arbeitgebenden ein, die oft unbefriedigend sind und nicht die erhofften Verbesserungen der Arbeitsverhältnisse mit sich bringen. Häufig führen erst sich über Wochen ziehende Verhandlungen, begleitet von Warnstreiks, zu einem Ergebnis in Tarifauseinandersetzungen. Das funktioniert aber auch nur in bestimmten Branchen und wenn viele mitmachen. Streiks sind gleichzeitig sehr teuer, und wenn die Streikkassen das nicht hergeben, kann nicht ausreichend Druck ausgeübt werden, um die Forderungen durchzusetzen. Es sind jedoch nicht nur fehlende Gelder und fehlende Mitglieder, die große Streiks erschweren. Denn viele Gewerkschaftssekretär*innen hängen der Illusion hinterher, dass es noch immer eine Form der Sozialpartnerschaft gäbe. Sie sind von der Annahme geleitet, dass mit Arbeitgebenden kooperiert werden könne, anstatt einen offenen Konflikt mit ihnen auszutragen. Diese Harmoniebedürftigkeit von Hauptamtlichen hat schon in so manchem Streik den Beschäftigten den Wind aus den Segeln genommen und den Arbeitskampf gegen ihren Willen vorzeitig beendet.

Unbefriedigende Verhandlungsergebnisse führen wiederum zu Frustration bei den Beschäftigten und dazu, dass immer mehr Gewerkschaftsmitglieder austreten. Durch schwindende Mitgliederzahlen sinkt wiederum die Durchsetzungskraft der Gewerkschaften – ein sich selbst verstärkender Kreislauf. Die Entscheidung darüber, wie und bis zu welcher Eskalationsstufe Arbeitskämpfe geführt werden, wird in der Praxis oft weniger von den Beschäftigten selbst getroffen, sondern von den Hauptamtlichen, die dabei das Ziel vor Augen haben, neue Mitglieder zu gewinnen, um die Organisationsmacht aufrechtzuerhalten. Die große Frage ist dabei jedoch: Wie lassen sich neue Mitglieder gewinnen? Eine weit verbreitete Strategie ist es, nicht zu politisch und nicht zu radikal aufzutreten, um potenziell neue Mitglieder nicht abzuschrecken. Wir sind davon überzeugt, dass es genau das Gegenteil braucht, um Arbeitskämpfe zu gewinnen: Mehr eindeutige politische Positionierungen und mehr Mut zur Konfrontation.

Außerdem kritisieren unsere Gesprächspartnerinnen, dass die Entlastungen, welche die Gewerkschaften aushandeln, nicht die eigentlichen Probleme an den Arbeitsorten aufgreifen. So erkämpfte ver.di fünf Entlastungstage[G] für die Arbeiter*innen in den Krankenhäusern, aber die Angestellten können diese nicht nehmen, da der Arbeitskräftemangel dafür sorgt, dass diese freien Tage von den eigenen Kolleg*innen wieder aufgefangen werden müssen, welche in dieser Zeit wieder neue Überstunden anhäufen, die sie wieder nicht abfeiern können. Also ist auch hier der Wunsch nach passenderen Lösungsvorschlägen groß, nach Lösungsvorschlägen, die »eher am System ansetzen« (*Solibündnis*[G] *Care-Arbeit Kassel*). Darüber hinaus werden die öffentlich dargestellten Mitbestimmungsmöglichkeiten häufig nicht richtig ernst genommen: Die Mitglieder werden beispielsweise aufgefordert, über die zuvor ausgehandelten Tarifverträge in einer Urabstimmung abzustimmen. Doch eigentlich ist es schon vorher klar, wie die Abstimmung ausfällt. Oft verkauft ver.di das Verhandlungsergebnis in der Öffentlichkeit besser als es in der Realität ist oder Hauptamtliche in eher konservativen Bezirken sprechen starke Empfehlungen für das Annehmen der Ergebnisse aus, was wir beispielsweise bei der Tarifverhandlung im öffentlichen Dienst 2023 gesehen haben. Eine wirkliche Option, zuvor ausgehandelte Tarifverträge durch die Basis[G] wieder abzulehnen, gab es in der Vergangenheit oft nicht.

Also zurück zur Ausgangsfrage: An welchem Punkt stehen die Gewerkschaften aktuell? Als wir unsere verschiedenen Interviewpartner*innen gefragt haben, wie Gewerkschaften für sie aussehen sollten, waren die Antworten sehr ähnlich: Die Gewerkschaft soll ein Ort der Basisdemokratie sein, ein Ort, an dem alle gehört werden und alle mitentscheiden können. »Wir müssen weg von dieser Stellvertretungslogik[G] von ver.di, hin zu: Wir sind ver.di« (Silvia). Ein Ort, an dem Kämpfe von uns allen gemeinsam geführt und Konfrontationen nicht gescheut werden. An dem wir als Arbeiter*innen Solidarität erfahren und uns selbst ermächtigen, indem wir

Kämpfe gewinnen. Ein Ort, an dem wir Klassenbewusstsein erlernen und erfahren können. Ein Ort, an dem wir uns »in einer Sprache [verständigen], die Menschen verstehen, die nicht studiert haben und die auch noch nicht wütend sind« (Christina).

Der Streik an sich, aber auch die Gewerkschaft, sollte außerdem ein Ort der Bildung sein. Das kann beispielsweise bedeuten, dass Gewerkschaften die Möglichkeit für Bildungsurlaube schaffen und Schulungen anbieten, die über Themen wie beispielsweise den ›Wahlvorstand eines Betriebsrats‹ hinausgehen. Politische Bildung könnte hier weitaus mehr in den Vordergrund gerückt werden. Auch ein Streik kann im Kampf zu einem Ort werden, an dem wir Beziehungen untereinander auf- und ausbauen und die Zeit nutzen, uns gemeinsam zu bilden. Ein konkretes Beispiel hierfür sind Workshops zu feministischen Themen, wie beispielsweise Care-Arbeit, die Aktivist*innen während der letzten Streiks an Krankenhäusern in Berlin mit und für Beschäftigte angeboten haben.

Was bedeutet das für unsere Forderung nach einem feministischen Streik? Auf die Frage, inwiefern sich Gewerkschaften wieder zurück in eine antikapitalistischere Richtung bewegen können, waren die Antworten der interviewten Personen sehr eindeutig: Ja, das können sie, und das vor allem, wenn sie basisdemokratisch aufgebaut sind. In diesem Fall gibt es den Spielraum, Gewerkschaften von innen zu verändern. Aber dies geschieht nicht von allein. Es gibt keinen Automatismus, der dafür sorgt, dass sich Gewerkschaften in eine kämpferische Richtung entwickeln, aber es gibt das Potenzial. »Da muss man schon noch selber kämpfen und – ja – machen« (Silvia). Das bedeutet: Wir müssen die Frage nach dem *Wir* stellen. Wer ist diese Personengruppe, die Gewerkschaften in eine kämpferische Richtung bewegt? Wenn wir uns die Frage stellen, inwieweit Gewerkschaften Teil eines gesellschaftlichen Wandels sein können, müssen wir anerkennen, dass auch wir in unseren Lohnarbeitskämpfen ein Teil der Gewerkschaft sein sollten und damit auch selber Teil des Wandels der Gewerkschaften sein müssen. Einfach gesagt: Wir können nicht von außen eine Änderung der Gewerkschaften fordern, sondern müssen unsere Rolle innerhalb derselben reflektieren. Silvia sagt dazu: »Wir führen Kämpfe genauso in der Gewerkschaft wie halt auch gegen unsere Arbeitgeber.«

Zu bedenken ist aber trotzdem die in der Einleitung beschriebene Funktionslogik. Gewerkschaften können oder müssen zwar auch Teil von antikapitalistischen Kämpfen sein, können aber aufgrund ihres Anliegen des Systemerhalts nicht zu einer revolutionären[G] Organisierungsform werden. Dies liegt auch an der Struktur der Gewerkschaften und die in ihr enthaltene Trennung von Politik und Ökonomie. Parallel zu den Strukturen der bürgerlichen[G] Gesellschaft, in der Politik und Ökonomie streng voneinander getrennt sind, hat sich auch die Arbeiter*innenbewegung getrennte Organisationen geschaffen: die Partei und die Gewerkschaft. Wenn wir jedoch kollektiv über unsere Produktions- und Reproduktionsbedingungen entscheiden wollen, macht diese Trennung keinen Sinn mehr. Dann ist nämlich die Frage, was und wie produziert wird, nicht mehr nur auf einen einzelnen Betrieb beschränkt oder die Privatentscheidung der Besitzer*innen des Betriebs, sondern eine gesamtgesellschaftliche und in diesem Sinne ›politische‹ Entscheidung. Gewerkschaften – besonders die deutschen Gewerkschaften – haben sich aber auf das Auseinandersetzungsfeld der Produktionsbedingungen in einzelnen Branchen beschränken lassen und können Klasseninteressen so (kaum) politisch artikulieren bzw. durchsetzen. Diese Form der Organisierung von Arbeiter*inneninteressen ist vordergründig erst einmal funktional. Eine Überwindung des Kapitalismus bedeutet jedoch, eigene Organisationsformen zu entwickeln, in denen diese Trennung selbst überwunden wird.

Was bedeutet dies für uns, vor allem wenn wir selbst auch Gewerkschaftsmitglied sind? Wir müssen als Teil der radikalen Linken, der sich der Methode des Streiks verschreibt, beginnen, unsere Rolle in den Gewerkschaften wieder ernster zu nehmen. Wir als Personen in Lohnarbeitsverhältnissen müssen anerkennen, dass auch wir Teil der Gewerkschaft sind und somit den Wandel in der Gewerkschaft auch als Teil unserer Aufgabe verstehen müssen. Das bedeutet, auch das Potenzial von noch so kleinen Kämpfen wahrzunehmen, diese mitanzustoßen und mitzutragen und unsere Mitgestaltungsmöglichkeiten in den Gewerkschaften zu nutzen. Das bedeutet aber auch, unsere Forderungen mit an unsere Arbeitsplätze zu nehmen, die Lohnarbeitskämpfe vor Ort politisch zu prägen und dort Beziehungen aufzubauen. Damit meinen wir nicht, jegliche bisherige politische Arbeit liegenzulassen und in die Gewerkschaften zu verlagern, sondern unsere Forderungen aus den linken Zusammenhängen mit an unseren Arbeitsplatz zu tragen.

Gleichzeitig müssen wir als feministische Bewegungen die Schwierigkeiten der gewerkschaftlichen Arbeit wahrnehmen und anerkennen. Wir müssen versuchen, ein Verständnis für die Gründe der teils langsamen und sehr institutionalisierten Arbeit innerhalb der Gewerkschaften zu entwickeln. Das bedeutet, Rücksicht auf andere Handlungslogiken zu nehmen, aber auch anzuerkennen, dass die Sprachen und Umgangsweisen im Betrieb und in der Gewerkschaft nicht immer die unseren sind und wir Arbeit investieren müssen, um eine Übersetzung für eine bessere Verständigung zu leisten. Wenn wir Forderungen an die Gewerkschaften herantragen (sei es von außen aus den Bewegungen heraus oder von innen als Teil der Gewerkschaft), müssen wir dies bedenken, während wir gleichzeitig immer wieder versuchen, einen feministischen, revolutionären Rahmen in den Lohnarbeitskämpfen und darüber hinaus zu setzen.

Und jetzt?

Was machen wir jetzt mit diesen Überlegungen? Sie resultieren zwar aus unseren eigenen Erfahrungen und den Erfahrungen von Gewerkschaftssekretär*innen, Beschäftigten im Care-Sektor und wissenschaftlichen Analysen in Bezug auf den feministischen Streik. Letztlich sind wir aber zu dem Schluss gekommen, dass diese Erfahrungen nicht nur für den feministischen Streik nützlich sind, sondern auch für unsere kommunistischen und anarchistischen Genoss*innen, für Gewerkschaftsaktive und alle weiteren antikapitalistisch denkenden und arbeitenden Menschen. Daher sind unsere Schlussfolgerungen allgemein für die radikale Linke formuliert.

Als Verfechter*innen einer queerfeministischen Klassenpolitik befinden wir uns in einer Doppelrolle. Einerseits sind wir selbst Arbeiter*innen und Gewerkschaftsmitglieder, haben einen mehr oder weniger festen Arbeitsplatz und kämpfen, zumindest teilweise, für bessere Arbeitsbedingungen in unserem Bereich. Wir sind zum Streik aufgerufen und die Ergebnisse von Tarifauseinandersetzungen betreffen uns unmittelbar. Andererseits sind wir unabhängig von Gewerkschaften politisch organisiert und verorten uns innerhalb sozialer Bewegungen. Um einen feministischen Generalstreik aufzubauen, treten wir darum auch ›von außen‹, als Aktivist*innen, mit Gewerkschaften in Kontakt und arbeiten in dieser Rolle mit Gewerkschafter*innen zusammen, wenn wir zum Beispiel die Demo am 8. März[G] oder ein Streik-Café organisieren.

Es lässt sich nicht leugnen, dass Gewerkschaften und soziale Bewegungen verschieden funktionieren und in weiten Teilen auch unterschiedliche Ziele verfolgen. Trotzdem halten wir es für falsch, die radikale Linke und

Gewerkschaften als widersprüchliche Akteure einander gegenüberzustellen. Es muss eine Wechselseitigkeit geschaffen werden, die die Stärken beider Seiten ergänzt, denn wir müssen uns bewusst sein: Allein schafft es niemand, unsere Gesellschaft zu revolutionieren. Hier ist es für die konkrete Praxis wichtig, uns über unsere Gemeinsamkeiten bewusst zu werden und sie in den Vordergrund zu stellen. Um diesen Punkt etwas mehr zu erklären, möchten wir abschließend noch einmal zusammenfassen, was die jeweiligen Vor- und Nachteile der Bewegung und Gewerkschaft sind und worin sie sich ergänzen können, wenn eine gute Zusammenarbeit gelingt.

Innerhalb der radikalen Linken bleibt die Auseinandersetzung mit den aktuellen Wirkungsmöglichkeiten häufig unterbelichtet. Wir haben zwar das große Ganze im Blick, aber sehen in unseren Handlungsmöglichkeiten häufig über Veränderungen im Hier und Jetzt hinweg. Kleine Kampagnen oder auch riesige Demonstrationen stärken im besten Fall das Klassenbewusstsein, gleichzeitig sind wir als radikale Linke auf die Gewerkschaften als Institution aber angewiesen, wenn sie, beziehungsweise wir, mithilfe von legalen Streiks die realen Lebensbedingungen vieler Menschen direkt beeinflussen wollen.

Teile der radikalen Linken neigen dazu, Arbeitskämpfe zu romantisieren. »Wer sich an seinem eigenen Arbeitsplatz organisiert, wird oft demütiger«, fasst Christina diesen Punkt zusammen. Dadurch zeigt sich, dass wir erst erfahren, wie kraftraubend, erniedrigend und entmutigend ein Arbeitskampf sein kann, wenn wir einen solchen mal selbst geführt haben. »Macht alle selber Erfahrungen, um dann auf Basis dieser Erfahrungen miteinander im Gespräch zu sein«, ist ein Vorschlag von ihr. Das würde bedeuten, dass wir unsere passive Mitgliedschaft in unseren Branchengewerkschaften aufgeben (oder überhaupt Mitglied werden) und teilweise selbst in diesen aktiv werden müssen. Dies bringt einige Vorteile mit sich. Gewerkschaften sind zugängliche und anschlussfähige Organisationen und in breiten Teilen unserer Gesellschaft anerkannt. Auch wenn etwa nur 16 Prozent aller Lohnabhängigen gewerkschaftlich organisiert sind, erreichen sie doch eine große Menge an Menschen.

Wenn wir es hier schaffen, radikalere Inhalte in den Vordergrund zu bringen, haben wir die Möglichkeit, einen Zugang zu Menschen zu erhalten, mit denen wir sonst nie in Kontakt kommen würden. Wir erhalten dadurch die Möglichkeit, Überzeugungsarbeit zu leisten, gegen das Kapital und die Sozialpartnerschaft.

Es lässt sich nicht auflösen, dass der Widerspruch zwischen Systemerhalt und Systemüberwindung innerhalb der Gewerkschaften bestehen bleibt. Und die Institution Gewerkschaft mit ihren bürokratischen Apparaten und ihrer Arbeitsweise kann einen Sog auf unsere gewerkschaftlich organisierten Genoss*innen ausüben, der revolutionäre Ideale vergessen lässt. Und hier kommt der Vorteil der Bewegung ins Spiel. Wir können unabhängiger agieren. Eine Organisierung außerhalb der Gewerkschaft ermöglicht es uns, Forderungen zu stellen, welche nicht an Tarifverträge gebunden sind. Darüber hinaus ist die Logik der Mitgliedergewinnung nicht unsere oberste Priorität. Als radikale Linke sind wir es eh gewohnt, mit geringen finanziellen Mitteln zu arbeiten, wodurch die Inhalte an erster Stelle stehen können. Selbstverständlich muss auch die radikale Linke anschlussfähig und zugänglich bleiben. Denn auch hier gilt es, weite Teile der Gesellschaft von sich zu überzeugen. Aber wir können es schaffen, einzelne Kämpfe am Arbeitsplatz im Kontext von Lohnarbeit mit den gesamten gesellschaftlichen Reproduktionsbedingungen zu verknüpfen. Sei es, indem wir bei Lohnauseinandersetzungen die Ausbeutung der Arbeiter*innen aufzeigen oder innerhalb von Care-Kämpfen mit den Beschäftigten über das Ideal einer Gesellschaft sprechen, die das Prinzip des Sorgens ins Zentrum stellt. Unsere politischen Ziele sind nicht an einzelne Tarifverträge gebunden, wir haben die Möglichkeiten, auch Erwerbslose[G] einzubinden oder unbezahlte Arbeit[G] in unsere Auseinandersetzung um eine bessere Welt einzubeziehen. Eine Aufgabe muss es sein, dass gerade diese Aspekte Teil der politischen Arbeit der Gewerkschaften werden. Abgesehen davon, dass weiterführende politische Inhalte innerhalb von schnöden Tarifverhandlungen in die Öffentlichkeit gerückt werden können und so die Möglichkeit entsteht, die Beschäftigten weiter zu politisieren, hilft eine Organisierung außerhalb der Gewerkschaften unseren Genoss*innen dabei, das große Ganze im Blick zu behalten. Die radikale linke Bewegung bietet so die Möglichkeit der Rücksprache für Hauptamtliche und Ehrenamtliche. Dadurch können wir gemeinsam herausfinden, ob wir in unserem gewerkschaftlichen Agieren noch auf dem strategisch sinnvollen Weg sind oder durch die Zwänge der Bürokratie und der rechtlichen Möglichkeiten dabei sind, ihn zu verlassen.

Gewerkschaften und die radikale Linke können, mit funktionierenden Zwischenstellen, also Personen, die in beiden Bereichen aktiv und verankert sind, ein hilfreiches Korrektiv sein – gegen ein Abrutschen unserer Genoss*innen in der Gewerkschaft in die Sozialdemokratie und gegen die

Gefahr, dass radikale Linke von den Lebensrealitäten sehr vieler Menschen abrücken. Dafür müssen wir lernen, uns alle als Teil von beidem zu verstehen. Wir müssen wegkommen von der Frage, wie man sich am besten gegenseitig einspannen kann für die eigenen Belange. Es muss Respekt geschaffen werden für die unterschiedlichen Arbeitsstile und die Überlastung der Hauptamtlichen innerhalb der Gewerkschaft (die wir vielleicht gemeinsam verkleinern können) und dafür, dass die meisten Aktivist*innen ihre politische Arbeit neben Lohnarbeit, Schule oder Uni machen und in stärkerer Kollektivität[G] organisiert sind. Wir müssen anfangen, voneinander zu lernen und die ersten Versuche der Zusammenarbeit ausbauen.

6. Internationalistische Perspektiven

Die Inhalte in diesem Buch stammen nicht allein von uns, den Autor*innen. Gerade dieses Kapitel besteht fast ausschließlich aus Interviews mit Genoss*innen, die an den unterschiedlichsten Orten leben und uns von ihren Erfahrungen mit feministischer Politik berichten. Ausschlaggebend für den Inhalt dieses Kapitels waren aber nicht nur die Gespräche mit Genoss*innen aus anderen Ländern, sondern gerade auch mit jenen aus Deutschland, die Rassismus erfahren und internationalistisch arbeiten. In Gesprächen mit migrantisierten[G] und von Rassismus betroffenen Genoss*innen haben wir Erkenntnisse erlangt, die wir als *weiße*[G] Autor*innengruppe nur schwer oder gar nicht haben können, ohne dass sie uns davon erzählen und uns an ihrem Wissen teilhaben lassen. Dieses Wissen wird oft durch schmerzhafte und traumatische Erfahrungen und Auseinandersetzungen erlernt, wie uns eine Person, die selbst tagtäglich mit diesen Erlebnissen umgehen muss, erklärt hat. In der ersten Version dieser Kapiteleinleitung haben wir jedoch nicht sichtbar gemacht, welche Überlegungen von uns als Autor*innen und welche aus Gesprächen mit rassismuserfahrenen Personen stammen. Dafür wurden wir kritisiert. Im folgenden Text versuchen wir darum, sichtbar zu machen, welche Überlegungen von Genoss*innen kommen, die Rassismuserfahrungen machen, und haben daher die Inhalte, die aus diesen Gesprächen stammen, kursiv gesetzt.

Wenn wir von Internationalismus sprechen, verstehen wir darunter das gegenseitige Lernen von Kämpfen, die an anderen Orten stattfinden, darüber hinaus aber auch die Verbindung mit- und Unterstützung untereinander. Das bedeutet aber natürlich nicht, dass Internationalismus ausschließlich im Ausland stattfindet. Auch viele Kämpfe von unseren Genoss*innen vor Ort sind Teil des internationalistischen Kampfes. *Internationalismus bedeutet nicht nur, über Ländergrenzen hinwegzuschauen, sondern auch aufmerksam dafür zu sein, welche anderen Bewegungen*[G] *es innerhalb des eigenen Landes gibt.*

Wir stellen uns in eine lange Tradition proletarischer und revolutionärer[G] Internationalist*innen weltweit, die sich mit dem Ziel der Überwindung der herrschenden Verhältnisse miteinander in Beziehung setzen. Ganz praktisch setzten diese in der Vergangenheit den gemeinsamen Kampf über Grenzen hinweg um, etwa während der Zeit der Kommunistischen Internationale[G] und der Internationalen Brigaden[23] im Spanischen Bürgerkrieg oder der Fraueninternationale[24] mit dem gemeinsamen Ziel der Überwindung des Kapitalismus. Gerade als Kommunist*innen können wir auf eine internationalistische Praxis[G] nicht verzichten. Denn unsere Befreiung kann nicht innerhalb eines Landes oder eines Teils der Welt geschehen, und sie kann nicht auf Erfahrungen und Vorstellungen von Einzelnen aufbauen. Für unsere Befreiung braucht es alle Frauen und Queers[G] weltweit – denn wie Audre Lorde es treffend formuliert: »Ich bin nicht frei, solange noch eine einzige Frau unfrei ist, auch wenn sie ganz andere Fesseln trägt als ich« (Lorde 1981).

Spätestens seit der Ära des europäischen Kolonialismus ist die Welt eine globalisierte. Das heißt auch, dass die Situation der Frauen und Queers etwa in Deutschland eng damit verbunden ist, was an anderen Orten der Welt passiert. *Die Verbrechen des deutschen und westlichen Kolonialismus und Imperialismus[G], die Auswirkungen der ökonomischen Abhängigkeiten, der Rassismus der Grenzregime – all diese unterschiedlichen Herrschafts- und Machtverhältnisse sind Teil eines Gefüges, dem wir uns kaum entziehen können. Frauen und Queers im globalen Süden sind von der Verschränkung verschiedener Herrschaftsformen anders betroffen als die im globalen Norden, da sie in einem weltweiten hierarchischen Machtgefälle diejenigen sind, die vor allem unter diesem leiden.*

Durch unsere Praxis aber können wir uns dafür entscheiden, all diesen Verhältnissen etwas entgegenzusetzen. In ihr geht es nicht nur darum, Kämpfe vor Ort zu unterstützen und von den verschiedenen Praxen an allen Orten der Welt zu lernen, sondern auch darum, sich gegenseitig solidarisch zu kritisieren. Dabei ist es wichtig, dass wir uns auf Augenhöhe begegnen. Als weiße *Frauen*

23 Militärische Freiwillige, die von der KomIntern ausgebildet wurden und im Spanischen Bürgerkrieg gegen den Faschisten Franco kämpften.

24 Die Fraueninternationale wurde 1907 gegründet. Sie veranstaltete mehrere Konferenzen, auf denen Sozialistinnen aus verschiedenen Ländern zusammenkamen, um sich zu verbünden. Eine der zentralen Forderungen war die Erlangung des Frauenwahlrechts. Clara Zetkin war die erste Vorsitzende.

und Queers muss das stets bedeuten, unsere internalisierten Rassismen oder Tendenzen der Exotisierung von Bewegungen und Kämpfen anderer Geografien zu erkennen und ihnen entgegenzuarbeiten.

Auch im Zusammenhang mit dem feministischen Streik spielt Internationalismus eine zentrale Rolle. Viele Streiks beziehen sich auf die Erfahrungen und Erfolge, die in Polen, Argentinien und Spanien erzielt wurden. Wenn wir von einer Welle feministischer Streiks zwischen 2017 und 2020 sprechen, meinen wir damit feministische Streiks in verschiedenen Teilen der Welt, die der feministischen Streikbewegung in Deutschland Vorbild waren und Aufschwung gaben. Um die Welt gingen Bilder von Frauen und Queers, die Stirn an Stirn mit der Polizei standen, Frauen und Queers mit Baseballschlägern und Steinen in der Hand, Frauen und Queers Arm in Arm durch die Straßen aller Städte ziehend, vereint in der Wut, aber auch singend und tanzend tauchten sie die Plätze in Grün oder Lila. Diese Bilder nahmen Einzug in unsere Herzen und wir schöpften Mut aus der Kraft anderer Frauen und Queers. Eine Bezugnahme aufeinander ist ein Teil des gelebten Internationalismus.

Internationalismus bedeutet aber auch, sich innerhalb der eigenen Gesellschaft über die postkolonialen und rassistischen Strukturen bewusst zu werden, die die Art und Weise prägen, in der wir zusammenkommen können – oder eben auch nicht. Damit meinen wir nicht einen selbstgeißelnden, wortreichen Privilegiencheck oder ein Allyship[G], hinter dem die Genoss*innenschaftlichkeit auf Augenhöhe zurücktritt. Wir meinen, dass *Weißsein* nun mal eine Form der Herrschaft ist, welche unser alltägliches Leben immer wieder betrifft und gleichzeitig dem, was wir fordern, der Befreiung aller, im Wege steht: Diese Herrschaft, die ganz subtil ein Teil von uns ist, erlernen wir in jeder Phase unseres Lebens. *Sei es, dass es in unserer Kindheit nie eine Frage war, ob wir zur Gesellschaft dazugehören oder nicht, oder dass wir uns anonym durch die Stadt bewegen und »in der Menge verschwinden können«*. Wenn wir also versuchen, zu Personen zu werden, die in unserem Denken und Handeln diese Herrschaftsformen nicht annehmen, weitertragen und reproduzieren, müssen wir daran arbeiten, diese Herrschaft in uns selbst zu verstehen und abzulegen, zu ›entlernen‹. Das ist nicht einfach und bedeutet viel Zeit, Bildung und Eingeständnisse – muss aber Teil unserer eigenen Befreiung sein. Mit viel Arbeit können wir ein Verständnis für all das erlangen, was sonst durch die *weiße* Mehrheitsgesellschaft in ihrem Funktionieren immer wieder aus unseren Sichtfeldern verdrängt wird, und eine Praxis erreichen, die all dies mitdenkt.

In diesem Kapitel haben wir uns vorgenommen, Perspektiven feministischer Bewegungen aufzunehmen, die vor Ort, in Deutschland, oder in anderen *Geografien* für eine feministische Revolution kämpfen. Dort, wo es uns möglich war, haben wir mit Menschen und Gruppen gesprochen, die Teil einer lokalen Streikbewegung sind. *Dabei ist klar, dass Streik in unterschiedlichen Kontexten, unter jeweils eigenen Voraussetzungen, unterschiedliche Formen annehmen kann.* Selbstkritisch müssen wir feststellen, dass unser Blick auf Streiken und feministischen Streik eurozentrisch und *weiß* geprägt war und ist. In den Interviews wurde daher an verschiedenen Stellen deutlich, dass unsere Fragen und die Erfahrungswelt unserer Interviewpartner*innen manchmal nicht recht zusammenpassten, da die Voraussetzungen für politische Organisierung ganz andere sind. Streik kann nicht überall so stattfinden, wie hier in Mitteleuropa beispielsweise aufgrund staatlicher Einschränkungen. Dies mitzudenken und einen fruchtbaren Umgang damit zu entwickeln, ist Teil der Herausforderung des Internationalismus.

Wir fragten: Warum gelingen Streiks in manchen Ländern so viel besser als in anderen? Was können wir von den Streiks an anderen Orten lernen? Und warum gibt es mancherorts gar keine feministischen Streiks?

Die Antworten sind sehr unterschiedlich ausgefallen und ermöglichen uns trotzdem oder gerade deshalb unglaublich spannende und wertvolle Einblicke und Erkenntnisse. Viele Interviews wurden schriftlich geführt, einige sind bei persönlichen Treffen zustande gekommen.

Die Fragen, die wir entwickelt haben, haben wir auf die bestimmten Regionen zugeschnitten. In Kenia oder Kurdistan etwa findet kein feministischer Streik, wie wir ihn in deutschen Kontexten kennen, statt. Insgesamt haben wir mit Menschen aus sieben verschiedenen Ländern Interviews geführt. Bei vielen davon mussten wir für dieses Buch spannende Stellen kürzen. Damit die Inhalte trotzdem zugänglich sind, gibt es auf der Website https://feministischstreiken.noblogs.org/ alle Interviews ungekürzt. Dort sind sie auch in ihrer Originalsprache nachzulesen, *da auch durch Übersetzungen teilweise prägnante Inhalte verloren gehen können. Das geschieht beispielsweise dadurch, dass es manche Worte im Deutschen nicht gibt, die aber zentral für die Aussage in der Erstsprache sind.* Zudem ist es in den Texten auch unterschiedlich, wie und ob gegendert wird, da wir es unseren Interviewpartner*innen überlassen haben, dies zu entscheiden. Die Schreibweise ist daher in jedem Interview eine andere.

Wir beginnen mit Interviews aus Polen und Argentinien, die in den letzten Jahren durch ihre Erfolge mit dem feministischen Streik vielfach als Vorbilder dienten. Danach folgen Interviews zum feministischen Streik im Iran und aus Sicht der kurdischen Bewegung in Deutschland. Beide Interviewpartnerinnen leben inzwischen in Deutschland. *Internationalismus bedeutet nicht nur, über Ländergrenzen hinweg zu schauen, sondern auch aufmerksam dafür zu sein, welche anderen Bewegungen es innerhalb des eigenen Landes gibt.* Als fünftes folgt ein Interview mit Genoss*innen aus der Schweiz, mit einem stärker theoretischen Schwerpunkt. Zum Schluss kommen Interviews mit Genoss*innen aus Kenia und Südafrika mit Antworten unter anderem zu der Frage, warum ein feministischer Streik in ihren jeweiligen Regionen schwer umzusetzen ist. Dass wir mit Genoss*innen aus eben diesen beiden Ländern des afrikanischen Kontinents gesprochen haben, liegt an den bestehenden Kontakten zu Personen in den jeweiligen Ländern. Dass wir zu diesen Personen einen Zugang haben, ist kein Zufall, sondern hängt unter anderem damit zusammen, dass Südafrika und Kenia wirtschaftliche Zentren auf dem Kontinent sind und es deshalb Verbindungen nach Europa gibt, beispielsweise über Austauschprogramme für Studierende. Wie schon beschrieben, sprachen wir für dieses Kapitel auch mit Genoss*innen aus Deutschland, die internationalistisch aktiv sind, darüber, was sie unter Internationalismus verstehen, um auch für uns deutlicher werden zu lassen, warum eine internationalistische Perspektive für den feministischen Streik unumgänglich ist. Wir sind allen Personen, mit denen wir gesprochen oder geschrieben haben, sehr dankbar, dass sie sich die Zeit genommen und ihre Gedanken mit uns geteilt haben. Auch das kann man schon als einen Teil internationalistischer Praxis verstehen!

Inicjatywa Pracownicza – Polen

Die Fragen wurden in Polen von Mitgliedern von der OZZ Inicjatywa Pracownicza (IP) – Arbeiter Initiative *beantwortet. Die Antworten beinhalten Forderungen des* Socjalny Kongres Kobiet (SKK), *dem Sozialen Frauenkongress. Die IP ist eine basisdemokratische*[G]*, kämpferische Gewerkschaft, welche sich an der anarcho-syndikalistischen Tradition orientiert. Der SSK ist ein von Arbeits- und Mietaktivist*innen aus Polen initiierter Kongress. In den letzten Jahren wurde die feministische Bewegung in Polen in Deutschland insbesondere durch ihre starken Kämpfe gegen das Abtreibungsverbot bekannt.*

Würdet ihr sagen, dass der Feminismus das Hauptkampffeld in den politischen Auseinandersetzungen eures Landes ist? Wenn ja, wie kam es dazu?

Ja, feministische Forderungen haben in Polen seit der Bewegung gegen das Abtreibungsverbot eine zentrale Rolle gespielt – zunächst 2016/2017 und dann 2020/2021. Proteste fanden im ganzen Land statt, in 400 Städten und sogar in kleinen ländlichen Ortschaften. An den größten Protesten in Warschau nahmen Berichten zufolge mehr als 100.000 Menschen teil. Es war eine Volksbewegung, die unseren politischen Horizont verändert hat.

[...] Der Zugang zu Abtreibung hat einen offensichtlichen Klassenaspekt: Frauen aus der Arbeiter*innenklasse haben weniger Zugang zu legalen Abtreibungen oder können es sich nicht leisten, für eine Abtreibung ins Ausland zu reisen, und sie haben nur begrenzten Zugang zu dem Wissen, wie sie zu Hause Pillen für eine Abtreibung bekommen können, und sie werden nicht viel Unterstützung erhalten, wenn sie ein behindertes Kind zur Welt bringen. Die meisten sozialen Kämpfe danach in Polen bezogen sich auf die Praxis und die Forderungen dieser Bewegung. [...]

Zweitens ist die Situation auf dem Arbeitsmarkt alles andere als zufriedenstellend und hat Auswirkungen darauf, wie sich Frauen aus der Arbeiter*innenklasse ihre Zukunft und ihre Mutterschaft vorstellen. Während der Proteste stellten viele Frauen sich die Frage: Wie soll ich ein Kind großziehen, wenn ich einen befristeten Vertrag habe? Du kannst nicht in den Urlaub fahren oder dich krankschreiben lassen, wenn du krank bist oder wenn dein Kind krank ist und du für den Zugang zu medizinischer Versorgung bezahlen musst. Arbeitsverträge werden einfach nicht verlängert, wenn du schwanger wirst. Es gibt keine Zukunft für dich.

Die Frauenbewegung und die feministische Agenda – auch wenn sie nicht zu einer Gesetzesänderung führten – erschütterten die politische Szene, schwächten die rechtsgerichtete Regierung und zwangen die Opposition, sich eindeutig auf die Seite der Frauen zu stellen. Sie zwangen auch viele soziale Organisationen, das Gleiche zu tun und ähnliche Erklärungen zur Unterstützung der Rechte der Frauen abzugeben. Darüber hinaus brachten sie eine ganze Generation junger, aktiver, engagierter Frauen hervor, die heute (wie Meinungsumfragen zeigen) eindeutig für fortschrittliche Werte eintreten, einschließlich der Unterstützung von Gewerkschaften, sozialem Aktivismus und den Bewegungen für Klimagerechtigkeit.

Hat die Aktionsform des Streiks dazu beigetragen?

Die Bewegung mobilisierte unter dem Slogan ›Frauenstreik‹. Der Zugang zum Schwangerschaftsabbruch wurde als Teil der sozialen und wirtschaftlichen Rechte betrachtet, die den Frauen vorenthalten werden. Deshalb war das Wort »Streik« so wichtig, als Ablehnung der Arbeit von Frauen unter diesen Bedingungen. Der Slogan »Frauenstreik« bezog sich direkt auf den Streik als ein Instrument aus dem Repertoire der Arbeiter*innenbewegung, das als eine kollektive Form der Arbeitsverweigerung angesehen wird, anders als eine Demonstration oder ein Marsch.

Seine tatsächliche Form hatte jedoch nichts mit einem gesetzlich anerkannten Streik zu tun. In Polen ist das Streikrecht sehr eingeschränkt. Die Bewegung war nicht in der Lage, formell einen Streik durchzuführen, geschweige denn einen Generalstreik oder eine Kombination von Straßenprotesten und Arbeitsstreiks. Ein unverzichtbares Element des Streiks sind die Arbeitnehmer*innen, die kollektiv ihre Arbeit niederlegen und wirtschaftlichen Druck auf die Arbeitgeber*innen ausüben.

[…] Aufgrund von gesetzlichen Regelungen sind Streiks aus politischen Gründen oder Generalstreiks für wirtschaftliche Rechte in Polen nicht möglich. Auch kann es bei einem Streik nur um die Arbeitsbedingungen und Löhne am eigenen Arbeitsplatz gehen. […] Streiks, die die Anforderungen nicht erfüllen, werden als illegal eingestuft – ihre Organisator*innen werden straf- und zivilrechtlich zur Verantwortung gezogen und die Teilnehmenden können von ihren Arbeitgeber*innen disziplinarisch belangt werden, was auch eine Entlassung einschließen kann.

[…] Darüber hinaus sind Solidaritätsstreiks im Zusammenhang mit Frauenstreiks etwa zum Thema reproduktive Rechte in Polen illegal. Das bedeutet, dass Arbeiter*innen und Fabrikarbeiter*innen einen legalen Streik am Arbeitsplatz nicht als Instrument nutzen können, um Frauen auf der Straße zu unterstützen, ohne sich auf ihren jeweiligen Arbeitsplatz zu beziehen. [...]

Aus all diesen Gründen haben einige von uns, Mitglieder der *Socjalny Kongres Kobiet* – sozialer Frauenkongress – und der Gewerkschaft *Inicjatywa Pracownicza*, in den Jahren 2020/2021 mit der Organisation »Frauenstreik« zusammengearbeitet, die während der Bewegung gegründet wurde, um die während der Proteste erhobenen Forderungen zu sammeln und weiterzuentwickeln. Wir haben ein Papier darüber erstellt, wie das Streikgesetz in Polen geändert werden sollte, damit es von den Frauen der Arbeiter*innenklasse in Polen effektiver genutzt werden kann. [...]

Da Frauen aus der Arbeiter*innenklasse nur ein begrenztes Streikrecht haben, müssen sie, um ihre kollektive Arbeit, einschließlich der Hausarbeit, niederzulegen, ihren Urlaub nutzen, eine Krankheit vortäuschen oder Blut spenden (dann haben sie Anspruch auf einen freien Tag). Nur so war es vielen von uns möglich, an Massenmobilisierungen[G] teilzunehmen, oder wir mussten nach der Arbeit protestieren, was in keiner Weise die wirtschaftlichen Interessen unserer Chefs verletzte.

Deutet ihr die Aktionsform des Streiks als einen zentralen Baustein auf dem Weg zu einer anderen und besseren Gesellschaft? Wenn ja, wie kamt ihr zu dem Beschluss?

Der Streik trifft, anders als der Protest auf der Straße, das Herz der kapitalistischen Maschinerie, nämlich das Streben nach Profit. Er richtet sich gegen die wirtschaftlichen Interessen derjenigen, die uns täglich ausbeuten. Indem wir uns in der Produktionssphäre organisieren und nicht nach der Arbeit (womit wir Aktivismus als Hobby behandeln), in direkter Verbindung mit dem Ort, an dem wir die meiste Zeit verbringen, sind unsere Bewegungen nicht von unserer täglichen Erfahrung der Ausbeutung entfremdet. Es ist also ein mächtiges Instrument, das wir anstreben sollten. Durch den wirtschaftlichen Druck, der durch den Streik ausgeübt wird, können die Arbeitgeber*innen (sei es der Staat oder das Privatkapital) gezwungen werden, die Forderungen der Arbeitnehmer*innen zu akzeptieren. Der Streik bringt also konkrete, greifbare Vorteile für die arbeitenden Menschen, aber er ist auch eine Schule für kollektives Handeln, Widerstand und die Infragestellung der Machtverhältnisse und Hierarchien, auf denen die moderne kapitalistische Gesellschaft beruht.

[...] Gleichzeitig dürfen wir nicht vergessen, dass wir den Streik nicht als Selbstzweck betrachten – er ist wichtig, solange er den Menschen der Arbeiter*innenklasse greifbare Vorteile bringt und zu einem Instrument für soziale Veränderungen wird.

Abgesehen vom Streiken gegen das Patriarchat als abstraktes Herrschaftsverhältnis[G], was sind eure konkreten Forderungen?

Wir sind seit mehreren Jahren an der Organisation des Socjalny Kongres Kobiet beteiligt. Der vierte Kongress in diesem Jahr fand vom 10. bis 12. März 2023 in Lodz statt. Es nahmen 150 Personen teil, hauptsächlich Mitglieder von Basisgewerkschaften und Mieter*innenbewegungen. Der Kongress beschloss 21 Forderungen, unter anderem folgende:

1. Mehr Subventionen für die Bereiche öffentliche Pflege, Gesundheit sowie Kultur und Bildung, die auch höhere Löhne bringen müssen;
2. Entwicklung von Betreuungseinrichtungen und neuen Betreuungsmodellen für Kinder und ältere Menschen;
3. Umsetzung der Forderungen der Gewerkschaft der Hausangestellten aus Warschau;
4. Verkürzung der Arbeitszeit ohne Lohnkürzung;
5. Stabilität der Beschäftigungsverhältnisse;
6. Abschaffung von unbezahlten Praktikumsplätzen und Lehrstellen;
7. Einführung des Menstruationsurlaubs;
8. allgemeine Rente mindestens in Höhe des Mindestlohns;
9. Stärkung des Einflusses der Gewerkschaften auf die Löhne, die Arbeitsorganisation und die Arbeitsbedingungen;
10. das Streikrecht – Änderung des Gesetzes über kollektive Konflikte;
11. echter Schutz für aktive Gewerkschafter*innen und Durchsetzung strafrechtlicher Sanktionen bei Behinderung von Gewerkschaftsaktivitäten;
12. gleicher Elternurlaub für Männer und Frauen, der mit 100 % des Gehalts beider Elternteile bezahlt wird;
13. Aufklärung über Arbeits-, Mieter*innen- und Gewerkschaftsrechte in Schulen.

Welche Bedeutung hat der 8. März[G] in Bezug auf Streik für euch?

In Polen war der 8. März in den letzten 20 Jahren eine Zeit der von der Frauenbewegung organisierten Straßenproteste, meist in den größten Städten. Doch trotz der massiven Mobilisierungen während der ›Frauenstreik‹-Bewegung wurden die 8. März-Demonstrationen der letzten Jahre immer kleiner, bis es in diesem Jahr in Warschau nicht einmal mehr eine große Demonstration gab und in anderen Städten nur rein symbolische Veranstaltungen stattfanden. Wir stehen erst am Anfang der Analyse der Gründe dafür: Sicherlich spielt die Erschöpfung vieler feministischer Aktivist*innen eine Rolle, aber auch die Unfähigkeit der feministischen Bewegung, die breite Mobilisierung der Frauen zu nutzen, um die feministische Agenda zu stärken. Ein Mal im Jahr am 8. März zu demonstrieren, führt nicht zum Aufbau einer sozialen Bewegung.

Dennoch haben wir beschlossen, unseren Kongress zu diesem Zeitpunkt abzuhalten – wegen seiner symbolischen Bedeutung. In der gegenwärtigen Situation in Polen, in der wir nicht zu einem legalen Streik von Arbeitnehmer*innen aus verschiedenen Betrieben aufrufen können, halten wir einen echten Streik an einem einzigen Tag am 8. März für unmöglich.

Wir in Deutschland stehen noch ganz am Anfang der Streikorganisierung, was waren bei euch die ersten Schritte dazu?

Viele von uns arbeiten tagtäglich daran, eine Streikdynamik aufzubauen, indem sie sich an ihren Arbeitsplätzen organisieren, in Arbeitskämpfe[G] mit den Arbeitgeber*innen eintreten und Streikreferenden[25] abhalten. Ein feministischer Streik ist definitiv ein Streik in feminisierten Sektoren, in denen die Löhne und die Arbeitsbedingungen systematisch schlechter sind. [...] Wir müssen in diesen Sektoren präsent sein. Unterstützt Erzieher*innen, Sozialarbeiter*innen, Kindergärtner*innen und Tagesmütter, Pflegeheime, Krankenschwestern und so weiter. Wir müssen nicht viel von Grund auf neu erfinden, sondern Arbeiter*innen und Aktivist*innen unterstützen, die bereits vor Ort sind – Interviews führen, Arbeiter*innen befragen, Unterstützung leisten, Transparente malen, Streikgelder bereitstellen, die Koordination mit Arbeiter*innen aus ähnlichen Sektoren oder mit Arbeiter*innen, die sich in denselben Sektoren im Ausland or-

25 Streikreferenden sind Abstimmungen der Arbeitenden darüber, ob ein Streik stattfinden soll oder nicht.

ganisieren, verbessern. Wir müssen lernen, Arbeitskämpfe (in der Sphäre der Produktion) mit Mietstreiks (in der Sphäre der Reproduktion[G]) zu verbinden. [...]

Viele von uns, die am ›Frauenstreik‹ teilgenommen haben (der kein Streik war, wie wir bereits beschrieben haben), sind auch davon überzeugt, dass es wichtig ist, für die Liberalisierung des Streikrechts selbst zu kämpfen. Tatsächlich wurde das restriktive Streikrecht in Polen Anfang der 90er Jahre eingeführt, zur gleichen Zeit, als das strenge Abtreibungsgesetz eingeführt wurde – die kapitalistische Transformation bedeutete, sowohl die Arbeiter*innen als auch die Frauen zum Schweigen zu bringen, ihnen die Mittel zu entziehen und sie zu befrieden. Daher ist das Gesetz relevant. Leider schränkt uns der gesetzliche Rahmen ein und veranlasst uns, zu protestieren, indem wir vorgeben, krank zu sein, oder unseren Urlaub zu nehmen, anstatt zu streiken. [...] Wir brauchen auch eine europäische Bewegung für Streikfreiheit, um die Frauen dort zu unterstützen, wo das Gesetz strenger ist – die Trennung ist oft zwischen West- und Osteuropa. [...]

Ist unbezahlte Arbeit[G] ein Thema bei euch? Überlegt ihr, wie diese bestreikt werden kann? Was sind eure Strategien dafür?

Dies ist ein sehr wichtiger Aspekt für uns. Die Produktivität der Wirtschaft hat weiter zugenommen, aber die Arbeitszeit (sowohl in der Produktion als auch in der Reproduktion) ist gleich geblieben. Außerdem müssen wir oft Überstunden machen, um unseren Lebensunterhalt zu bestreiten. Das Einkommen von Müttern ist oft niedriger, zum Beispiel weil sie zeitweise die Pflege für ein krankes Kind übernehmen müssen. Durch die dreifache Belastung ist der Krankenstand bei berufstätigen Frauen statistisch gesehen höher als bei Männern: durch die gleichzeitige Belastung durch die Kindererziehung, die Erschöpfung durch die Erwerbsarbeit und die Aufgaben im Haushalt, einschließlich der Pflege älterer Menschen.

Wir fordern eine Verkürzung der Wochenarbeitszeit auf 32 Stunden ohne jegliche Lohnkürzung. Dies würde es uns ermöglichen, nicht über unsere Möglichkeiten zu arbeiten, und würde uns Zeit geben, die Pflegearbeit so zu erledigen, wie wir es möchten. Zudem würde es eine gerechtere Verteilung der Hausarbeit zwischen Frauen und Männern ermöglichen. Wir sind überzeugt, dass eine kürzere Arbeitszeit vor allem Frauen zugutekommen würde.

Der fehlende Zugang zu Kinderkrippen und Kindergärten führt zur Reproduktion sozialer Ungleichheit und zur Schwächung der Macht der Frauen im Berufsleben (denn sie sind in der Regel diejenigen, die die Betreuung übernehmen). Dies ist ein besonders schmerzliches Problem für Alleinerziehende, die sich keine privaten Betreuungspersonen leisten können. In Polen ging nach der politischen und wirtschaftlichen Umgestaltung zwischen 1990 und 2003 die Zahl der Kindergärten um 33 % und die der Krippen um 72 % zurück. Derzeit werden ungefähr 11 % der Kinder unter drei Jahren in Kinderkrippen (einschließlich privater), in Kindertagesstätten und in Kinderclubs betreut. Ende 2016 waren Betreuungseinrichtungen, d.h. Kinderkrippen, Kinderclubs und Kindertagesstätten, nur in 29 % aller Gemeinden in Polen vorhanden. [...]

Wir sind uns also alle einig, dass wir weniger arbeiten müssen, dass wir mehr Freizeit brauchen und dass wir Betreuungseinrichtungen brauchen, die uns bei der Aufklärungsarbeit helfen!

Was können wir von den Streiks bei euch vor Ort lernen, was wollt ihr uns mitgeben?

Die Frauen in Polen streiken schon seit Langem auf ihre Weise – sie bekommen keine Kinder. Wir haben eine der niedrigsten Geburtenraten in Europa. Dieser ›Geburtenstreik‹, die Verweigerung von Geburten, ist entscheidend und ein Anstoß für Veränderungen. Das hat bereits zur Einführung des Erstlingsgeldes in Polen geführt, was das Leben der Eltern erleichtert hat.

Der ›Frauenstreik‹ ist ein guter Mobilisierungsslogan, um unserer Wut Ausdruck zu verleihen und den wirtschaftlichen Hintergrund zu verdeutlichen. Der Streik ist eine Form des Drucks von Arbeitnehmer*innen, in diesem Fall Frauen, die sich weigern, auferlegte Pflichten zu erfüllen. [...] Es ist sehr wichtig, dass die Frauenbewegung die Idee des Streiks nutzt. Er ist ein mächtiges Instrument. Dies unterscheidet die Bewegung der Frauen aus der Arbeiter*innenklasse auch von der Bewegung, die von der liberalen Elite, einschließlich der liberalen Feminist*innen, geführt wird, deren Hauptziel die Machtergreifung ist.

Wir sehen, dass Frauen aus der Arbeiter*innenklasse nur einen geringen Einfluss auf das politische Leben und die bestehenden Gesetze haben und dass die Beteiligung von Frauen aus der Arbeiter*innenklasse in wichtigen politischen Entscheidungsgremien sehr begrenzt ist. Der

Grund dafür ist ihre wirtschaftliche Position. Es kann jedoch keinen wirksamen politischen Kampf geben, wenn er nicht in der sozialen Basis verankert ist und aus ihr erwächst. Die wirtschaftliche Unabhängigkeit der Frauen ist hier das zentrale Thema. Dafür kämpfen die Frauen schon seit Langem. Historisch betrachtet war das System eher bereit, in politischen (z. B. Wahlrecht) oder sogar rechtlichen Fragen nachzugeben als in wirtschaftlichen Fragen. Und deshalb waren die politischen Errungenschaften nicht nachhaltig, wofür die Situation der Frauen in Polen heute ein Paradebeispiel ist.

Gleichzeitig geht es nicht nur um Lohnunterschiede zwischen Männern und Frauen. Sie sind lediglich ein statistischer Ausdruck eines komplexeren Phänomens, nämlich der Segmentierung des Arbeitsmarktes. Frauen arbeiten nicht nur in schlechter bezahlten Sektoren, sondern auch in Sektoren, die als weniger prestigeträchtig gelten (und das auch immer weniger werden). Es handelt sich auch um Sektoren und Arbeitsplätze, die in der Struktur der wirtschaftlichen Machtverteilung untergeordnet sind. Die wirtschaftlichen Forderungen müssen zu den wichtigsten Forderungen der feministischen Bewegung werden. Der Frauenstreik muss zu einem Sozial- und Arbeitsstreik werden, um auf Dauer erfolgreich zu sein.

Deshalb organisieren wir uns in unseren Gewerkschaften und Mieter*innengewerkschaften, um unsere Verhandlungsmacht zu stärken, denn uns ist klar, dass wir höhere Löhne verdienen, aber wir sagen auch, dass wir kürzere Arbeitszeiten und weniger Druck haben wollen. Die Erzieher*innen sprechen davon, dass es zu viele Kinder in ihren Gruppen gibt, und die Arbeiter*innen in den Amazon-Lagern wiederholen, dass die Produktivitätsziele zu hoch sind. Wir müssen auf verschiedene Weise handeln: Wenn wir bei der Kommunalverwaltung angestellt sind, müssen wir Druck auf die lokalen Behörden ausüben, indem wir Streikposten bei Stadtratssitzungen aufstellen, Koalitionen mit anderen Beschäftigten des öffentlichen Dienstes und mit denjenigen, die unsere Dienstleistungen in Anspruch nehmen (Eltern, lokale Nachbarschaften und so weiter), bilden. An den Arbeitsplätzen müssen wir in Arbeitskonflikte eintreten, Streikabstimmungen und Streikposten organisieren, starke, unabhängige Basisgewerkschaften[G] und Arbeitsschutzausschüsse aufbauen, transnationale Bündnisse bilden und Zweigstellen auf lokaler Ebene vernetzen.

Wir wollen über gemeinsame Erfahrungen und unsere Bedürfnisse sprechen: darüber, wie wir uns vor der Arbeit schützen können, die unser

Leben in einen Albtraum verwandelt, vor hohen Preisen, die uns zwingen, noch härter zu arbeiten, vor Politiker*innen und Chefs, die unsere Bedürfnisse ignorieren. Wir fordern Lohnerhöhungen und sichere Arbeitsplätze, egal ob wir in einer Fabrik, einer Kultureinrichtung, einer Gärtnerei oder auf einem Markt arbeiten. Wir fordern, dass wir für die Arbeit, die wir in unseren eigenen Haushalten umsonst leisten müssen, bezahlt werden. Wir fordern eine Verkürzung des Arbeitstages, was mehr Freizeit für uns und unsere Lieben bedeutet. Wir träumen von einem Ende der Zwangsräumungen und einem allgemeinen Zugang zu Wohnraum, in dem wir im Winter nicht frieren müssen. Vom Ausbau von öffentlichen Einrichtungen, von Betreuungseinrichtungen für Kinder und ältere Menschen. Es ist höchste Zeit, sich dafür zu organisieren!

Sara Cufré – Argentinien

*Für Argentinien hat Sara Cufré unsere Fragen beantwortet. Sie lebt in Argentinien, war aktive Gewerkschafterin in der Gewerkschaft des öffentlichen Sektors und ist heute noch in verschiedenen Arbeiter*innen- und feministischen Bewegungen aktiv. Beispielsweise war sie an der Organisation der Streiks um den 8. März 2018 beteiligt. Heute arbeitet sie in der Rosa Luxemburg Stiftung. Die feministische Bewegung in Argentinien ist in den deutschen Medien durch ihre feministischen Massenstreiks[G] in den letzten Jahren und die »Ni Una Menos«-Bewegung[G], mit dem Symbol des grünen Halstuchs, berühmt geworden.*

Abgesehen vom Streiken gegen das Patriarchat als abstraktes Herrschaftsverhältnis[G], was sind eure konkreten Forderungen?

Bevor ich zu meiner Antwort komme, halte ich es für wichtig zu sagen, dass ich nicht von den Forderungen des Feminismus in Argentinien als einer einzigen Bewegung, Organisation oder einem sozialen Phänomen sprechen kann. Stattdessen halte ich es für besser, von Feminismen im Plural zu sprechen. Dies bringt meiner Meinung nach die Vielfalt und Komplexität dessen, was wir als feministische Bewegung in Argentinien bezeichnen können, besser zum Ausdruck.

Ich glaube also, dass es eine Vielzahl von Forderungen und Zielen im Kampf der verschiedenen Organisationen, Identitäten und Netzwerke gibt, aus denen sich diese Feminismen zusammensetzen. Aus meiner Sicht gibt es jedoch einige Punkte, bei denen heute eine grobe Übereinkunft herrscht, wenn auch nicht in ihrer Gesamtheit, nicht mit der gleichen Priorität und nicht mit den gleichen konkreten Forderungen.

Diese Punkte lassen sich wie folgt zusammenfassen: An erster Stelle steht meines Erachtens die Bekämpfung der patriarchalen Gewalt, denn die (Trans*[G])Feminizide[G] und Travestizide[G] müssen dringend beendet werden. Die Zahlen sind immer noch extrem hoch, und selbst die bisher erkämpften politischen Maßnahmen und die verbesserte Rechtsprechung reichen nicht aus.

Zweitens wird aufgrund der wirtschaftlichen Situation, die durch die COVID-19-Krise auch noch verschärft wurde, die Forderung nach der Anerkennung unbezahlter Arbeit von Frauen in Gemeinschaftsküchen/Küfas[G] immer lauter. In diesem Zusammenhang gibt es meiner Meinung nach eine allgemeinere Forderung, die ungleiche Verteilung von Care-Arbeit[G] (ich bevorzuge den Begriff Reproduktionsarbeit, aber Care-Arbeit ist verbreiteter) zwischen den Geschlechtern und die damit verbundenen Disparitäten sichtbar zu machen. Ich denke, dass die Debatte um Care-Arbeit immer weiter ins öffentliche Bewusstsein rückt, unter anderem auch, weil Akteur*innen wie die Gewerkschaften sich mit ihr befassen und sie Teil ihrer Agenda geworden ist.

Eine weitere grundlegende Forderung ist die Sichtbarmachung des strukturellen Rassismus und seiner vielfältigen Erscheinungsformen. Auch hier sehe ich die Notwendigkeit, dass wir *weiße* Feminist*innen eine kritischere Rolle einnehmen als bisher, indem wir uns erstens mit unseren Privilegien auseinandersetzen und zweitens konkrete antirassistische Maßnahmen in unseren Organisationen, an unseren Arbeitsplätzen und in unserer Militanz[G] ergreifen. Wir können nicht weiterhin so tun, ›als gäbe es sie [Privilegien, Anm. der Herausgeber*innen] nicht‹.

Viertens, die Umsetzung der Travesti-Trans-Quote[26] in staatlichen Organen, die vor fast zwei Jahren beschlossen wurde, bisher aber nicht effektiv umgesetzt wird.

Dann noch die Forderung, die Trennung von Staat und Kirche weiter voranzutreiben. Dies mag nicht für alle feministischen Gruppen und Organisationen eine Priorität sein, aber diese Forderung wird mit den Diskussionen über die Gesetzgebung zur legalen Abtreibung stark zusammengedacht.

Wir in Deutschland stehen noch ganz am Anfang der Streikorganisierung, was waren bei euch die ersten Schritte dazu?

Der Streik an sich war die Reaktion auf unseren absoluten Überdruss mit der patriarchalen Gewalt. Es war unsere Art zu sagen: Es reicht! Er war eine direkte Reaktion auf den Feminizid[G] an Lucía Pérez, einer Jugendlichen, die in der Stadt Mar del Plata brutal ermordet wurde und deren Fall durch die Medien ging, mit allen Details der ihr angetanen Gewalt.

26 Die Travesti-Trans-Quote wurde im Juni 2021 in Argentinien eingeführt und besagt, dass in allen öffentlichen Stellen ein Prozent der Arbeitsplätze für trans* Menschen zur Verfügung stehen soll. Auch private Unternehmen erhalten finanzielle Anreize, wenn sie trans* Menschen anstellen. Travesti ist eine Selbstbezeichnung von Personen, die sich weigern, sich eindeutig in die Kategorien »männlich« und »weiblich« einzufügen.

Das war im Oktober 2016, und im März des folgenden Jahres war der Streik dann Teil der Strategie des 8. März[G] (8M). Der 8M war schon immer ein Tag der Mobilisierung, an dem viele verschiedene Organisationen, Gruppierungen und Kollektive ihre Forderungen auf die Straße bringen, aber von diesem Moment an, glaube ich, wurde die Idee des Streiks immer zentraler. Der Slogan »Wenn unsere Leben nichts wert sind, produziert doch ohne uns« wurde zum Politikum und gab dem, was zunächst eher als Reaktion gedacht war, Sinn, Richtung und Schlagkraft.

Ich denke, dass wir in den Schritten, die diesen Streik zu einer politischen Aktion werden ließen, ›konkrete‹ Schritte erkennen können, in dem Sinne, dass der Entscheidungsprozess zwischen verschiedenen Organisationen nachvollziehbar wird. Aber was ich betonen möchte, ist, dass dem ein wichtiger Schritt vorausging, und zwar der gesamte Weg der Organisierung[G] und Militanz des Feminismus, der eine sehr lange Geschichte hat. Um zu verstehen, wie wir zu dem Moment gekommen sind, in dem wir sagten: »Wir werden einen feministischen Streik durchführen«, müssen wir berücksichtigen, dass es einen ganzen vorangegangenen Weg des Kampfes und der Organisation des Feminismus (genau genommen: der Feminismen) gibt, der es möglich gemacht hat, diese Aktionsform zu artikulieren.

Für mich war die Erfahrung, die wir durch die ›Encuentros‹ gesammelt haben, der Schlüssel dazu. Die ›Encuentros‹ sind feministische Treffen auf nationaler Ebene, die in Argentinien seit 1986 jährlich organisiert werden: Das ›Encuentro Nacional de Mujeres‹ wurde 2022 – nach einem ziemlich konfliktreichen Prozess – in ›Encuentros Plurinacionales de Mujeres, Lesbianas, Trans, Travestis, Bisexuales, Intersexuales y No Binaries‹ (Plurinationales Treffen von Frauen, Lesben, Trans*, Travestis, Bisexuellen, Intersexuellen und Nichtbinären) umbenannt und bietet eine langjährige Erfahrung der kollektiven Organisation. Hier konnten die präsenten Feminismen, also wir als verschiedene feministische Strömungen, lernen, Aktionen zu planen, Entscheidungen zu treffen und Netzwerke zu knüpfen, was meines Erachtens grundlegend dafür war, dass die feministische Bewegung immer weiter wachsen, ab 2015 zur Massenbewegung werden und dann in den feministischen Streik münden konnte.

Es ist zudem auch wichtig, den Kontext zu kennen, in dem diese Entwicklung hin zu einer Massenbewegung stattfand. Im Jahr 2015 kam eine rechte Regierung an die Macht, deren Politik die wirtschaftliche Ungleichheit im Land weiter verstärkte, was ab Dezember desselben Jahres zu Demonstrationen, Streiks und Protesten und einem zunehmenden gesellschaftlichen Konfliktpotenzial im Allgemeinen führte. Ich halte es für wichtig, dies hervorzuheben, weil ich glaube, dass es keine ›Schritte‹ gibt, die losgelöst von den sozialen, politischen und wirtschaftlichen Bedingungen betrachtet werden können. Mit anderen Worten, es gibt keine ›Schritte‹, die sich nicht aus dem ›Boden‹ ergeben, auf dem man sich bewegt. Aus diesem Grund bin ich vorhin auf die Geschichte der Organisation in den Versammlungen eingegangen, die natürlich nicht die einzige ist. Denn in Argentinien gibt es eine starke Tradition von Kämpfen der Arbeiterbewegung und der Menschenrechtsbewegung, in denen sich auch die feministische Militanz geformt hat.

Diese Sicht entstammt meiner Erfahrung als Gewerkschaftsaktivistin. Wenn ein (erfolgreicher) Streik in einem einzelnen Betrieb schon einiges an Vorbereitung erfordert, weil Dialog und Diskussionen mit den Kolleg*innen und Genoss*innen nötig ist und gegeben sein muss, dass die gewerkschaftliche Organisation oder zumindest die Wahl der Gewerkschaftsdelegierten Legitimität besitzt, wie kann dann ein feministischer Streik keine jahrelange Vorbereitung erfordern?

Was ich sagen möchte, ist: Wenn man darüber nachdenkt, welche Schritte für die Organisation eines feministischen Streiks notwendig sind, ist meiner Meinung nach das Wichtigste der Aufbau einer Massenbewegung.

Was können wir von den Streiks/Streikversuchen bei euch vor Ort lernen, was wollt ihr uns mitgeben?

Ich denke, die größte Erfahrung kollektiven Lernens sind die Fähigkeiten, die wir uns durch Vernetzungsarbeit angeeignet haben; die feministischen Versammlungen, die es uns ermöglicht haben, eine gemeinsame Basis für Forderungen bilden, zum Beispiel für die Organisation der nationalen Kampagne für legale, sichere und kostenlose Abtreibung, deren Symbol die grünen Halstücher sind. Das soll nicht heißen, dass alles rosig ist und dass diese Prozesse frei von Konflikten und politischen und ideologischen Auseinandersetzungen waren. Aber es scheint mir, dass die Fähigkeit zur Artikulation in Vielfalt ein Beitrag zum Lernen ist.

Das zweite ist die Kreativität, mit der wir es jedes Jahr und bei jeder Mobilisierung schaffen, unsere Agenda sichtbar zu machen. Besonders in den Jahren der parlamentarischen Debatte über die Abtreibung. Hier war das gemeinsame Symbol des grünen Halstuchs von grundlegender Bedeutung.

Denn es steht nicht nur für eine Forderung, sondern bei allen politischen und ideologischen Unterschieden, die ich mit anderen Feminist*innen haben mag, für etwas, das wir teilen. Wenn ich in einen Colectivo (so nennen wir Busse und Sammeltaxis) einstieg und ein anderes Mädchen mit einem grünen Tuch an ihrem Rucksack sah, wusste ich, dass wir Teil der gleichen Sache waren.

Gibt es etwas, das wir noch nicht gefragt haben, was ihr uns mitgeben wollt?

Ich möchte mich dafür bedanken, dass ihr mir Möglichkeit und Raum gebt, über die Kämpfe in meinem Land zu berichten. Wenn wir versuchen, anderen von einer Erfahrung zu erzählen, die sowohl persönlich als auch kollektiv ist, denkt man an viele Erfahrungen, an Demonstrationen, an Menschen, die man auf dem Weg getroffen hat, daran, wie ich war, als ich zu meinem ersten Frauentreffen ging, und wie ich jetzt bin. Es ist immer wieder spannend und aufregend, denn auch wenn wir wissen, dass es noch viel zu tun gibt, ist es doch auch wahr, dass wir viel getan haben. Und dass wir einige Veränderungen errungen haben, nicht immer so, wie wir es wollten, aber wir haben sie errungen. Und das ist genau das, was wir tun und was wir als Feminist*innen wollen: Wir wollen die Welt verändern.

Ich wollte auch noch einige Informationsquellen über Argentinien mit euch teilen, die ihr vielleicht schon kennt, die aber, falls nicht, für eure Arbeit oder für die kommenden Diskussionen nützlich sein könnten und die einige der Verweise in meinen Antworten besser kontextualisieren.

Die Beobachtungsstelle *Ahora Que Si Nos Ven* führt das (inoffizielle) Register der Femizide[G]. Ihr könnt ihre Website besuchen, aber ich empfehle euch vor allem ihren Instagram-Account. In Argentinien nutzen wir dieses soziale Netzwerk generell sehr häufig, um Informationen zu verbreiten.

Die neuesten Daten besagen, dass 21 Femizide nur für den Monat Januar 2023 registriert wurden. Das heißt, ein Femizid alle 35 Stunden. Im gesamten Jahr 2022 waren es 249.

Im Kampf für einen legalen Schwangerschaftsabbruch hat sich ein Netzwerk gebildet, die *Nationale Kampagne für einen legalen, sicheren und kostenlosen Schwangerschaftsabbruch*, die wir gewöhnlich als ›die Kampagne‹ bezeichnen. Vor der Verabschiedung des Gesetzes spielte die genannte Kampagne eine Schlüsselrolle bei der Gewährleistung des Zugangs zu Schwangerschaftsabbrüchen, ebenso wie die *Socorristas en Red* (Anlaufstelle im Netz zur Unterstützung bei Schwangerschaftsabbrüchen) und das *Red de Profesionales por el Derecho a Decidir* (Netzwerk von Fachleuten für das Recht auf Entscheidung).

Ana Mahmudi – Iran

Wir führten das Interview mit Ana Mahmudi, Kurdin aus der Stadt Saqqez im Iran, eine sehr kleine Stadt in Kurdistan, in der sich viele Menschen untereinander kennen. Aufgrund ihres politischen Engagements zu Frauenrechten und Feminismus wurde sie verfolgt und musste den Iran leider verlassen. Sie ist seit 2019 in Deutschland, studiert derzeit Soziale Arbeit und ist weiterhin politisch als eine linke Queer-Feministin aktiv. Seit September 2022 erleben die Menschen im Iran eine erneute Revolution, in der die Belange der Frauen im Vordergrund stehen.

Würdest du sagen, dass der Feminismus das Hauptkampffeld in den politischen Auseinandersetzungen deines Landes ist? Wenn ja, wie kam es dazu? Hat eine bestimmte Aktionsform dazu beigetragen?

Diese Frage würde ich mit Sicherheit mit Ja beantworten. Ich komme aus dem kurdischen Teil des Irans, in dem die Frauenbewegung eine der wichtigsten und lebendigsten Bewegungen des Landes ist.

Nach der Machtübernahme von Khomeini nach der Revolution im Jahr 1979 waren Frauen die erste und die mutigste Gruppe beziehungsweise Bewegung, die zum 8. März (kurz nach der Machtübernahme) gegen das islamische Regime und gegen Zwangsverschleierung auf die Straße gegangen ist. Ihre Slogans waren: »Wir haben nicht revolutioniert, um Rückschritte zu machen«, »Freiheit ist weder westlich noch östlich, sie ist universell«. Dies waren die ersten klaren Aussagen und Proteste von Frauen gegen die Unterdrückung der Frau und gegen die Zwangsverschleierung, welche Frauen von einem islamisch-patriarchalen Staat aufgezwungen wurde. Allerdings war das auch der Beginn eines Krieges und die Erklärung einer unversöhnlichen Feindschaft zwischen Frauen und der Islamischen Republik. Von dieser Zeit an erkannte die Islamische Republik, wer die radikalsten Gegner ihres Regimes sind. Genau deswegen setzt die Islamische Republik seit 44 Jahren all ihre Kraft, Macht, Waffen, Gewalt (auch in Form von beispielsweise Säureattacken), Sittenpolizei und Repressionswerkzeuge in den Dienst, Frauen zu unterdrücken und zum Schweigen zu bringen. Etwas, das nie gelungen ist und auch nie gelingen wird. Im Gegenteil, die Frauen sind wütender, rebellischer und radikaler geworden als je zuvor.

Wir können das jüngste Beispiel der Frauenbewegung in der *Jin-Jiyan-Azadi*[G]-Revolution sehen, nachdem die junge kurdische Frau Jina Amini

Opfer eines staatlichen Femizids[G] geworden ist.[27] Die *Jin-Jiyan-Azadî*-Bewegung ist eine revolutionäre Bewegung, deren Forderungen zum ersten Mal in der Geschichte des Irans und auch des Nahen Ostens konkrete feministische Forderungen sind. Also eine Revolution, die sich klar gegen die Unterdrückung von Frauen richtet. Damit möchte ich sagen, dass Feminismus und Frauenbewegung immer von vornherein ein Hauptkampffeld im Iran waren und auch immer noch sind. Aber gerade durch die *Jin-Jiyan-Azadî*-Bewegung nochmal in eine wichtigere Phase gekommen sind.

Der Kampf gegen Zwangsverschleierung war und ist noch immer ein zentraler Kampf der feministischen Bewegung des Iran. Durch die Zwangsverschleierung setzt die Islamische Republik nicht nur die Hälfte der Gesellschaft, nicht nur die Frauen unter Druck, sondern die ganze Gesellschaft. Für das iranische Regime war klar, dass sie die ganze Gesellschaft unter Kontrolle haben, wenn sie die Frauen und deren Körper unter Kontrolle haben. Denn wie Simone de Beauvoir sagte, der klügste Weg, die Gesellschaft zu beherrschen, besteht darin, die Frauen jener Gesellschaft zu demütigen und einzuschränken.

Welche Bedeutung hat der 8. März in eurer feministischen Arbeit? Und wie gestaltet ihr ihn? Findet ihr es sinnvoll, daran festzuhalten?

Der 8. März hat eine sehr große Bedeutung im Iran. Am 8. März 1979 (kurz nachdem Khomeini an die Macht kam) gingen Frauen im Iran massenhaft gegen die Zwangsverschleierung auf dem Arbeitsplatz (erst galt die Zwangsverschleierung nur für Arbeiter*innen) [...] auf die Straße. Es war eine der bedeutsamsten Demonstrationen der Frauenbewegung im Iran. Tausende Frauen legten ihre Arbeit nieder und riefen die Parolen »Die Freiheit der Frau ist der Maßstab einer freien Gesellschaft«, »Wir haben nicht revolutioniert, um Rückschritte zu machen« und »Freiheit ist weder westlich noch östlich, sie ist universell«.

Seitdem hat der 8. März im Iran eine große Bedeutung und der Tag ist zu einem Symbol für den Widerstand gegen den Staat und patriarchalische Unterdrückung geworden. Ein Symbol gegen die Islamische Republik und deren frauenfeindliche Gesetze.

27 Jina Mahsa Amini starb am 16.09.2022 infolge der Schläge, die sie von der iranischen Sittenpolizei bekam wegen eines angeblichen Verstoßes gegen das staatliche Verschleierungsgesetzes.

Außerdem hat der 8. März[G] im kurdischen Teil des Irans noch einen besonderen Hintergrund, da dort viele Aktivist*innen der linken Szene, trotz zahlreicher Festnahmen und staatlicher Gewalt, jedes Jahr zu diesem Tag verschiedene kämpferische Aktionen organisieren, um auf die Lage der Frau aufmerksam zu machen. Dort wird, aufgrund der Brutalität des iranischen Regimes in Bezug auf die Verfolgung von politischen Aktivist*innen und vor allem linken Aktivist*innen, der 8. März auf unterschiedliche Arten und Weisen gefeiert. Je nachdem, wie es gerade am besten geht. Beispielsweise in kleinen Gruppen oder in Form eines Vortrages außerhalb der Stadt, der Verteilung von Flyern und eventuell in Form eines Protestes.

Trotzdem ist der 8. März meiner Meinung nach immer noch weit von einem feministischen Streik entfernt. Das hat unterschiedliche Gründe, auf die ich hier nicht weiter eingehen möchte, da es ein sehr breites Thema ist.

Trotzdem halte ich es für sinnvoll, daran festzuhalten, denn der 8. März stellt im Iran und auch im kurdischen Teil des Landes ein äußerst wichtiges Symbol, für den Widerstand der Frauen gegen das Regime und gegen patriarchalische Unterdrückung, dar. Vor allem die aktuelle *Jin-Jiyan-Azadî*-Bewegung hat die Wichtigkeit dieses Tages noch verstärkt, da Frauen und deren feministische Forderungen von einem großen Teil der Gesellschaft mehr anerkannt werden. Durch diese Bewegung haben vor allem auch die cis[G] Männer endlich mal kapiert, dass es keine freie Gesellschaft geben kann, solange Frauen nicht frei und gleichberechtigt sind.

Nilüfer Koç – Kurdistan

Nilüfer Koç, geboren 1976 in Nordkurdistan, lebt in Südkurdistan, Rojava und Deutschland. Sie ist Mitglied des Exekutivrats und Sprecherin der Kommission für Außenbeziehungen des Kurdischen Nationalkongresses. Auf internationaler Ebene kämpft sie für das Recht auf Selbstbestimmung des kurdischen Volkes und für eine aktive und autonome[G] *Beteiligung von Frauen an der Gesellschaft und Politik. In diesem Buch berichtet sie über die kurdische Frauenbewegung in Deutschland und ihr Verhältnis zum feministischen Streik hier und auch in Kurdistan.*

Hat der feministische Streik für die kurdische Bewegung einen hohen Stellenwert? Was erschwert einen feministischen Streik?

In einigen Bundesländern beteiligen sich kurdische Frauen an den Frauenstreiks. Die kurdische Frauenbewegung in der Schweiz ist maßgeblich daran beteiligt, aber das ganze Thema hat sich bei den Kurdinnen in Deutschland nicht so ganz durchgesetzt. Die Probleme von den Kurdinnen und Kurden (in Deutschland) hat einen direkten Bezug zu dem Krieg in ihrem Heimatland, also in Kurdistan, und die meisten Aktionen, die die kurdischen Frauen machen, haben immer eine Doppelfunktion.

Ein wesentlicher Grund, warum sich Frauen intensiver gegen politische Unterdrückung durch das türkische, iranische oder auch das syrische Regime ausdrücken, ist die ethnische Säuberung, welche immer zwei Dimensionen hat. Einmal ist es der Feminizid[G], also spezielle Kriegsführung gegen Frauen, und dann natürlich das Problem des Genozids[G]. Die Kurdinnen und Kurden haben keine gesicherte Zukunft, dadurch, dass sie als Volk nicht anerkannt sind.

Im Bezug auf Feminizid geht man gegen spezielle Kriegsführung vor. Zum Beispiel hatten wir zuletzt systematische Feminizide in 2014 im August gegen die jezidischen Kurdinnen im Şengal[28], als der IS da angegriffen hat, und später auch in Rojava. Vor allen Dingen ist es so, dass in den letzten Jahren der Feminizid auch eine weitgehende Bedeutung auch für die türkische Staatspolitik bekommen hat: nicht nur dadurch, dass Frauen körperlich eliminiert wurden, sondern auch durch Festnahmen. Die meisten Insass*innen in den Gefängnissen sind Frauen. Alle Errungenschaften

28 Şengal ist eine Stadt im Nordirak, beziehungsweise in Kurdistan (Anm. der Herausgeber*innen).

der kurdischen Frauenbewegung in dem türkischen Teil Kurdistans wurden kaputtgemacht. So und dann auch noch die Instrumentalisierung des Islams durch das Erdoğanregime. Das hat auch Auswirkungen auf das Leben der Kurdinnen und Kurden in Europa.

Welchen Stellenwert hat der feministische Streik für die kurdische Bewegung ganz spezifisch hier in Deutschland?

Auch in Deutschland, durch die ganzen Moscheen, die unter Erdoğans Macht stehen, wird die Hausfrauisierung von Frauen propagiert, was auch zum Teil einen Einfluss auf die Kurdinnen und Kurden hat, da sie mehrheitlich Muslime sind. Die Instrumentalisierung des Islams sowohl durch den Iran als auch durch die Türkei ist natürlich ein Problem: ein Feld, was eigentlich den Feminizid[G] legitimiert, durch patriarchal-ideologische Hintergründe. Gerade wird das sehr intensiv gegen Kurdinnen auch im Iran benutzt, weil nach dem Slogan »Jin Jian Azadî« die kurdische Frauenbewegung eine führende Rolle in der sozialen Umsetzung oder in der sozialen Revolution im Iran selbst spielt. Daher werden diese Instrumente sehr stark gegen Kurdinnen benutzt, weil die kurdische Frauenbewegung sehr organisiert und in ihrer Zielsetzung sehr klar ist.

Das heißt, der Grund, warum die Kurdinnen und Kurden weniger Interesse an diesen Streiks haben, hat damit zu tun, dass sie zuallererst einen Überlebenskampf führen. Es geht darum, den Kampf so weit zu führen, dass die Kurdinnen und Kurden anerkannt werden als Volk, damit niemand nach Lust und Laune weder Feminizide noch Genozide machen kann. Natürlich beeinflussen die Lohnreduzierung, sexuelle Gewalt am Arbeitsplatz und so weiter auch Kurdinnen in Deutschland, weil sie zusätzlich noch Migrantinnen sind. Sie sind natürlich doppelter Belastung ausgesetzt im Vergleich zu normalen Biodeutschen. Aber gegen diese wird erstmal nicht so stark gekämpft. Weil der Fokus in Kurdistan liegt – weniger in Deutschland. Allerdings gibt es immer mehr aus der jüngeren Generation der Kurdinnen in Deutschland, die sich auch an Aktionen in Deutschland beteiligen. Für die Verbesserung der Lebensverhältnisse, gegen sexualisierte Gewalt am Arbeitsplatz, gegen die Erhöhung des Rentenalters für Frauen. Vor allen Dingen bessere Arbeitszeiten für Frauen und Familienschutz. Das sind Themen, die die Kurdinnen natürlich interessieren, allerdings nicht in derselben Priorität wie für Biodeutsche, denn die Frauen in Deutschland müssen nicht um das Existenzrecht als Deutsche kämpfen. Das ist das eine.

Zum anderen würde ich sagen, in Bezug auf die kurdische Frauenbewegung, es gibt einen gravierenden Paradigmenunterschied zwischen den Leitführungen der Frauenstreiks und der kurdischen Frauenbewegung. Und zwar kann ich dazu sagen, dass die kurdische Frauenbewegung den Staat selbst als Ursache des Problems sieht, also den Staat als höchste Form des Patriarchalismus betrachtet, also eine organisierte Form des Patriarchalismus.

Was ist deine Definition von Streik?

Auf Forderungen an den Staat oder seine Strukturen der kapitalistischen Moderne zu setzen, das ist weniger eine Kampfphilosophie. Der Staat wird permanent kritisiert und auch verbal angegriffen, also mit theoretischer Reflexion natürlich. Vielmehr wird Gewicht darauf gelegt, alternative Lebensumstände und Lebensbereiche für Frauen zu entwickeln, damit sie einen radikalen Bruch haben mit Patriarchalismus und all seinen organisierten Formen. Die kurdische Frauenbewegung steht in einem Bruch mit der Macht. Man spricht von der Scheidung von der Macht. Und Symbol der Macht in jedem Land ist der Staat mit seinen Regierungsformen, mit seinem Militär und so weiter. Die kurdische Frauenbewegung sagt hier, wir haben keine Erwartungen an diese und deswegen stellen wir auch keine Forderungen. Verweigerung, was eigentlich Streik bedeutet, heißt, selbst was aufbauen. Wenn wir nicht zufrieden sind mit den Lebensumständen, gegen die wir kämpfen, ob das in Form von Streiks oder anderen Formen ist, ist es wichtig, dem Staat zu signalisieren, dass man sich dem nicht beugt.

Aber was geschieht, wenn der Staat plötzlich die Löhne erhöht? Bessere Umstände schafft? Mehr Kindergärten schafft? Oder nach der ILO-Konvention von 1990 sexualisierte Gewalt am Arbeitsplatz verringert und dafür bessere Kontrollmechanismen einsetzt? Würden die Streiks dann aufhören, würde es eine andere Form der Ausbeutung, der Diskriminierung von Frauen geben.

Daher ist die kurdische Frauenbewegung viel radikaler, geht in die Tiefe der Sache und sagt, dass das System eine lange Geschichte von 5.000 Jahren hat und eines systematisch organisierten, lang-strategischen, langfristigen gemeinsamen Kampfes bedarf. Sie spricht nicht von dem individualisierten Kampf, sondern vom Zusammenschluss von allen. Das heißt, dass Frauen zu bestimmten Themenfeldern oder Problemfeldern, die der Kapitalismus produziert, gemeinsam kämpfen. Das heißt, es gibt heute Frauen, die gegen Ökozid kämpfen, Frauen, die gegen Feminizide[G] kämpfen, Frauen, die gegen Genozide kämpfen, und Frauen, die gegen Ausbeutung in der Arbeitswelt kämpfen. Frauen, die gegen die Kluft zwischen Reich und Arm kämpfen. In der Politik, in der Kunstliteratur, in allen Bereichen sind Frauen aktiv. Allerdings geht die Frauenbewegung davon aus, es müssen sich alle organisieren. [...] Diese einzelnen Gruppen sollten sich in einem Zusammenschluss, das heißt unter einem Dach, zusammen durch freie Wahlen zusammenschließen. Das ist der Grundtenor des Kampfes der kurdischen Frauenbewegung.

Welche Bedeutung hat der 8. März[G] in eurer feministischen Arbeit? Wie gestaltet ihr ihn? Findet ihr es sinnvoll, daran festzuhalten?

Der 8. März hat nach wie vor eine herausragende Rolle bei der kurdischen Frauenbewegung. Alle wichtigen Gründungen von Kongressen, Konferenzen oder von neuen Bewegungen, Parteien, Dachverbänden werden immer am 8. März deklariert. Und das ist ein Teil der globalen Verantwortung, in der sich die kurdische Frauenbewegung als ein Teil der gesamten Weltfrauenbewegung sieht. Der Tag ist eine Kontinuität von den Frauen, die durch ihren Kampf den 8. März ermöglicht haben. Das heißt, sie haben das Erbe weitergeführt von den Frauen in den USA, die mit dieser Idee des 8. März kamen und die dann durch Clara Zetkin auf der Zweiten Fraueninternationale thematisiert und beschlossen worden ist. Dieser Tag wird als eine Fortsetzung ihres Kampfes verstanden, deswegen hat der 8. März eine große symbolische Bedeutung.

Im Vergleich mit Clara Zetkins Rede oder der Begründung der Anerkennung des 8. März gibt es Unterschiede, auch im Paradigmenbereich. Clara Zetkin war ja eine sehr überzeugte marxistisch-leninistische Ideologin. Und da sagt die Frauenbewegung, der Marxismus-Leninismus war ziemlich patriarchal geprägt, basierte eigentlich auch auf Macht. Macht der Partei, der Macht des Mannes, der Macht des Staates. Und Staat, Partei, Macht ist dasselbe – eigentlich ein Haupthindernisgrund für die Freiheit der Frauen. Und Clara Zetkin hat immer vom Proletariat[G], der Beteiligung der Frauen gesprochen. Es hat aber weniger eine, sagen wir, kritische Auseinandersetzung mit dem Leninismus stattgefunden. Anders als Rosa Luxemburg, die war da viel weitgehender in ihrer Forderung nach mehr Demokratie auch in den sozialistischen Strukturen. Und diese Ansicht teilt auch die kurdische Frauenbewegung, also als Zeichen des Sozialismus, als Zeichen für die

Befreiung der Frauen: je mehr Demokratie, umso mehr Sozialismus, nicht umgekehrt. Da gehen die Wege ein bisschen auseinander. Und sie [die kurdische Frauenbewegung] neigt mehr dazu, die These und Theorie von Rosa Luxemburg aufzunehmen, und zwar ihre Idee der Autonomien, auch wenn das Rosa Luxemburg auf ethnische Gruppierungen wie Polen oder Russen bezogen hat. Aber diese Grundidee, Autonomien zu errichten, da ist die kurdische Frauenbewegung näher an Rosa Luxemburg als an Clara Zetkin.

In Kurdistan ist der 8. März immer das Ereignis des Jahres. Man sagt, der Kalender der Frauen beginnt am 8. März. Das heißt, er ist fest verankert, und das ist ja der internationalistische Ansatz der kurdischen Frauenbewegung. Denn sie übernimmt auch das Erbe von ihren Vorgängerinnen, allerdings mit der kurdischen Interpretation. Die kurdische Frauenbewegung konnte sich zu einer großen Massenbewegung entwickeln, weil sie sowohl die Erfolge als auch die Schwierigkeiten von ihren Vorgängerinnen hinterfragt und analysiert hat und diese mit der Geschichte der Frauen in Kurdistan und dem Mittleren Osten in einer Gesamtheit zu verstehen versucht hat. Geschichtswissen ist daher ein essenzieller Bestandteil des akademischen sowie politisch-gesellschaftlichen Kampfes.

Deutest du die Aktionsform des Streiks als einen zentralen Baustein auf dem Weg zu einer anderen und besseren Gesellschaft?

Also ich denke, der Frauenstreik in Deutschland ist natürlich wichtig, um dem Staat und dem Kapital[G] zu zeigen, dass wir uns dem Markttrend nicht beugen. Klar zu zeigen, dass wir dem Staat den Gehorsam verweigern, finde ich revolutionär. Denn alles, was der Staat monopolisiert hat, ist durch unseren Kampf und unsere Arbeit erschaffen. Der Staat sollte lediglich die Aufgabe haben, alle Errungenschaften gerecht zu verwalten. Aber da der Staat wie üblich die Interessen des Kapitals als Priorität setzt, werden wir benachteiligt. In der Geschichte in Deutschland und Europa, aber auch in den USA, gibt es ja ein großartiges Erbe der Frauenstreiks in der Form der Massenbewegung. Dass der Staat sich durch das Kapital vereinnahmen lässt und uns an den Rand des Systems treibt, sollten wir selbstverständlich nicht hinnehmen. Daher sind die Streiks wichtig. Was heute in Deutschland bei den Frauenorganisationen ein Mangel ist, ist die Zersplitterung. Es wäre wichtig, Frauen in allen Berufsfeldern mit ins Boot zu holen. Also mehr Zusammenschlüsse, Netzwerke bilden, gemeinsame Prinzipien definieren, an die sich jeder hält. Hier liegt sowohl das Problem als auch die Lösung. Also kollektiv zu agieren wäre wichtig. Sich organisieren ist wichtig. Allein oder als kleine Gruppe wird es schwierig sein, gegen den großen Apparat vorzugehen.

Für kollektives Handeln ist natürlich die Überwindung des absoluten Individualismus erforderlich. Das Kollektiv und der Individualismus müssen in das optimale Gleichgewicht gebracht werden. Dafür ist natürlich ein Demokratieverständnis wichtig. Das heißt manchmal: »Alle für einen und einer für alle.« Denn das Problem ist, dass die starke Überindividualisierung Organisierung verhindert. Das optimale Gleichgewicht zwischen Kollektiv und Individualismus oder aber auch Vielfalt kann durch einen gemeinsam beschlossenen Pakt der Prinzipien ermöglicht werden. Aus der Geschichte der Frauenbewegung in Deutschland kann man vieles lernen. Der Streit zwischen bürgerlichen[G] und proletarischen Frauen oder zwischen marxistischen Feministinnen und den liberalen Feministinnen kann für uns heute sehr lehrreich sein. In diesem liegt die Spaltung der Frauengeschichte. Dabei geht die Geschichtsauffassung der kurdischen Frauenbewegung davon aus, dass die Frauen keine Klasse haben, sondern selbst eine Klasse sind. Denn sowohl der Marxismus als auch die Liberalen finden sich wieder in Punkto Macht. »Alle Macht dem Proletariat« zeigt, dass es auch beim Marxismus um das Erringen der Macht geht, der grundlegenden Ideologie des Patriarchalismus. Wie Lenin und Engels glaubte auch Clara Zetkin, dass die Befreiung der Frauen durch die Vergesellschaftung der Frauenarbeit und nicht durch eine grundlegende Änderung des patriarchalischen Systems erreicht werden könne. Clara Zetkin, die die Emanzipation der Frauen nur mit der Klassenemanzipation in Verbindung brachte, fasste ihren Standpunkt zur ›Frauenfrage‹ jedoch mit den Worten zusammen: »Die Emanzipation der Frau wird, wie die Emanzipation der gesamten Menschheit, nur durch die Befreiung der Arbeit vom Joch des Kapitals erreicht werden.« Diese Erfahrungen der Geschichte ist für uns Frauen heute wichtig, die sich als links definieren. Auch wenn die Worte ›Ideologie‹, ›Marxismus‹, ›Clara Zetkin‹ und so weiter wenig erwähnt werden, so stellt diese mangelhafte Auffassung die Grundlage der heutigen Probleme der Frauenbewegungen dar. Untersucht man das Heutige tiefgreifender, wird man sehen, dass diese Auffassung noch heute vorhanden ist.

Genau um diesen Fehldefinitionen zu entgehen, ist die kurdische Frauenbewegung dem Vorschlag von dem kurdischen Denker Abdullah Öcalan gefolgt, eine eigene Frauenwissenschaft zu entwickeln, die der gesamten Geschichte des Patriarchalismus auf den Grund geht. Seit 2006 wird daher

Jineologie (›jin‹ bedeutet ›Frau‹ im Kurdischen), die Wissenschaft der Frauen entwickelt. Heute verfügt die Jineologie über zahlreiche Akademien und andere Institutionen, in denen sie das versteckte Patriarchat im 21. Jahrhundert findet.

Jineologie ist die radikale Wissenschaft, die die Ursache der heutigen Probleme der Menschheit über die Geschichte der Frauenunterdrückung erforscht. In diesem Zusammenhang geht sie auch auf die gewaltige Zerstörung des ökologischen Gleichgewichts ein, als dessen Konsequenz wir heute mit der Klimafrage, Abholzung von Wäldern und so weiter konfrontiert sind. Jineologie sieht den Ursprung der heutigen Problemfelder in einer Ungerechtigkeit, die einst vor Tausenden von Jahren begonnen hat und dadurch, dass sie Tausende Formen angenommenen hat, verdeckt ist. Daher ist ihre Grunddevise wie folgt: »Ohne die Beziehung zwischen Männern und Frauen zu verstehen, kann kein soziales Problem angemessen verstanden oder analysiert werden.«

Sozialer Frieden und ein freies Leben können nicht verwirklicht werden, wenn die Beziehungen zwischen den Geschlechtern, denen in sozialen Problemen eine Schlüsselrolle zukommt, nicht von ihrem eigentumsorientierten, sexistischen, machtorientierten und ausbeuterischen Charakter befreit werden. Denn die erste Saat des Bösen in der Struktur, die die Menschheit seit Tausenden von Jahren in die Zerstörung, den Krieg und die rücksichtslose Ausbeutung geführt hat, wurde auf diesem Boden gesät und dann in alle gesellschaftlichen Strukturen aufgenommen. Aus diesem Grund ist der erste Bereich, den es zu analysieren gilt, die Frage der Beziehungen zwischen den Geschlechtern.

Dieses Bewusstsein hat in Kurdistan dazu geführt, dass jede Befreiung aus der Befreiung der Frauen hervorgeht. Ob das jetzt in Rojava ist oder in anderen Teilen Kurdistans: Frauen sind überall in allen Strukturen autonom organisiert. Denn das Patriarchat ist in all unsere Lebensbereiche in den Tausenden von Jahren eingesickert. Daher ist ein Kampf überall notwendig, um sich als Frauen befreien zu können. Losgelöst von anderen Problemfeldern wird eine dauerhafte Freiheit kaum möglich sein. Frauen kämpfen in gemischten Strukturen gemeinsam mit Männern, aber zugleich auch gegen sie. Ihre autonome Organisierung ist der Bereich der Ausrüstung, Analyse und Planung, um gegen das Patriarchat neue Alternativen zu entwickeln. Das heißt im Klartext: Es handelt sich beim Freiheitskampf um zwei Parallelstrukturen. Jede Frau, die in gemischten Strukturen kämpft, ist zugleich Mitglied in einer autonom organisierten Frauenorganisation. So zum Beispiel sind Frauen in politischen Parteien organisiert, gleichzeitig aber sind diese Frauen auch in einer parallelen Frauenorganisation aktiv, die diese politische Partei unter die Lupe nimmt und hier den Kampf gegen den Patriarchalismus in der politischen Partei bekämpft. Ich persönlich finde diese Form des Freiheitskampfes faszinierend. Alle Frauen der autonom organsierten Frauenstrukturen sind dann in Form von Netzwerken organisiert. Dort kommen Frauen aus politischen Parteien, Umweltorganisationen, Medien, Frauenhäusern, Frauendörfern, Kommunen, Kooperativen, Kultur und Kunst einmal im Jahr zusammen und analysieren ihren Kampf durch Erfahrungsaustausch, Kritik und Selbstkritik.

Diese Netzwerke und autonomen Organisierungen haben sehr lose Hierarchien, das heißt positive Hierarchien. Mit diesen positiven Hierarchien kann ein Gebilde mit mehreren hundert Komponenten besser koordiniert werden, um doppelte Arbeit zu verhindern.

In Deutschland gibt es sehr viele Frauen, die hinsichtlich verschiedener Problemfelder arbeiten. In der Klimabewegung, gegen Arbeitslosigkeit, gegen Militarismus, gegen Ausländerfeindlichkeit und so weiter. Viele Frauen sind auch in der Politik. Das finde ich sehr wichtig. Es braucht aber auch einen autonomen Zusammenschluss dieser Frauen.

Habt ihr in eurer Arbeit in Deutschland Kontakt zu Gewerkschaften oder gewerkschaftsähnlichen Organisationen?

Leider sehr wenig. Es sind zwar Kurdinnen und Kurden in den Gewerkschaften organisiert, aber es ist mehr individuell. Es sind mehr kurdische Männer, weniger die Frauen. Kurdische Frauen in Deutschland der ersten und zweiten Generation arbeiten meistens in Reinigungsfirmen, in der Gastronomie und so weiter. Die dritte und vierte Generation allerdings ist mehr integriert in verschiedenen Berufsfeldern. Soweit ich einschätzen kann, gibt es mehr Kurden bei ver.di.

Allerdings sind Kurdinnen in der Türkei bei den Gewerkschaften sehr aktiv und organisiert. Also im türkischen Teil Kurdistans, da sind auch Frauen sehr in den Gewerkschaften organisiert.

Ist unbezahlte Arbeit ein Thema bei euch?

Die kurdische Frauenorganisation YJK-E in Deutschland bemüht sich seit Jahren darum, kooperative Arbeitsräume für Kurdinnen aufzubauen, um der Ausbeutung durch Billigarbeit etwas entgegenzusetzen. Allerdings hapert es meistens an finanziellen Ressourcen und dem Know-how. Vielleicht können ja Frauen, die sich in diesem Thema auskennen, auch den Kurdinnen behilflich sein. Unbezahlte Arbeit im kurdischen Kontext verstehe ich als Arbeit von Frauen, die in den Häusern verrichtet wird. Hier interveniert die kurdische Frauenbewegung, um die Hausfrauisierung zu bekämpfen: durch Seminare, Bildungsprojekte, Aufrufe zur Beteiligung an politischen Demonstrationen, Kampagnen auf den Straßen, um die Frauen aus dem Haus zu bringen und zu zeigen, dass es eine andere Welt gibt als »das Heim, die Kinder, den Ehemann«. Es geht darum, den Frauen zu zeigen, dass sie sich selbst in erster Linie gehören und im Heim nicht das Proletariat sind.

Gibt es Punkte, die wir nicht gefragt haben, die du uns gerne noch mitgeben möchtest?

Ich glaube fest daran, dass so, wie das 19. Jahrhundert das Jahrhundert der bürgerlichen Parteien und das 20. Jahrhundert das Jahrhundert der Arbeiterparteien war, wird das 21. Jahrhundert das Jahrhundert der Freiheit der Frauen sein. Die zunehmenden Kriege, wie der Krieg gegen die Ukraine, die zunehmenden Umweltzerstörungen, die hochgepriesene künstliche Intelligenz, die Konkurrenzkriege bezüglich der Macht zwischen den Nationalstaaten (EU, USA, China, Russland und so weiter), die Verarmung der Frauen, die steigende Zahl der Feminizide zeigen nichts Gutes für unsere Zukunft. Und ich glaube fest an die historische Analyse, dass das Böse seine Ursache im Patriarchalismus hat, welcher heute als globaler Kapitalismus bezeichnet wird. Daher stimme ich der kurdischen Frauenbewegung zu, dass das 21. Jahrhundert das Jahrhundert der Frauen sein wird. Weder Realsozialismus noch Kapitalismus haben uns als Frauen wahrgenommen, sondern uns für ihre Ideologien instrumentalisiert.

Auch lehne ich die neuen Trends des Pink- und Greenwashings ab. Diese versuchen, uns hinzuhalten, laden uns zu Kompromissen ein, lösen aber die steigenden Probleme nicht. Auch halte ich die Bezeichnung der feministischen Außenpolitik für eine Ironie, die in Schweden gezeugt wurde und auch in Deutschland die Runde macht. Es reicht nicht, ein pinkfarbenes Kleid anzuziehen, während man Waffen an andere Länder verkauft, wie an die Türkei, die uns kurdische Frauen tötet.

Revolutionärer Aufbau Zürich, Frauenkampfstruktur – Schweiz – Patrizia und Cora[29]

In der Schweiz fanden vor der Covid-19-Pandemie seit 2019 mehrere Jahre in Folge massenhafte feministische Streiks statt. Die Beteiligung reichte merklich über die Grenzen der linken Bewegung hinaus und wurde dabei organisatorisch nicht nur von Gewerkschaften, sondern auch von vielen kleinen Zusammenhängen und autonomen Gruppen getragen. Ein wichtiger Pfeiler waren darüber hinaus natürlich langjährige kommunistische Organisationen, wie der Revolutionäre Aufbau Schweiz. *Wir haben mit den Genoss*innen aus der Frauenkampfstruktur des* Revolutionären Aufbaus Zürich *gesprochen.*

In der Schweiz gibt es historisch zwei unterschiedliche wichtige Daten für die feministische Bewegung: den 14. Juni und dann natürlich den internationalen 8. März[G]. Könnt ihr erzählen, was die Geschichte dieser Tage ist und was sie innerhalb der Bewegung bedeuten?

Patrizia: Also der 14. Juni hat seinen Ursprung vom Datum her darin, dass am 14. Juni 1981 der Gleichstellungsartikel in der Bundesverfassung der Schweiz ratifiziert wurde. Zehn Jahre später haben die Gewerkschaften und die Uhrenarbeiter*innen in der Westschweiz und in der französischen Schweiz – die sind ja schon immer ein bisschen kämpferischer gewesen – sich daran erinnert und festgestellt: »Zehn Jahre Gleichstellungsartikel und nichts passiert«. Und so haben sie dann diesen Tag 1991 als Streiktag ausgerufen. 1991 war dann ziemlich groß, sehr viele Frauen haben sich dem Streik angeschlossen. Und 2019 wurde der Tag dann eben erneut aufgegriffen, eigentlich das erste Mal seit 1991.

Cora: Schon damals [1991] haben sich die Gewerkschaften darauf eingelassen, als die Uhrenarbeiter*innen gesagt haben: »Uns reicht's!«. Die Gewerkschaften haben dann gesagt: »Okay, ihr habt recht, wir unterstützen euch«, was sie dann eben getan haben. Und dann sind wirklich eine halbe Million Menschen dabei gewesen. 2018 war es wiederum der Frauenkongress des Schweizerischen Gewerkschaftsbundes, der gefunden hat, dass nicht genug passiert ist für unsere Sache. Somit wurde der Frauenstreik wieder aufgegriffen. Im März hat dann eine große nationale Versammlung von 500 Frauen* stattgefunden, was quasi den großen Streik 2019 einge-

29 Die Namen der interviewten Personen wurden geändert.

läutet hat. Ursprünglich waren es immer die Gewerkschaften, auch wenn sie dann schlussendlich nicht die große Rolle gespielt haben. Am Tag selber waren es viele andere Gruppen und autonome Gruppen.

Patrizia: Ja, und es hat sich dann so ein bisschen verselbstständigt. Scheinbar existierte genug historisches Bewusstsein dafür, welche Bedeutung 1991 hatte. Die Bewegung breitete sich dann auch in den Betrieben aus, plötzlich war das so ein Gefühl von »Da machen wir mit«. Dieses Jahr, 2023, wird ja wieder groß mobilisiert und wir sind gespannt, was diesmal passiert. Eigentlich hatten wir viel Vorlauf, und trotzdem ist es irgendwie sehr langsam ins Rollen gekommen. Aber auch 2019 wusste niemand, welche krassen Dynamiken das annehmen würde – bis man etwa eine Woche vorher plötzlich gemerkt hat: »Krass, es sprechen alle davon.«

Cora: Wir sind überzeugt, dass 2019 auch eine Folge war von massiven Frauen*streiks am 8. März weltweit. Das war ja unglaublich, was in so vielen Ländern passiert ist. Das hatte dann so einen internationalistischen Effekt, der auch auf die Schweiz übergesprungen ist. An den Parolen, die über den ganzen Globus weitergetragen werden – Ni una menos[30], Jin-Jiyan-Aazadî[31]–, merkt man das internationalistische Verständnis, das im Feminismus vorherrscht. Dass alles etwas miteinander zu tun hat, das eine überträgt sich auf das andere.

Und dass die Gewerkschaften das aufgegriffen haben, geschah das auch unter diesem Eindruck von den Kämpfen weltweit?

Patrizia: Ich denke schon. Das war ja schon seit Jahren so, dass die ganzen feministischen Inhalte plötzlich sehr breit aufgegriffen wurden, mit Trump und #MeToo und dem ganzen konservativen Backlash haben feministische Themen plötzlich einen breiteren Boden gefunden. Deshalb waren die Gewerkschafter*innen dann vielleicht auch der Meinung, dass der richtige Moment gekommen war, in dieses Thema einzusteigen, weil es eben ein Thema war, das bewegte.

Wir hatten ja gesagt, wir möchten auch nochmal ein wenig über eure Grundlagen sprechen. Ihr habt in der Vergangenheit

30 Nicht eine weniger; Slogan des lateinamerikanischen Vierte-Welle-Feminismus in Abya Yala (Lateinamerika).

31 Frau, Leben, Freiheit; politischer Slogan der Arbeiter*innenpartei Kurdistans (ژن، ژیان، ئازادی)

verschiedene Begriffe verwendet, wie sprecht ihr eigentlich heute über den feministischen bzw. den Frauenstreik und was spielt das für eine Rolle?

Cora: [...] Wir haben natürlich auch gelernt von der aktuellen queeren Bewegung und sprechen selbst oft auch vom feministischen Streik. Aber wir wollen nicht nur von FLINTA*G sprechen, weil wir nicht nur innerhalb der ganz kleinen politischen Widerstandsbewegung verstanden werden wollen. Und darum gehen wir nach wie vor von einer realen Basis der geschlechtsspezifischen Arbeitsteilung aus und wollen das auch benennen, dass Frauen* diese Arbeiten machen und oft migrantische Frauen* die Care-Arbeiten machen – diese geschlechtsspezifische Arbeitsteilung, die eigentlich die Unterdrückung von Frauen* sowie das Subjekt proletarische Frau* ausmacht, müssen wir benennen können. Wenn wir es nicht mehr benennen können, dann werden wir einfach nicht mehr klar in unseren politischen Aussagen. Aber wir wollen die queere Bewegung natürlich einbeziehen und integrieren.

Und wie macht ihr das dann?

Patrizia: Unsere Rolle in Bündnissen besteht häufig darin, die Einheiten zu finden. Wir wollen eine Einheit in der Praxis, aber eine Vielfalt in den Positionen und auch der Propaganda. [...] Hier in Zürich hat historisch das Frauenbündnis 30 Jahre lang den 8. März organisiert. Natürlich befinden wir uns heute in anderen Zeiten. Seit 2017/18 ist die feministische Bewegung stark gewachsen und auch die queerfeministischen Positionen wurden viel stärker. Dann gab es ziemlich viele Widersprüche in diesem Bündnis rund um die ›Raumpolitik‹ (also wer auf der Demo willkommen ist und wer nicht) [...]. Und so wurde diese Raumpolitik mega wichtig, was für uns sehr schwierig war, denn unser Hauptanliegen war, dass sich die Bewegung nicht spaltet. Wir wollten ja eine feministische militante Demo machen.

Cora: Die Bündnispolitik war immer eine Stärke von uns, weil wir immer gesagt haben: »Hier ist unser Feind, ziehen wir doch am gleichen Strang und das, was uns trennt, das können alle selber so ausdrücken, wie sie es wollen.« [...]

Patrizia: Uns ist bei den Fragen, die ihr stellt, aufgefallen, dass ihr immer von einem feministischen Kollektiv oder Standpunkt aus Fragen stellt. Unsere praktische Einheit ist hingegen eher die Gesamtorganisation. Es ist natürlich ein Prozess, dass wir innerhalb der Organisation eine Einheit in diesen Themen entwickeln, alle an diesen Diskussionen teilnehmen und sich weiterbilden. Das heißt, dass wir das, was wir machen, immer als Teil eines Gesamten anschauen, und es wichtig finden, dabei im Blick zu haben, dass wir nicht isoliert sind. [...]

Warum (und wann) versteht ihr massenhaften Streik als das richtige politische Mittel? Welche Rolle hat der Streik in einer langfristigen Strategie?

Patrizia: Ja, das ist gar nicht so leicht zu sagen. Man spricht immer vom feministischen Streik, aber in der Schweiz ist es eigentlich kein Streik und auch kein politischer Streik. Es handelt sich vielmehr um eine absolute Ausdehnung des Streikbegriffs. Diese Aneignung des Begriffs ist natürlich nicht ohne Grund passiert, sondern man wollte darauf aufmerksam machen, dass ein großer Teil der Arbeiten, von denen wir eigentlich sprechen, wenn wir vom feministischen Streik sprechen, gar nicht sichtbar sind und dass sie gar nicht in unserer Ökonomie vorkommen. Zugleich heißt das, dass es real nicht immer zu Betriebsstreiks oder auch zu Hausarbeitsstreiks kommt. Um so ein bisschen zu verhindern, dass eine romantische Vorstellung davon entsteht, was bei uns am feministischen Streiktag passiert: 1990 gab es tatsächlich noch mehr reale Streiksituationen, kurze Arbeitsniederlegungen zumindest. Mittlerweile ist es so, dass nur sehr kleine Arbeitsniederlegungen stattfinden, kleine Protestpausen. Zwar hat es schon sehr fest auch in den Betrieben stattgefunden 2019, aber eben mehr als Grundsteinlegung einer Organisierung, also zum Beispiel: Wir als Frauen oder feminisierte Personen treffen uns und besprechen, was unsere spezifische Situation in diesem Betrieb ist und wieso wir uns organisieren wollen. [...] Und solche kleinen Sachen, wie Transparente aufhängen, das ist flächendeckend extrem viele passiert und es waren erste Formen der Solidarität untereinander, was super ist. Aber dass Arbeit niedergelegt wurde und man das tatsächlich ökonomisch als Druckmittel verwenden konnte, das ist nicht passiert. [...]

Streik ist an sich ein wichtiges Mittel, um ökonomischen Druck zu erzeugen. Im Bereich der reproduktiven Arbeiten funktioniert das aber oft nicht so gut. Würdet ihr sagen, dass es trotzdem gut ist, am Streik als Mittel festzuhalten?

Patrizia: Ich würde sagen, [...] dass man, wenn man die Reproduktion bestreikt, eigentlich das Leben bestreikt und das ja nicht geht. Und dann wird umso klarer, wie wichtig diese Arbeit ist und dass sie einfach nicht sichtbar ist als Arbeit, oder überhaupt als solche verstanden wird. [...]

Cora: Und es ist ganz schade, dass das Pflegepersonal in der Schweiz diese Erfahrung nicht aufgegriffen hat von der Charité. Das Kräfteverhältnis hat sich total verändert, sie sind ja quasi nicht kündbar im Moment, weil so starker Personalmangel herrscht, das wäre der perfekte Moment, um wirklich zu streiken und zu kämpfen, um endlich, endlich bessere Arbeitsbedingungen in diesem Bereich durchzusetzen. Das ist jammerschade. Wir haben über zehn Jahre versucht, im Pflegebereich Kontakte zu schaffen, mit Interviews, verschiedensten Aktionen in Spitälern, Formularen und Flugblättern. Also wirklich, wir haben es versucht, aber es ist uns nicht gelungen. Damals gab es sogar eine Bewegung auch in der Schweiz. Und das gibt es heute gar nicht mehr. Aber ich bin gespannt, ob die Gewerkschaft dieses Jahr es schafft, im Pflegebereich etwas zu machen.

Hattet ihr an der Stelle mit Gewerkschaften zusammengearbeitet? Oder seid ihr einfach sozusagen von selbst in die Krankenhäuser?

Cora: Oft waren wir das selbst, denn wir haben auch Leute unter uns, die in diesen Bereichen arbeiten.

Patrizia: Ja, ja, das stimmt. Na ja, aber grundsätzlich ist unsere Arbeitsweise schon, dass wir nicht selber Arbeitskämpfe losreißen, sondern dass wir dort hingehen, wo schon etwas passiert. Natürlich haben wir Basisgruppen und zu den größeren Gewerkschaften Kontakte oder selber Leute dort drinnen. Und dann eben auch als Arbeiter*in ein eigenes Interesse daran, diesen Kampf zu führen. Aber das ist dann im Einzelnen eher Zufall, dass jetzt genau diese Personen dort in diesem Betrieb arbeitet.

In Deutschland ging den größeren Streikbewegungen in den Kliniken ja voraus, dass auch gezielt Organizer*innen in Krankenhäuser gegangen sind. Was haltet ihr davon? Ich frage, weil ihr gerade sagtet, dass ihr eher in Kämpfe reingeht, die sich organischer entwickeln?

Patrizia: Ich glaube nicht, dass es unser Anspruch ist, dass etwas organisch entsteht. Aber wir sind sicher nicht die Organisation, die irgendwie Organizer reinschickt. Weil wir schon auch eine Organisation sind, die nicht den Anspruch hat, so sehr die riesigen Massen anzusprechen. Ich meine, das können wir offensichtlich nicht und machen wir auch nicht. Sondern wir haben eigentlich den Anspruch, Menschen anzusprechen, die schon ein politisches Grundverständnis haben und die das selbst vertiefen möchten. Aber wenn Arbeitskämpfe auf so eine Art entstehen, ist das natürlich super, da haben wir nichts dagegen. Aber es gibt bei uns leider nicht so diese Organizer. Aber beim VPOD [Dienstleistungsgewerkschaft und öffentliche Angestellte] zum Beispiel wurde eine Stelle extra für den 14. Juni geschaffen. Also die machen das dann schon auch spezifisch für solche Momente.

Wie tretet ihr denn als kommunistische Gruppe eigentlich auf? Wie ist euer Verhältnis zu einer breiteren feministischen Bewegung? Und könnt ihr nochmal erläutern, was ihr unter der ›politischen Widerstandsbewegung‹ versteht?

Cora: Die politische Widerstandsbewegung mobilisiert vor allem zu Überbauthemen, nicht zu Arbeit, sondern mehr zu Repression[G], Häuser, Stadtentwicklung oder eben Feminismus. Und sie zeichnet sich dadurch aus, dass sie meistens eine Bruchposition zum bürgerlichen Staat und auch zum Kapital ausdrückt.

Patrizia: Das ist aber auch eine begrenztere Gruppe. Und dann gibt es einen riesigen Pool an Menschen, die jetzt aktuell bewegt sind, die teilnehmen an irgendwelchen Mobilisierungen, die sich ab und zu mal beteiligen an Bündnissen und so weiter, aber nicht extrem klar in ihren Positionen sind oder mit einer bestimmten Linie hineingehen. In diesem Teil der Bewegung gehen die Positionen dann auch eher in Richtung einer politischen Klassenanalyse oder einer feministischen Analyse auf Basis von gesellschaftlichen Verhältnissen. Die feministische Streikbewegung würden wir dort einordnen. Dort spielt dann der Arbeitskampf wieder eine größere Rolle. Viele Personen, die dort aktiv sind, haben sich auch aufgrund ihrer Lohnarbeitstätigkeiten[G] politisiert und drücken das dann auch aus. Gleichzeitig, würde ich sagen, ist die Streikbewegung noch klassenübergreifender in dem Sinne, als dass es nicht nur so radikale linke Gruppen und Einzelpersonen sind, die dort aktiv sind, sondern größere gesellschaftliche Einheiten entstehen. Das geht dann eben mehr in den Mainstream-Feminismus hinein. 2019 war daher einerseits ein starker Ausdruck eines Bewusstseins, dass man als arbeitende Person einen Kampf führen könnte und das auch so benennen sollte, und andererseits gab es aber irgendwie auch ganz viele von diesen Themen, die dann eher in Richtung liberaler Feminismus gehen – Themen wie die ›gläserne Decke‹ oder Positionen, die sich in Schildern mit der Aufschrift »Pussy« widerspiegeln. Das beides findet sich also in der Streikbewegung mehr als in der klassischen politischen Widerstandsbewegung.

Wie steht es denn aktuell um die feministische Streikbewegung in Zürich und in der Schweiz?

Patrizia: Ich denke, wir sind im Moment eigentlich nicht so wahnsinnig stark, aber wir gehen davon aus, dass wir sehr mobilisierungsfähig sind. [...] Also 2019 waren wir extrem viel mehr Personen, die aktiv waren und auch sehr viel vielfältiger. Dieser Optimismus, der ist eigentlich auch nicht mehr da. 2019 war ziemlich frappant, da war man wirklich sehr optimistisch und hat vorwärtsgearbeitet. Und jetzt ist es schon ein bisschen Dienst nach Vorschrift. [...] Es ist schwierig zu sagen, was passiert wäre, wenn es keine Pandemie gegeben hätte. Man hat sich aus den Augen verloren.

Cora: Ja, es ist ja auch international so gewesen, dass mit Corona die großen Streikorganisationen, die es über den Globus verteilt gegeben hat, fast ganz zerfallen sind. Es gibt schon noch ein paar Grüppchen in Abya Yala[G] (Lateinamerika), die sich gehalten haben, aber wieder einen großen Streik, das gab es nur in der Schweiz. [...]

Und wie ist euer Verhältnis zu den Gewerkschaften vor Ort?

Patrizia: Das Problem ist, dass in diesem Bereich der VPOD die zuständige Gewerkschaft ist. Der ist super schwach und die Mitglieder sind überhaupt nicht handlungsfähig – wobei die Gewerkschaftsführung in der Stadt Zürich sehr viel linker ist als ihre Basis[G]. Mit denen verstehen wir uns gut, mit denen stehen wir im direkten Kontakt – bei allem, was wir machen, küssen sie uns die Füße, weil sie es dann nicht tun müssen. Sie haben super wenige Mitglieder. Das heißt, die Funktionär*innen sind echt nicht das Problem, die allermeisten davon sind wirklich radikaler als ihre Basis. Die haben alle ein Burn-out, auch wenn sie keine zusätzlichen Dinge machen. [...] Also das Problem ist nicht die Gewerkschaft, die uns bremsen würde. Alles, was wir tun, ist ihnen recht. Das Problem ist, dass sie zu wenige sind. Am nächsten 14. Juni zum Beispiel versuchen sie in einem Kinderheim, eine Streikpause zu machen. Und die eine Funktionärin, die für das ganze Sozialwesen zuständig ist, wird damit voll ausgelastet sein.

Trotzdem, der Tag selbst wird lustig. Mobilisierungsfähig sind wir alle gemeinsam schon. Da gehen wir also davon aus, dass die Demo wieder sehr groß werden wird![32]

32 Es waren schließlich 120.000 Menschen, zum allergrößten Teil FLINTA*, die sich allein in Zürich am 14. Juni 2023 die Straßen nahmen und damit einen riesigen Mobilisierungserfolg erzielten (Anmerkung der Herausgeber*innen).

Simunye Women Workers Forum – Südafrika – Meme

Für das Interview in Südafrika sprachen wir mit Meme vom Simunye Women Workers Forum. *Sie arbeitet für das* Casual Workers Advice Office *(CWAO), in dessen Räumen sich das* Simunye Workers Forum[33] *trifft. Das Office wurde 2011 gegründet und bietet Beratung und Unterstützung für Arbeiter*innen, insbesondere für Gelegenheitsarbeiter*innen, Vertragsarbeiter*innen, Leiharbeiter*innen und andere prekär*[G] *Beschäftigte. Die Organisation entstand aus der Erkenntnis heraus, dass die traditionelle Arbeiter*innenbewegung unfähig oder nicht willens ist, die durch den Neoliberalismus*[G] *entstandenen neuen Arten von Arbeiter*innen zu organisieren. Deshalb legt das CWAO großen Wert darauf, dass prekär Beschäftigte beginnen, sich selbst zu organisieren. Das* Simunye Workers Forum *ist eine solche basisdemokratische Selbstorganisierung, das* Women Workers Forum *die dazugehörige Frauenorganisation. Südafrika ist gezeichnet von einer gewaltvollen Kolonial- und Apartheitsgeschichte. Auch wenn das Land heute eine der progressivsten Verfassungen der Welt hat, werden die Rechte von Frauen und Queers immer wieder missachtet. Es besteht eine subtile Trennung zwischen queeren Kämpfen, die sich eher in der Mittel- und Oberschicht abspielen, und der Arbeiter*innenbewegung. Der nationale Frauentag wird in Südafrika am 9. August gefeiert. An diesem Tag fanden im Jahr 1956 Protestmärsche zahlreicher Frauen statt, die gegen die Apartheid-Gesetze demonstrierten. Der 8. März*[G] *hat demgegenüber eine untergeordnete Bedeutung.*

Was sind die Forderungen deiner Organisation? Was sind eure Ziele? Was versuchst du in deinem Arbeitsalltag zu erreichen?

Okay, in meinem Arbeitsalltag ist es so, dass wir uns mit den Arbeiter*innen beraten. Die Arbeiter*innen kommen ins Büro und berichten über ihre Erfahrungen mit der Arbeit. Unsere Organisation berät die Arbeiter*innen in Bezug auf ihre Rechte und bietet Schulungen für prekär Beschäftigte an. Wir haben Arbeiter*innen organisiert, die durch Arbeitsvermittler*innen beschäftigt sind, diese Arbeiter*innen sind nicht gewerkschaftlich organisiert, sie sind schutzbedürftig, und da sie schutzbedürftig sind, brauchen sie jemanden, der sie unterstützt und sie über ihre Rechte aufklärt. Das ist es,

33 Freier Arbeiter*innen-Verband in Johannesburg mit dem Ziel, Solidarität und Einheit unter allen Arbeiter*innen an allen Arbeitsplätzen herzustellen.

was wir tun, und wir versuchen auch, die Arbeitnehmer*innen zu schulen und zu vertreten.

Und darf ich fragen, wie die Organisation finanziert wird? Zahlen die Leute, die sich beraten lassen, einen Mitgliedsbeitrag oder wie wird deine Arbeit bezahlt?

Nein, das tun sie nicht. Die Arbeiter*innen zahlen nicht, wir sind auf externe Fördergelder angewiesen. Unsere Gehälter werden von anderen Organisationen finanziert, die das ganze Büro finanzieren.

Anders ist das beim *Simunye Workers Forum*, das sind die Arbeiter*innen, die sich in unserem Bezirk treffen und sich über ihre Erfahrungen am Arbeitsplatz austauschen. Sie sind immer noch dabei, sich als *Simunye Workers Forum* zu registrieren, um eine Gewerkschaft zu werden. Als wir mit den Arbeiter*innen diskutierten, wollten sie keine normale Gewerkschaft gründen, in der man Beiträge zahlen muss. Aber wegen der Regeln des Arbeitsministeriums für die Registrierung als Gewerkschaft diskutierten sie dann, dass sie Beiträge zahlen würden, aber der Beitrag wäre sehr niedrig, 12,50 Rand pro Monat. Jetzt, wo wir noch dabei sind, uns registrieren zu lassen, ist das *Simunye Workers Forum* in der Tat noch in der Ausarbeitung. Aber als CWAO unterstützen wir die Arbeiter*innen in diesen rechtlichen Fragen, ohne dass sie uns dafür bezahlen müssten.

Wurde das *Simunye Workers Forum* von deiner Organisation, von der CWAO, ins Leben gerufen, oder ist es unabhängig und ihr habt ihnen nur den Raum gegeben, den Platz, um sich zu treffen?

Es ist unabhängig. Es handelt sich um eine Gruppe von Arbeiter*innen, die in verschiedenen Sektoren tätig sind. Sie haben angefangen, darüber zu sprechen, sich als eine Gewerkschaft registrieren zu lassen, weil wir als CWAO nicht das Recht haben, die Firmen zu betreten. Das ist für die Arbeiter*innen eine Herausforderung, wenn sie wollen, dass wir sie im Unternehmen unterstützen. Aber wenn *Simunye* als Gewerkschaft registriert werden kann, ist es einfacher, weil wir dann als *Simunye* kommen können, um diese Arbeiter*innen zu unterstützen.

Und du hast gesagt, dass du auch die Frauengruppe koordinierst, richtig? Ist das die Simunye-Frauengruppe?

Ja. Wir sitzen mit den Frauen in ihren Sitzungen und unterstützen sie. Vielleicht gehen wir zu einem bestimmten Unternehmen, in dem es ein Problem mit sexueller Belästigung gibt, als Kollektiv hin und helfen dann. Deshalb sage ich, dass ich auch diese Arbeit betreue.

Wie wird das Thema Geschlechtergerechtigkeit in eurer Arbeiter*innen-Organisation thematisiert?

Die Gleichstellung der Geschlechter ist immer noch eine Herausforderung, muss ich sagen. Es gibt Aktivist*innen, von denen man denkt, dass sie mehr Verständnis für die Geschlechterfrage und all das haben. Aber manchmal ist es ein bisschen schwierig, weil manche Männer sich nicht von Frauen sagen lassen wollen, was sie zu tun haben und so weiter. Es ist also immer noch ein Problem. Aber hier in meiner Organisation haben wir versucht, diese Probleme zu überwinden, weil die meisten unserer Aufgaben von Frauen kontrolliert werden. Wir werden tatsächlich an erste Stelle gestellt und die Arbeit von Frauen ist diejenige, die in dieser Organisation führend ist.

Und hast du das Gefühl, dass das Thema Frauenrechte insgesamt in den allgemeinen politischen Kämpfen Südafrikas stärker im Fokus stehen sollte und ein dominierendes Thema ist, sozusagen als Ganzes? Ist es etwas, von dem die Leute wissen, dass es wichtig ist, oder wird es eher von anderen Themen überschattet?

Ich denke, es wird überschattet. Auch wenn wir vielleicht sagen, dass wir als Frauen Rechte haben, bedeuten diese Rechte, wenn wir nicht für sie kämpfen, nichts für uns. Wir können darüber reden, dass wir vielleicht Rechte haben, aber wenn diese Rechte nicht ausgeübt werden, dann sind wir praktisch so gut wie nicht im Besitz dieser Rechte. Sie sind nur dazu da, um das Gesetzbuch schöner aussehen zu lassen. Also ja, ich habe immer noch das Gefühl, dass selbst in unserem Land die Rechte der Frauen nicht ernst genommen werden. Besonders in Anbetracht des herrschenden Geisteszustands, der Ideologie. Wir haben immer noch die geschlechtsspezifische Gewalt, sie ist hoch. Frauen und Kinder werden umgebracht. Es gibt Frauenrechte, aber wir haben sie nicht wirklich. Wir besitzen diese Rechte nicht.

Und was denkst du, wie man diese Themen weiter oben auf die Tagesordnung setzen kann?

Wir müssen uns als Frauen organisieren. Und die Schwierigkeit dabei besteht darin, dass Frauen am meisten mit Arbeitslosigkeit zu kämpfen haben und diejenigen, die arbeiten, jene Arbeiter*innen sind, die am verletzlichsten sind, sie bekommen die prekärsten Löhne und all das. Es ist also einfach schwierig. Aber eine direkte Antwort auf eure Frage ist, dass Frauen sich organisieren müssen.

Und wie erreicht man das? Wie kommen wir an den Punkt, dass Frauen tatsächlich das Gefühl haben: Okay, ich kann etwas an meiner Situation ändern?

Ich denke, wir sind in dieser Phase, in der wir als Frauen so verletzlich sind, dass die Rechte keine Rolle mehr spielen. Wir sind also an diesem Punkt. Erst wenn wir erkennen, dass wir Wert haben, dass wir wichtig sind, werden wir in einer besseren Position sein, um zu kämpfen. Aber im Moment haben die Frauen immer noch das Gefühl, dass sie nicht zählen.

Hat der 8. März eine Bedeutung für euch? Ist er wichtig für euch? Macht ihr etwas an diesem Tag des Jahres oder ist es nicht wirklich das, worum ihr eure Arbeit organisiert?

Er ist immer noch wichtig. Aber ich muss sagen, dass es auch schwierig war. Aber wir haben am 8. März was gemacht. Dieses Jahr am 8. März sind wir zu Nature's Garden [Kosmetikhersteller] gegangen und haben dort demonstriert, weil Frauen während der Arbeit nicht zum Arzt durften, weil sie einfache Leiharbeiterinnen sind und ihnen auch keine Persönliche Schutzausrüstung (PSA) gegeben wurde, und wenn doch, dann nur gegen Vorlage ihres Ausweises. Also haben wir dafür gekämpft. Und während wir dafür kämpften, wurden die Dinge ein wenig besser. Unsere zweite Demonstration führte dann aber auch dazu, dass diese Arbeiterinnen nun entlassen wurden. Aber ihr Fall liegt immer noch bei der CCMA[34]. Ein Erfolg war, dass ein Mann, der die Frauen dort belästigt hat, nach der Demonstration entlassen wurde, auch wenn die Entlassung des Täters das Problem nicht löst, weil man die Person entlässt, damit sie es dann woanders tut. Er wurde also nicht vor Gericht gestellt. Aber immerhin wurde er entlassen. Und die Arbeiter*innen dürfen jetzt zum Arzt.

34 Abkürzung: Die Schlichtungs-, Vermittlungs- und Schiedskommission (Commission for Conciliation, Mediation and Arbitration – CCMA) ist ein staatliches Streitbeilegungsgremium für Arbeitsrechtsstreits, das 1995 eingerichtet wurde.

Welchen Nutzen zieht ihr aus der Zusammenarbeit mit den Gewerkschaften und was sind die Hindernisse dabei?

Die größte Herausforderung bei der Gewerkschaft ist, dass die Gewerkschaften jetzt mit den Bossen an einem Tisch sitzen. Das ist die größte Herausforderung. Wir versuchen, uns nicht mit der Gewerkschaft zu verbünden. Aber es gibt ein paar Gewerkschaften, mit denen wir eine bestimmte Ideologie teilen und mit denen wir punktuell zusammenarbeiten können. Das bedeutet aber nicht unbedingt, dass wir in anderen Fragen dasselbe gemeinsame Verständnis haben werden. Wir haben zum Beispiel die ›Open CCMA-Kampagne‹ durchgeführt, als die CCMA ihre Türen geschlossen hatte. Wir haben also die ›Open CCMA-Kampagne‹ durchgeführt und mit verschiedenen Organisationen zusammengearbeitet, darunter auch einige der Gewerkschaften, wie die GIWUSA[35].

Und dann wäre meine nächste Frage zum Thema unbezahlte Arbeit. Was denkst du also über dieses Problem? Wie versucht ihr, damit umzugehen?

Wir haben versucht, das Bewusstsein der Arbeiter*innen, insbesondere der weiblichen Arbeiterinnen, dafür zu schärfen. Aber die größte Herausforderung ist, dass man feststellt, dass einige der Frauen es als normal ansehen, dass ihre Situation so prekär ist. Sie haben das Gefühl, dass es normal ist, ein Kind ohne Hilfe großzuziehen. Es ist normal, zur Arbeit zu gehen und nach Hause zu kommen und das Geschirr zu waschen. Und das, obwohl wir versucht haben, es als unbezahlte Arbeit zu framen. Und wir bieten auch Bildung dazu an. Es gibt einige, die das jetzt verstanden haben und sagen wollen: Lasst uns Veränderung fordern, ihr wisst schon, lasst uns anfangen, etwas zu fordern!

Und was sind die Forderungen?

Wenn wir versuchen, das Bewusstsein zu schärfen, dann fangen wir damit an, dass wir ein Bewusstsein schaffen, dass sogar unsere eigenen Kulturen, in denen ich aufgewachsen bin, wo meine Mutter mir gesagt hat, ich muss unterwürfig sein, ich muss dies tun, ich muss jenes tun, Teil des Problems

35 Abkürzung: Die General Industries Workers Union of South Africa (GIWUSA) ist eine dem südafrikanischen Gewerkschaftsbund SAFTU angeschlossene, sozialistische, internationalistische Gewerkschaft, die Arbeitnehmerrechte in verschiedenen Branchen organisiert und verteidigt.

sind. Jetzt versuche ich, darüber aufzuklären. Einige Frauen haben angefangen, sich darüber zu beschweren, und sagen, dass es auch in Ordnung sein muss, wenn ein Junge mit dem Kochen anfängt. Es sollte nicht selbstverständlich sein, dass ein Mädchen kochen muss. Es ist in Ordnung, wenn ein Junge kocht, denn damit muss man anfangen. Außerdem sollte man das Bewusstsein für unsere Kirchen schärfen, denn in unseren Kirchen muss sich eine Frau auf eine bestimmte Art und Weise kleiden, während Männer in die Kirche kommen können, wie sie wollen. Wir fangen an, den Frauen zu zeigen, dass das auch eine weitere, eine noch stärkere Unterdrückung ist. Auf diese Weisen beginnen wir, das Bewusstsein zu schärfen, aber wir sind noch nicht so weit, dass wir sagen können, das sind unsere Forderungen. Aber wir versuchen zu zeigen, dass die Arbeiter, sogar in unserer eigenen Kultur, uns als Frauen nicht akzeptieren.

Inwiefern führen eure Forderungen zu Spannungen innerhalb eurer Gruppe?

Für manche ist das ein Problem, aber genau das versuchen wir auch zu bearbeiten. Wir versuchen, den Männern beizubringen, dass sie, wenn eine Frau an der Sitzung teilnimmt und ihre Meinung äußert, der Frau zuhören müssen. Früher, auch in diesem Forum von Simunye, standen einige, wenn eine Frau sprach, draußen und rauchten. Also haben wir ihnen gesagt, dass wir diese Kultur hier nicht gebrauchen können. Wir haben beschlossen, dass in unserem Forum, wenn drei Personen den Vorsitz führen, zwei Frauen und ein Mann den Vorsitz übernehmen müssen. Wir wollen damit erreichen, dass auch die Männer wissen, dass Frauen eine Stimme haben müssen.

Wir haben vorhin schon mal über den 8. März gesprochen, wo ihr eine Demonstration veranstaltet habt. Findest du es wichtig, dass nur Frauen daran teilnehmen?

Ich denke, es ist wichtig, dass wir dieses Datum anerkennen, und es ist wichtig, dass wir etwas tun, dass eine Demonstration notwendig ist. Aber für mich ist es wirklich wichtig, dass die Mehrheit Frauen sein sollten und sie sollten die Führung übernehmen, auch wenn Männer daran teilnehmen können. Wir wollen nicht den 8. März haben und dann feststellen, dass es die Männer sind, die zu den Frauen sprechen. So sollte es also nicht sein. Die Frauen müssen die Kontrolle über die Demonstration übernehmen und sie müssen ihren Kampf anführen, denn es ist ihr Kampf.

Und glaubst du, dass Frauenkämpfe und -streiks tatsächlich zu Veränderungen führen können oder ist das eher eine symbolische Sache?

Es kann Veränderungen bringen, denn Frauen sind stark und Frauen sind Kämpferinnen. Also ja, ich glaube, sie können Veränderungen bringen. Es ist nur so, dass wir sie initiieren müssen.

Was denkst du über die Verbindung von Frauenrechten oder Arbeiter*innenrechten und der LGBTQI-Comunity?

Es ist nichts, auf das ich mich nicht konzentrieren würde. Aber es wird selten diskutiert, in unseren Treffen. Für mich wäre es nicht einmal ein Problem, wenn wir, wir als Frauen, das in unsere Räume einbeziehen. Das ist meine Meinung. Aber ich muss sagen, dass es selten diskutiert wird. [...] Auch Sexualität ist kein Thema.

Was würdest du uns gerne aus deiner Erfahrung weitergeben?

Was ich gerne weitergeben möchte, ist, dass das ›Organisieren‹ eine große Bedeutung hat. Ich denke, es ist an der Zeit, dass wir als Frauen anfangen, uns zu organisieren und für das zu kämpfen, was richtig ist. Und es ist auch wichtig, dass wir das tun, denn wir sind die Schwächsten und die am schlechtesten Bezahlten. Deshalb denke ich, dass wir uns organisieren müssen. [...] Und ich denke, wir sollten über eine Plattform von und für Frauen sprechen, wo sich nur Frauen treffen und ihre Kämpfe oder ihre Siege teilen. Das könnte sehr wichtig sein, damit wir auch davon lernen können. [...] Unsere Gruppe ist definitiv ein solcher Ort, wenn wir uns im Frauenforum treffen, unsere Probleme diskutieren und sehen, wie wir uns gegenseitig am besten unterstützen können. Für mich ist es also ein Ort, der hauptsächlich für Frauen gedacht ist. Und wir haben sogar eine Kinderbetreuung, sodass eine Person sich um die Kinder kümmert, wenn wir uns treffen.

Und denkst du, dass es aus der Perspektive einer südafrikanischen Frauen- oder Arbeiterinnenorganisation etwas Besonderes gibt, das für eine europäische oder westliche Frauenorganisation wichtig zu berücksichtigen ist?

Nun, ich denke, es ist wichtig, voneinander zu lernen. Voneinander zu lernen und Informationen auszutauschen, zu teilen. Es ist ziemlich wichtig, dass wir euren Kampf kennen und ihr unseren Kampf kennt. Und wir wissen, dass es wichtig ist, einige euer Erfolge zu kennen, damit wir sehen können, ob diese Erfolge auch für uns funktionieren können oder was wir besser machen können. Ja, ich denke, es ist wichtig, voneinander zu lernen.

Kayole Community Justice Center & Women in Social Justice Centers – Kenia – Maryanne Kasina

Für das Interview sprachen wir mit Maryanne Kasina vom Kayole Community Justice Center *und dem* Women in Social Justice Center *in Nairobi. Die Organisationen führen Kampagnen zur Sensibilisierung für geschlechtsspezifische Gewalt und ökologische Gerechtigkeit durch, indem sie öffentliche Räume zurückerobern, sie verschönern und zu einem sicheren Ort umgestalten. Weitere Kampagnen gab es zur Friedensstabilität vor und nach den Wahlen sowie gegen die sehr hohen Lebenshaltungskosten. Kenia erlebte eine lange Diktatur unter Daniel arap Moi bis Anfang der 2000er Jahre. Danach fand das Land wieder zur Demokratie zurück, auch wenn im Nachhinein umstritten ist, wie demokratisch die Wahlen im Jahr 2002 tatsächlich waren. Nach einem Referendum erlangte das Land 2010 eine relativ fortschrittliche Verfassung. Die Schere zwischen Arm und Reich ist immens groß und wurde durch die ökonomische Krise sowie durch den Krieg in der Ukraine verstärkt. Das Interview führte für uns Josefine Rein.*

Ist Feminismus derzeitig ein wichtigstes Kampffeld in der Social-Justice-Center-Bewegung in Kenia?

Feminismus erscheint den meisten Männern und Frauen in unserer Bewegung als nebensächlich. Zwar gibt es ein oberflächliches Bekenntnis zum Feminismus, aber es findet keine wirkliche Auseinandersetzung statt. Wir von der Gruppe *Women in Social Justice Centers* haben sehr dafür gekämpft, dass in der Bewegung der Kampf gegen den Kapitalismus endlich zusammengedacht wird mit dem Kampf gegen das Patriarchat. Feminism is sweet! Um die Revolution zu gewinnen, brauchen wir den Feminismus.

Was sind die konkreten Forderungen, die ihr in eurem feministischen Kampf stellt?

Neben der Abschaffung von Geschlechterrollen geht es uns vor allem um die Verbesserung von materiellen Bedingungen. Wir alle leben in informellen Siedlungen in Nairobi, den meisten von uns fehlt es an den grundlegendsten Lebensmitteln wie Essen und Wasser. Diese Armut selbst ist Gewalt. Sie zwingt uns in extreme Ausbeutungsverhältnisse und nimmt uns unsere Würde. Wir kämpfen für Alphabetisierung, für öffentliche Räume, für sauberes Wasser. Unsere Forderung ist es, ein würdevolles Leben zu führen.

Wie wichtig ist der 8. März[G] für euren feministischen Kampf?

Am 8. März geht es uns um die Würdigung aller Frauen, die in der Vergangenheit und auch Gegenwart für die Interessen der Arbeiterinnen gekämpft haben. Es ist ein Tag, an dem wir die Arbeit wertschätzen, die Frauen für die Gesellschaft leisten, die aber meist nicht genügend wahrgenommen wird. Es ist ein Tag, an dem wir uns mit intellektuellen Frauen und Frauen aus den informellen Siedlungen die Geschichte des feministischen Kampfes ansehen und diskutieren, wie wir diesen Kampf im 21. Jahrhundert, in Zeiten des Neoliberalismus, weiterführen können. Wir feiern unsere Mütter – Feministinnen wie Angela Davis, Assata Shakur[36], Harriet Tubman[37], Wangari Maathai[38], Winnie Madikizela[39] und Muthoni Nyanjiru[40]. Unser historisches Gedenken ist dabei immer international: Der Kampf von kurdischen, kenianischen und palästinensischen Frauen ist miteinander verwoben und unsere Kämpfe sind divers. Dieses Jahr haben wir gemeinsam ein Theaterstück geschrieben und am 8. März aufgeführt, welches die diversen Probleme und Kämpfe von uns Frauen thematisiert.

Sind feministische Streiks zurzeit eine politische Waffe in feministischen Kämpfen in Kenia?

Ich habe das noch nicht in Kenia erlebt. Das Arbeitsrecht ist sehr schwach in Kenia, die Arbeitslosigkeit ist hoch und die meisten Frauen sind im informellen Sektor angestellt, weshalb die meisten Frauen Angst haben, ihren Job zu verlieren. Viele arbeiten selbstständig, zum Beispiel als *Mama Fua*, also als Wäscherinnen. Wäscherinnen in unserem Viertel leiden unter sehr schlechten Arbeitsbedingungen, viele haben Rückenschmerzen und das Waschpulver ist bei der Daueraussetzung ätzend auf der Haut. Viele der

36 Assata Shakur ist eine afroamerikanische politische Aktivistin und Mitglied der *Black Liberation Army*.

37 Harriet Tubman war eine afroamerikanische Fluchthelferin der Underground Railroad, die von etwa 1849 bis zum Ende des Sezessionskrieges geflüchteten Sklav*innen half, aus den Südstaaten in die Nordstaaten der USA oder nach Kanada zu fliehen.

38 Wangari Maathai war eine kenianische Intellektuelle, Umweltaktivistin und Feministin.

39 Winnie Madikizela, auch bekannt als Winnie Mandela, war eine südafrikanische Anti-Apartheid-Aktivistin und Mitglied des African National Congress.

40 Muthoni Nyanjiru wurde 1922 bei Protesten gegen das britische Kolonialregime erschossen. In der Zeit des Unabhängigkeitskampfes in den 1950er Jahren wurde sie als afrikanische Heldin in Liedern und Gedichten gefeiert.

Frauen erleben sexualisierte Gewalt am Arbeitsplatz, es gab auch Mordfälle. Wenn sie streiken und nicht zur Arbeit gehen, werden sie am Abend kein Geld haben, um Essen für sich und ihre Kinder zu kaufen. Wir setzen gerade daran an, sie über ihre Rechte aufzuklären und ihnen zu helfen, mit Arbeitsverträgen ihre Arbeit zu formalisieren. Wenn die Arbeit erstmal formalisiert ist, dann können wir auch endlich Forderungen wie einen gesetzlichen Mindestlohn und Leistungen wie Krankenversicherungen diskutieren.

Die informelle und selbstständige Arbeit erlaubt es uns aber auch, unsere Arbeitszeit selbstständig so zu legen, dass wir auf Proteste gehen oder an politischen Treffen teilnehmen können. In Bezug auf unbezahlte Care-Arbeit im Haushalt sind wir noch an dem Punkt, Frauen in der Bewegung und im Viertel darüber aufzuklären, dass Hausarbeit gesellschaftliche Arbeit und nicht einfach selbstverständlich Teil unserer Geschlechterrolle ist. Wir müssen gemeinsam verstehen, dass wir von diesem System ausgenutzt werden.

Was bräuchte es, um in Kenia einen feministischen Streik aufbauen zu können?

Auf lange Sicht brauchen wir natürlich ein alternatives ökonomisches System. Wir können anfangen damit, dass wir uns innerhalb unserer Bewegung selbst versorgen. Wenn wir uns als Kollektiv versorgen könnten, dann hätten wir eine bessere Verhandlungsmacht gegenüber unserem Arbeitgeber und auch die Möglichkeit zu streiken. Wir haben kaum Ressourcen, um eine Selbstversorgung überhaupt in Angriff zu nehmen, aber wir wollen uns nicht von NGOs abhängig machen. Wir vom *Kayole Community Justice Center* starten gerade eine Suppenküche. Andere versuchen sich in landwirtschaftlichen Projekten. Aber es ist nicht leicht.

Arbeitet ihr als Feministinnen mit Gewerkschaften zusammen?

Gewerkschaften wurden unter der Diktatur von Daniel arap Moi (1978–2002) zerschlagen und wurden während der Präsidentschaft von Uhuru Kenyatta (2013–2022) weiter geschwächt. Wir Frauen an der Graswurzel, in den informellen Siedlungen, setzen eher auf Table Banking oder Kredit-Kooperativen[41]. In Kredit-Kooperativen bekommen wir günstige Kredite, um Projekte zu starten, mit denen wir uns auf Dauer selbst finanzieren

41 Kredit-Kooperativen sind genossenschaftliche Finanzinstitutionen, die sich im Besitz ihrer Mitglieder befinden.

können. Genauso ist Table Banking eine gängige Strategie bei uns. Bei den wöchentlichen Treffen für unsere Suppenküche zum Beispiel zahlt jede Frau ungefähr 200 Shilling (1,30 €) ein und die Gruppe entscheidet dann kollektiv, gemeinsam damit zum Beispiel Kochutensilien zu kaufen oder auch das Geld an eine Frau auszuzahlen, deren Kinder gerade krank sind.

Könnte dieses Table Banking auch als Graswurzel-Gewerkschaft funktionieren? Könnten sich Frauen aus verschiedenen Sektoren so zusammentun und im Streikfall gegenseitig finanziell unterstützen?

Das könnte funktionieren. Was gerade aber mehr im Zentrum steht, ist überhaupt unsere Arbeitsbedingungen zu politisieren.

Was ist eure Strategie im Kampf gegen unbezahlte Care-Arbeit?

Die meisten von uns sind alleinerziehende Mütter. Aber wir erziehen unsere Kinder kollektiv und tauschen uns darüber aus, wie wir sie erziehen wollen. Wir wollen sie so erziehen, dass sie genauso wie wir an einer besseren Gesellschaft arbeiten wollen. Die Kinder meiner Genossinnen sind auch meine Kinder. Damit erleichtern wir uns die unbezahlte Sorgearbeit[G]. Das ist eine riesige Entlastung für uns und gibt mir zum Beispiel mehr Zeit, mich in der Bewegung einzubringen. Wir wollen schon jetzt nach den feministischen Prinzipien der Gesellschaft leben, die wir erreichen wollen. Geleitet vom Feminismus wollen wir das Alte abschütteln, um schon jetzt einen Übergang zu etwas Neuem zu begründen.

Was können wir von Feministinnen in Kenia lernen?

Echte feministische Solidarität!

FLINTA* kämpfen international

In all diesen Interviews stecken unzählige spannende Aspekte, von denen wir einzelne nochmals hervorheben wollen. Vor allem bei zwei Punkten halten wir es aus unserer Perspektive für wichtig, sie hier noch mal zu benennen. Sie sind für manche vielleicht schon grundlegendes Wissen, sollen an dieser Stelle aber nicht unerwähnt bleiben.

Zum einen haben alle, die schon mal auf einer größeren Aktion zum 8. März[G] in Deutschland waren, es vermutlich bemerkt: Es gibt nicht den einen Feminismus in Deutschland. Auf den Demonstrationen werden eine Vielzahl an Themen, aber auch widersprüchlichen Positionen und Ausdrucksformen sichtbar. So ist es selbstverständlich auch in anderen Regionen der Welt. Vielleicht hat man die Bilder von einer grünen Masse in Argentinien noch im Kopf oder die kämpferischen Demonstrationen in der Schweiz – doch auch wenn es vielleicht danach aussieht, müssen wir uns vor Augen führen, dass in Wirklichkeit nur selten eine ›Friede, Freude, Eierkuchen‹-Mentalität innerhalb der Bewegung zu finden ist. Es muss uns bewusst sein, dass es viele verschiedene Themen gibt, die mit unterschiedlicher Intensität in einzelnen Strömungen behandelt werden. An einem einzigen Tag, wie dem 8. März, ist es daher gar nicht möglich, all diese Themen in gleicher Präsenz zu bespielen. An dieser Stelle möchten wir das Beispiel des *Simunye Women Workers Forum* aus Südafrika anbringen, welches am 8. März nicht versucht hat, alle ›Feminismen‹ unter einen Hut zu bringen, sondern dezentrale Aktionen organisierte. Beispielsweise organisierten die Aktivist*innen bei dem Kosmetikproduzenten Nature's Garden eine Aktion für bessere Arbeitsbedingungen, der sich viele Menschen anschlossen, die so ihre Solidarität ausdrücken konnten. Hier wurden die strukturellen Unterdrückungsmechanismen der schlechten Arbeitsbedingungen genutzt, um gemeinsame Momente herzustellen und Menschen zusammenzuführen. Das war eine Möglichkeit, um Streitigkeiten innerhalb der Bewegung in den Hintergrund zu rücken und gemeinsam für konkrete Verbesserungen vieler Lebensrealitäten zu kämpfen.

Für die Umsetzung feministischer Streiks in Deutschland zeigt dieses Beispiel, dass wir verstärkt versuchen sollten, uns auf das zu besinnen, was uns zusammenbringt. Gestritten werden kann an einem anderen Tag! Die Genossin aus Argentinien fasst es treffend zusammen, wenn sie sagt: »Ich glaube also, dass es eine Vielzahl von Forderungen und Zielen im Kampf der verschiedenen Organisationen, Identitäten und Netzwerke gibt, aus denen sich diese Feminismen zusammensetzen. Aus meiner Sicht gibt es jedoch einige Punkte, bei denen heute eine grobe Übereinkunft herrscht, wenn auch nicht in ihrer Gesamtheit, nicht mit der gleichen Priorität und nicht mit den gleichen konkreten Forderungen.« Einig sind wir uns beispielsweise, so banal es auch klingen mag, im Kampf für das Recht auf Leben aller Frauen und Queers! Uns sollte dennoch bewusst sein, dass wir, auch wenn wir für die gleichen Ziele kämpfen, alle unterschiedliche Positionen im Kampf einnehmen. Dabei geht es nicht nur um Prioritäten oder Forderungen, sondern auch um Zugänglichkeiten und Erfahrungen, die die Einzelnen in den jeweiligen Kämpfen gemacht haben oder machen.

Der zweite Punkt ist, dass stets die Ausgangslage in den jeweiligen Regionen betrachtet werden muss, welche insbesondere die Teilziele der Bewegungen bestimmt. Hierbei stehen nicht nur die Möglichkeiten eines feministischen Streiks im Fokus, sondern auch die Sinnhaftigkeit, ihn als Methode aufzugreifen. Während in Kurdistan die Gefahr des Genozids und dessen Bekämpfung im Vordergrund steht, sind in Polen Bemühungen zu finden, das Streikrecht auszuweiten, um einen feministischen Streik rechtlich überhaupt zu ermöglichen. In Kenia wird daran gearbeitet, aus der informellen Arbeit herauszukommen, um Leistungen wie Krankenversicherungen überhaupt einfordern zu können. Darüber hinaus sind, nicht zuletzt aufgrund historischer Begebenheiten, die Auseinandersetzungen mit dem Staat oder der Nation als patriarchalem ›Endgegner‹ in einigen Regionen intensiver als in anderen. So kann die kurdische Frauenbewegung, die ideologisch für die Abschaffung von Staatlichkeit einsteht, staatlichen Strukturen mit einer anderen Selbstverständlichkeit etwas entgegenhalten, als Länder wie Kenia, wo die Menschen einen eigenen Staat erst nach jahrzehntelanger Unterdrückung durch Großbritannien erkämpft haben. Dadurch ergeben sich ganz andere Forderungen. Auch die Genoss*innen aus Polen artikulieren ihre Forderungen zwar an den Staat, doch sie benennen ihn dabei klar als ihren Feind.

Wir sollten darauf achten, dass unsere Politik nicht dabei stehenbleibt, Forderungen an den Staat zu stellen. Als Vertreter des Interesses an Privateigentum und des Erhalts der Nationalstaaten steht er dem guten Leben, was wir wollen, entgegen. Wir können jetzt schon unsere eigenen Strukturen aufbauen. Als inspirierende Beispiele möchten wir hier die Frauenkommune in Kurdistan nennen, die Auseinandersetzung um kollektive Kindererziehung in Kenia und die starken Vernetzungen von Feminist*innen in Argentinien und der Schweiz. Selbstverständlich sehen wir aber auch die Notwendigkeit, die eigenen Lebensrealitäten im Hier und Jetzt zu verbessern und so Forderungen, beispielsweise für den rechtlichen Schutz der körperlichen Selbstbestimmung, auch an den Staat stellen zu können oder in den heutigen Gegebenheiten auch zu müssen.

Indem wir so viele verschiedene Einblicke in die feministischen Bewegungen bekommen konnten, haben wir erneut gemerkt, wie notwendig all die verschiedenen Auseinandersetzungen mit den jeweiligen feministischen Themen sind. Zudem wurde uns klar, wie wichtig es ist, sich die jeweiligen geschichtlichen Entwicklungen in einer Region anzusehen, um zu verstehen, aus welchen Gründen einzelne Regionen so agieren, wie sie es tun, warum der 8. März die Bedeutung hat, die er hat (oder eben nicht), und vieles mehr. Es ist essenziell, die Worte der einzelnen Genoss*innen wahrzunehmen und zu versuchen, durch sie die für sie und ihre Bewegungen zentralen Aspekte zu verstehen. Auch wenn wir nochmal erwähnen möchten, dass es wichtig ist, zu bedenken, dass wir hier nur Teilströmungen der jeweiligen Regionen abdecken konnten, möchten wir abschließend zwei Punkte nennen, die prägnant zeigen, weshalb der Feminismus überall auf der Welt präsent ist, und die alle Feminist*innen weltweit einen: Zum einen ist das der Wunsch nach Überleben und körperlicher Selbstbestimmung! Nahezu überall auf der Welt sind Femizide[G] eine der größten Gefahren für weibliches und queeres Leben. Zum anderen ist das das Recht auf reproduktive Gerechtigkeit[G], für das sich weltweit FLINTA* zusammentun und auf die Straße gehen. Aus diesen und noch vielen weiteren Gründen ist es so immens wichtig, dass wir uns zusammenschließen und vereint gegen das Patriarchat kämpfen!

7. Was ist unser Streik? Feministischer Streik in der Praxis[G]

> »*There is no thing as a single-issue struggle because we do not live single-issue lives.*« – Audre Lorde (1982)[42]

Dort kämpfen, wo das Leben ist: Was heißt das eigentlich in unserer Zeit?

Für uns als Feminist*innen ist klar, dass wir das Patriarchat[G] bekämpfen müssen, wenn wir das gute Leben für alle wollen. In diesem Buch haben wir uns die Frage gestellt, ob der feministische Streik das richtige Mittel dazu ist. Doch auch wenn der feministische Streik effektiv sein kann, so ist er bei Weitem nicht der einzige Weg, um zu einer geschlechtergerechten Gesellschaft zu gelangen. Wenn wir uns fragen, was feministisch streiken in der konkreten Umsetzung bedeutet, dann meinen wir damit nicht, dass wir es für sinnvoll halten, überall auf der Welt nur noch feministische Streikgruppen aufzubauen. Der Widerstand gegen eine bevormundende und lebensfeindliche Welt ist vielfältig: Er reicht von globalen Massenprotesten wie 1999 in Seattle[43] oder in jüngerer Zeit *Fridays for Future* bis in die letzten Winkel unserer Küchen und Schlafzimmer. Das Patriarchat steht nicht für sich allein, sondern ist mit anderen Ausbeutungsverhältnissen verbunden und verwoben. Der Kampf gegen das Patriarchat kann deshalb nicht bei feministischen Forderungen stehenbleiben. Er muss mit anderen antikapitalistischen Kämpfen in Verbindung stehen und mit ihnen kooperieren.

---

42 dt: »Kein Kampf dreht sich nur um ein Thema, denn unser Leben dreht sich nicht nur um ein Thema« (Audre Lorde 2022: 151).

43 1999 fanden in Seattle Massenproteste gegen die Ministerkonferenz der Welthandelsorganisation (WTO) statt, nachdem die globalen Wirtschaftsorganisationen mit Austerität und unfairen Freihandelsabkommen in vielen Ländern des globalen Südens große Teile der Bevölkerung jahrzehntelang ökonomisch ausgepresst und gegeißelt hatten. Es verbündeten sich nationale und internationale NGOs, Gewerkschaften, kirchliche Gruppen und Anarchist*innen mit indigen Gruppen und Student*innen miteinander gegen die Freihandelspolitik.

Im Großen wie im Kleinen müssen wir gemeinsam dort kämpfen, wo das Leben ist, für das gute Leben für alle. Bevor wir uns abschließend der Frage zuwenden, wie ein feministischer Streik praktisch umsetzbar ist, wollen wir uns also die Verschränkung des anti-patriarchalen, feministischen Kampfes mit anderen Kämpfen in der Praxis anschauen. Dazu wollen wir in einigen Beispielen und geschichtlichen Entwicklungen nachzeichnen, woran wir diese Verschränkungen erkennen und wie sie sich einerseits in unseren persönlichen Lebensrealitäten und andererseits in den Erlebnissen und im Widerstand von Menschen zeigen, deren Erfahrungswelt sich von unserer unterscheidet – und gerade deshalb unserer besonderen Aufmerksamkeit bedarf. Wir wollen sowohl deutlich machen, dass die feministische Analyse der Verhältnisse zwar notwendig, aber nicht hinreichend ist, als auch das Potenzial der feministischen Kritik für andere progressive Bewegungen herausstellen. Es geht uns also um diese Wechselwirkungen.

Wir wissen, dass die Befreiung aller Geschlechter nie vollständig gelingen kann, solange die kapitalistische Wirtschaftsordnung vorherrscht. Schon in Kapitel 3 haben wir gesehen, dass im Kapitalismus mit seinem Wachstumszwang und der Notwendigkeit, immer mehr Profite zu machen, ständig an allen Ecken und Enden versucht wird, an den Grundlagen unserer Reproduktion[G] zu schrauben und zu kürzen. Das betrifft unsere Löhne, die immer möglichst niedrig gehalten werden sollen, aber auch alle Arten von Daseinsvorsorge, die theoretisch vom Staat übernommen werden könnten, aber de facto privatisiert werden, in schlechter Qualität und zu teuer angeboten werden oder einfach überhaupt nicht existieren. Die Kindergartenplätze reichen vorne und hinten nicht, ebenso wenig die Renten – gerade für FLINTA*[G] – und die Unterstützung für alleinerziehende, arbeitslose oder gar wohnungslose Personen. Der patriarchale Kapitalismus versucht andauernd, unsere Lebensgrundlage zu untergraben. Besonders FLINTA* und Menschen, die aufgrund verschiedener Herrschaftsverhältnisse marginalisiert[G] werden, mussten in der Vergangenheit immer wieder als Puffer für die Krisen, die durch Kapitalismus und eine patriarchale Gesellschaftsordnung verursacht werden, herhalten. Das können wir historisch herleiten, es zeigt sich aber auch an vielen Stellen in unserer Gegenwart. Ein Beispiel dafür ist der Umgang mit Migrant*innen aus dem globalen Süden: Ihr Leben gilt als weniger schützenswert. Migrantische (und migrantisierte[G]) Menschen werden in Polizeizellen ermordet, ertrinken im Mittelmeer oder werden nur dann ins Land gelassen, wenn gerade mal wieder dringend billige Arbeitskräfte gebraucht werden. So erfuhren es viele Erntehelfer*innen aus osteuropäischen Ländern während der Spargel- und Erdbeersaison 2021 auf dem Höhepunkt der Corona-Pandemie: Sie wurden plötzlich doch trotz der drastischen Einreisebeschränkungen ins Land gelassen, die Ansteckungsgefahr schien auf einmal keine Rolle mehr zu spielen. Deshalb ist der Kampf um die Grundlagen unseres Lebens, um die Reproduktion, nicht nur ein feministischer, sondern auch ein antikapitalistischer und antirassistischer Kampf.

Auch der weltweite Kampf für reproduktive Rechte ist kein rein feministischer, sondern muss auch als antikapitalistischer Kampf verstanden werden. Der Zugang zu Schwangerschaftsabbrüchen ist weltweit nach wie vor stark eingeschränkt, in vielen Ländern ist es ungewollt Schwangeren nicht möglich, legal eine Abtreibung durchführen zu lassen. Feministische Organisierung[G] kann hier viel verändern. So wurde beispielsweise in Argentinien 2021 nach langen feministischen Kämpfen das Recht auf den kostenlosen Schwangerschaftsabbruch bis zur 14. Schwangerschaftswoche erstritten. Hierbei ist es wichtig, im Hinterkopf zu behalten, dass der Zugang zu Abtreibungen auch meistens eines der Rechte ist, das als erstes beschränkt wird, wenn sich in einem Land autoritäre Parteien durchsetzen, wie beispielsweise in Polen (2020) oder in Nicaragua (2009). Der Kampf um das Recht auf Abtreibung muss antikapitalistisch sein, weil sich hier die Reproduktionspolitik kapitalistischer Staaten zeigt: Sie brauchen neue Arbeitskräfte und sind deshalb darauf angewiesen, dass die Bevölkerung wächst. Das hat sich vor allem in der Zeit der Herausbildung der kapitalistischen Produktionsweise gezeigt (siehe Kapitel 3). Darüber hinaus ist reproduktive Gerechtigkeit auch eine Klassenfrage. Menschen mit finanziellen Mitteln haben immer einen Zugang zu sicheren Schwangerschaftsabbrüchen. Arme Menschen, die ungewollt schwanger sind, sind hingegen dazu gezwungen, die Schwangerschaft auszutragen und sich um das Kind zu kümmern, wodurch sich ihre prekären Lebensbedingungen weiter verschärfen. Das gilt insbesondere dann, wenn der Staat nicht ausreichend Mittel zur Verfügung stellt, um es Menschen zu ermöglichen, Kinder großzuziehen. Staatliche Politik ist darauf ausgerichtet, dass bestimmte Kinder geboren werden, nämlich vornehmlich die *weißer*, gut gebildeter Personen. Das bedeutet, dass sich nicht alle Menschen frei dazu entschließen können, Verantwortung für Kinder zu übernehmen, wenn sie das gerne möchten, wie beispielsweise queere[G], rassifizierte[G] oder be_hinderte[G] Personen. Das Konzept der reproduktiven Gerechtigkeit geht über die Forderung nach einem freien Zugang zu Schwangerschaftsabbrüchen hinaus. Es fordert die Veränderung der Verhältnisse, sodass alle Menschen sich frei dazu entscheiden können, Kinder zu bekommen oder nicht, und sie die Gewissheit haben können, dass diese Kinder gut und sicher aufwachsen können.

In diesem Buch haben wir versucht, deutlich zu machen, dass das kapitalistische Wirtschaftssystem von Ungleichheit, Ausgrenzung und Unterdrückung nicht zu trennen ist und dass der Schutz unserer Existenzgrundlagen und die Verbesserung unserer Lebensbedingungen die Basis all unserer politischen Kämpfe bildet, auch die des feministischen. Dies gilt auch andersherum: Feministische Politik muss sich zum Beispiel mit Kämpfen von Mieter*innenbündnissen und Erwerbsloseninitiativen verbinden, weil sie für die materiellen Bedingungen unseres Lebens einstehen. Viele feministische Kämpfe beziehen sich auf die Situation armer FLINTA*. Dabei geht es zum Beispiel um den Zugang zu Gesundheitsversorgung oder um die Flucht vor familiärer und sexueller Gewalt. Gerade in Krisensituationen ist es wichtig, Zugang zu Wohnraum und Sozialleistungen zu bekommen, was die genannten Initiativen erleichtern wollen.

So betonten etwa auch unsere Genoss*innen von der *OZZ Inicjatywa Pracownicza*, der IP-Arbeiter-Initiative aus Polen, im Interview mit uns (mehr aus dem Interview findet ihr in Kapitel 6):

> »Wir müssen wissen, wie wir – im ganz praktischen Sinne – das Thema der niedrigen Löhne mit zu hohen Mieten verbinden können. In Polen sind die Frauen die wichtigste treibende Kraft der Mieter*innenbewegung. Sie sind es, die Zwangsräumungen blockieren, Flugblätter schreiben und verteilen, andere beraten und die Verantwortung für den Aufbau und die Entwicklung unserer Organisationen übernehmen. Dies ist auch auf die Lebenserfahrung der Frauen zurückzuführen, auf deren Schultern (traditionell) die Sorge für Heim und Familie liegt. Frauen bekommen sowohl die Auswirkungen des Patriarchats als auch die Ausbeutung im kapitalistischen System zu spüren. In einer patriarchalen Gesellschaft ist es die Frau, die sich um Haus und Kinder kümmern soll, und aufgrund von übermäßiger Verantwortung und niedrigen Löhnen oder Renten werden wir finanziell immer weniger unabhängig. Viele Frauen, die in der Mieter*innenbewegung aktiv sind, mussten vor ihren gewalttätigen Ehemännern fliehen, um sich und ihre Kinder zu retten. Das Recht auf Wohnraum ist eine Frage des Überlebens. Ohne feste Anstellung oder mit prekärer

Arbeit zu Hungerlöhnen gibt es nicht viele Möglichkeiten für Unabhängigkeit, Autonomie^G und Selbstbestimmung.«

Genau wie unser Alltag ist auch der Staat an vielen Stellen von maskuliner Dominanz geprägt.[44] Historisch gesehen wurde die kriegerische Grenzziehung von Staaten begleitet von einem Wunsch nach Friedenssicherung im Inneren. Hierbei wurden Männer durch gesellschaftliche Normen^G und bürgerliche^G Gesetze zu ›Familienoberhäuptern‹ bestimmt, die im Kleinen – dem eigenen Zuhause – sozusagen ein Gewaltmonopol ausüben sollten. Diese Logik setzt sich bis heute fort, auch wenn viele Gesetze, die eine eindeutige Hierarchie zwischen den Geschlechtern festgeschrieben haben, formal nicht mehr existieren. Anti-patriarchale Kämpfe müssen stets antistaatliche Kämpfe sein. Das heißt natürlich nicht, dass wir uns nicht mehr für Reformen einsetzen dürfen, die eine Gleichstellung aller Geschlechter und die Selbstbestimmung von FLINTA* fördern. Aber wir dürfen Appelle an den Staat nicht mit einer revolutionären feministischen Politik, die auf eine Überwindung der Geschlechterungerechtigkeiten abzielt, verwechseln und müssen daher aufpassen, dass wir uns in unseren Kämpfen nicht auf Ersteres beschränken und darüber Letzteres vergessen.

Um die Funktion zu verstehen, die Geschlecht in einer von kapitalistischen und imperialistischen Krisen geschüttelten Welt erfüllt, ist es aufschlussreich, sich die Rolle von Frauen im Ersten und Zweiten Weltkrieg anzuschauen. Während der Kriege, als der Großteil der arbeitsfähigen Männer zum Wehrdienst eingezogen wurde, konnten Frauen auf einmal in den Fabriken arbeiten und das Kommando übernehmen, dabei hatten sie vor und während des Ersten Weltkriegs noch nicht einmal das Wahlrecht. Nach dem Ende der Kriege, als die Männer – zumindest teilweise – von der Front zurückkehrten, wurden die Frauen wieder aus dem öffentlichen Raum zurück in den privaten Haushalt gedrängt. Natürlich gilt das besonders für Frauen aus bürgerlichen Familien, viele ärmere und rassifizierte Frauen haben immer auch Lohnarbeit^G geleistet, um ihre Familien über Wasser zu halten. Bezahlt wurden sie dafür jedoch fast immer deutlich schlechter als die Männer und manchmal sogar von bestimmten Berufen ausgeschlossen, wenn sie als Bedrohung wahrgenommen wurden (vgl. Federici 2017).

44 Mehr zum Thema ›feministische Staatskritik‹ kann man zum Beispiel bei kritischen Politikwissenschaftler*innen wie Birgit Sauer oder Gundula Ludwig lesen.

Auch nach dem Ende des Zweiten Weltkriegs, als sich im von starkem Wirtschaftswachstum geprägten globalen Norden das fordistische Wirtschaftsmodell durchsetzte, sollten Frauen am besten zu Hause bleiben und dort unbezahlt die Sorgearbeit[G] übernehmen. Im Unterschied zu heute hatte damals aber die Arbeiter*innenklasse deutlich mehr Verhandlungsmacht und war besser organisiert. So konnte sie durchsetzen, dass in den meisten Bereichen ein Gehalt – meistens das des Mannes in der heteronormativen Kleinfamilie – ausreichte, um eine ganze Familie zu ernähren. Das änderte sich, als die Wachstumsraten immer geringer wurden und der Fordismus[G] ab den 1970er Jahren in eine Krise geriet. Die folgenden Strukturanpassungen in den 1980er Jahren führten unter anderem dazu, dass die Reallöhne[G] stagnierten oder sogar sanken. Das wirkte sich auch auf die Reproduktionssphäre aus, weil es nun mehrerer Gehälter bedurfte, um eine Familie zu ernähren. Dadurch musste Sorgearbeit, die zuvor privat übernommen wurde, ausgelagert werden. Zudem wurden die Paradigmen von Effizienz und Rationalisierung[G] auch auf den Bereich der bezahlten Care-Arbeit[G] angewandt. Sie sollte ›wettbewerbsfähiger‹ gestaltet werden und wurde einem hohen Spardruck ausgesetzt. So wurden beispielsweise viele Krankenhäuser privatisiert. Um Kosten zu sparen, werden Patient*innen, die eigentlich noch pflegebedürftig sind, schon nach wenigen Tagen entlassen. Die weitere Pflege muss dann privat zu Hause erledigt werden. Diese Entwicklung haben wir in Kapitel 3 unter dem Begriff der Sorgekrise[G] verhandelt.

Manchmal sind die Auswirkungen dieser Angriffe auf unsere Existenzgrundlagen so stark, dass explizit feministische Forderungen sogar als abgehoben oder lebensfremd wahrgenommen werden können. Und das ist kein Wunder: Wenn ich meine Energierechnung nicht bezahlen kann oder vielleicht sogar Gefahr laufe, meine Wohnung zu verlieren oder abgeschoben zu werden, dann ist das Selbstbestimmungsgesetz[45] vielleicht nicht meine größte Sorge – oder eben gerade doch! Meine Chancen auf dem Wohnungsmarkt können durch Queerfeindlichkeit noch verschlechtert werden und auch als queere Person kann ich von Energiearmut betroffen sein. Das bisher noch gültige, diskriminierende ›Transsexuellengesetz‹

45 Das Selbstbestimmungsgesetz soll das verfassungswidrige Transsexuellengesetz (TSG) ablösen und es volljährigen Erwachsenen ermöglichen, ihren Geschlechtseintrag und ihren Vornamen mit einer Selbsterklärung auf dem Standesamt festzulegen, ohne dass ein Gerichtsverfahren oder Gutachten dafür nötig sind.

erschwert den Zugang zu geschlechtsangleichenden Maßnahmen sehr und das nicht nur auf der finanziellen Ebene. Das Selbstbestimmungsgesetz würde hier Abhilfe schaffen, ohne nicht-queeren Personen mit Existenzängsten irgendetwas wegzunehmen. Von Antifeminist*innen werden hier Widersprüche aufgemacht, wo keine sind! Doch auf solche Spaltungsversuche zwischen feministischer Bewegung[G] und Arbeiter*innen sollten wir uns nicht einlassen.

Neben dem Überwinden von Spaltungslinien müssen wir uns gleichzeitig auch bewusst machen, dass es sowohl in feministischen Organisierungen selbst als auch in anderen linken Kämpfen immer wieder Probleme mit patriarchalem Verhalten und entsprechenden Strukturen gibt. Das wird in letzter Zeit mal wieder besonders im militanten Antifaschismus deutlich, in dessen Strukturen dominant-männliches Gehabe und sexualisierte Gewalt noch viel zu häufig an der Tagesordnung sind. Immer wieder gibt es Fälle von übergriffigem Verhalten und allzu häufig wird Betroffenen mit Ungläubigkeit oder Ignoranz begegnet, wenn sie sich trauen, ihre Erfahrungen anzusprechen. Auch über militante Kreise hinaus bestimmen oft Männerbünde und maskuline Härte den Umgang miteinander. Das Patriarchat, wenn auch in verschiedenen Ausprägungen, ist auch in jenen Bewegungen und Strukturen nicht zu übersehen, die sich selbst als progressiv und egalitär verstehen.

Das ist bei Weitem kein neues Phänomen. So nahm beispielsweise die Debatte rund um Intersektionalität[G] und Identitätspolitik[G], die heute viele Linke beschäftigt, bereits in den 1970er Jahren ihren Anfang. Besonders prägnant formuliert wurde diese Debatte im Manifest des *Combahee River Collective*, einem Kollektiv von Schwarzen[G], lesbischen und bisexuellen Frauen, die als radikale Sozialist*innen für eine befreite Gesellschaft kämpften. Dabei mussten sie sich einerseits mit *weißen* Feminist*innen herumschlagen, die in der amerikanischen Frauenbewegung eine dominante Rolle einnahmen, andererseits aber auch mit dem Sexismus, der ihnen von ihren männlichen Genossen in der Schwarzen Befreiungsbewegung entgegenschlug (Combahee River Collective 1977). Damals wie heute ist es deshalb auch eine wichtige Aufgabe für uns als Feminist*innen, immer wieder auch in den eigenen Strukturen zu intervenieren, um die Reproduktion einerseits patriarchaler und andererseits rassistischer Verhaltensweisen und Hierarchien zu bekämpfen und bei Bedarf auch autonome feministische Strukturen zu etablieren, wenn wir nicht genug gehört, gesehen und respektiert werden. *Weiße* Feminist*innen müssen sich außerdem mit dem eigenen rassistischen Verhalten auseinandersetzen.

Es handelt sich also um ein wechselseitiges Verhältnis: Als radikale Linke sind wir nicht nur Feminist*innen, sondern fühlen uns auch mit anderen emanzipatorischen Bewegungen verbunden, vielleicht sind wir auch in der Klimabewegung aktiv oder in der solidarischen Erwerbsloseninitiative. Gleichzeitig müssen wir unsere feministischen Ansprüche aber immer wieder dort anbringen, wo sie unter den Tisch zu fallen drohen. Häufig passiert das aber ganz automatisch, zumindest in Teilen: Dort, wo wir füreinander sorgen, uns gegenseitig zuhören und uns umeinander kümmern, lernen wir voneinander und üben uns in feministischer Solidarität: egal, ob im Baumhaus, in der Kohlegrube, auf der Arbeit oder bei der Küfa[G].

Für den feministischen Streik im Alltag

So wie alle konkreten politischen Kämpfe braucht es auch eine Verankerung des Streiks und der feministischen revolutionären[G] Praxis in unserem alltäglichen Leben. Wie wir in Kapitel 3 zu queerfeministischer Klassenpolitik schon beschrieben haben, identifizierten Feminist*innen bereits in den 1970er Jahren mit ihrer Forderung nach »Lohn für Hausarbeit« den Haushalt und die Familie als Ort für Widerstand und revolutionäre Alltagspraxis. Durch die Neoliberalisierung von Arbeitsstrukturen und die bestehende Sorgekrise rückt er heute wieder als Ansatzpunkt für widerständige Praxen verstärkt in den Fokus. Im Haushalt müssen Defizite im Wohlfahrtsstaat und psychische Belastungen durch Lohnarbeit ausgeglichen werden. Entgegen der gängigen Meinung, die Geschlechter seien jetzt gleichberechtigt und der Feminismus habe alles erreicht, zeigen sich die Ungleichheitsstrukturen einer vergeschlechtlichten Arbeitsteilung und der Abwertung feminisierter Arbeit heute wieder besonders deutlich. Staatliche Sparpolitiken und die Inflation treffen marginalisierte Gruppen wie Alleinerziehende, BIPoC[G] oder queere Menschen besonders schwer. Den Diskurs über eine ungerechte Verteilung von Care-Arbeit dominieren jedoch häufig *weiße* cis[G] Frauen, die in heteronormativen Kleinfamilien mit Kindern leben. Dabei verbleiben sie oftmals in einer individualisierten Perspektive und suchen nach konkreten Lösungen für sich persönlich. Sie betreiben Instagram-Kanäle und schreiben Bücher über die ungleiche Verteilung von Sorgearbeit. Die Lösungen, die sie dabei formulieren, liegen in der individuellen Umorganisierung ihrer eigenen Sorgearbeit. Fragen nach gesellschaftlichen Strukturen – etwa warum so krampfhaft an Ehe und Kleinfamilie festgehalten wird und was das mit der kapitalistischen Produktionsweise und patriarchaler Sozialisierung zu tun hat – werden dabei nur selten aufgegriffen.

Dennoch eröffnet sich hier ein Raum, um diese Ansätze weiterzudenken und herauszufinden, wie eine revolutionäre Praxis des feministischen Streiks im Alltag aussehen kann. Wir stellen uns den feministischen Streik oft als eine Massenbewegung vor, in der sich FLINTA* kollektiv erheben und Protest- und Streiktage organisieren. Doch der Streik ist vor allem auch eine politische Praxis im eigenen Alltag und im sozialen Umfeld. Denn das Private ist nach wie vor politisch und durchzogen von gesellschaftlichen Strukturen. Gegen diese lässt sich der feministische Streik alltäglich umsetzen und zwar in vielfältigen Formen, die den täglichen Normalzustand angreifen!

Wie aber können wir den feministischen Streik in unseren Alltag integrieren, ohne in liberale Vereinzelung zu verfallen? Wie bestreiken wir Arbeit dort, wo sie uns begegnet? Wie können wir zugleich radikal und zärtlich sein? Wie können wir für unsere Bedürfnisse einstehen, ohne das große Ganze aus dem Blick zu verlieren? Und wie können wir deutlich machen, dass das kleine ›Private‹ unbedingt Teil des großen ›Politischen‹ ist?

Lasst uns also konkret werden und Streik in unserem Alltag beschreiben. Wir machen ganz unterschiedliche Erfahrungen, die sich nicht auf das Leben aller übertragen lassen. Wir können aber versuchen, Ansätze dafür zu liefern, wie ein feministischer Streik in unseren Wohnkontexten, in unseren Beziehungen, bei unserer politischen Arbeit, bei der Lohnarbeit, in der Universität oder der Schule aussehen kann.

Der feministische Streik im Alltag kann in zwei Schritten erfolgen. Der erste Schritt besteht darin, Unsichtbares sichtbar zu machen. Es geht darum, Sorgearbeit sichtbar zu machen und aufzuzeigen, wer sie leistet und wie. Der zweite Schritt besteht darin, kollektive Strukturen aufzubauen, um diese Sorgearbeit besser zu verteilen. Wir müssen uns miteinander verbünden, um gemeinsam gegen Leistungslogiken und unsere kapitalistische Sozialisierung anzukämpfen. Wie kann das konkret aussehen?

I. Unsichtbares sichtbar machen

Wir haben im Verlauf des Buches mehrfach erwähnt, wie wichtig Sorgearbeit ist und dass sie eine zentrale Rolle für die Funktionsweise unseres

Zusammenlebens spielt. Wir haben ihre Verzahnung mit kapitalistischen Strukturen erklärt und insbesondere Geschlechternormen[G] aufgezeigt. Auch wir sind in unserem Alltag ununterbrochen von Sorgearbeit umgeben und leisten sie selbst permanent. Sie ist dabei aber häufig nicht sichtbar, beziehungsweise wird nicht immer wahrgenommen. Ein feministischer Streik kann insbesondere darin bestehen, Sichtbarkeit herzustellen und sich und anderen bewusst zu machen, wann und wo Sorgearbeit geleistet wird, ob von uns selbst oder von Menschen um uns herum: Das kann ganz klassisch darin bestehen, dass Menschen Sorgeverantwortung für Kinder übernehmen oder Angehörige pflegen. Diese Arbeit nehmen wir oftmals nicht wahr, weil Menschen mit Sorgeverantwortungen häufig aus anderen sozialen oder politischen Kontexten rausfallen. Es kann die Arbeit von Reinigungskräften an unseren Arbeitsplätzen oder der Universität sein, die oft zu Uhrzeiten gemacht wird, an denen sich sonst niemand dort aufhält, und die dadurch buchstäblich nicht gesehen wird. Und es kann die Hausarbeit sein, die in jeder Wohnung anfällt, egal ob eine Kleinfamilie dort wohnt oder eine Wohngemeinschaft. Diese Hausarbeit muss immer organisiert und übernommen werden. Dabei geht es häufig nicht nur um die konkreten Aufgaben selbst, sondern vor allem auch darum, wer auf dem Schirm hat, welche Aufgaben überhaupt erledigt werden müssen. Wer stellt den Putzplan auf? Wer weiß, welches Haushaltsmitglied wann wo ist? Wer koordiniert Handwerker*innentermine? Wer übernimmt die Kommunikation mit Hausverwaltungen, Internet- oder Stromanbietern? Gerade diese organisatorischen Aufgaben werden oft von Menschen übernommen und koordiniert, denen ›das mehr liegt‹, die verantwortungsbewusst sind und gut den Überblick behalten können. Selbst wenn sie die Sachen nicht selbst übernehmen, sind sie es, die im Hintergrund ungesehen und unaufgefordert dafür sorgen, dass sie letztlich erledigt werden.[46] Das sind häufig Personen, die eine weibliche Sozialisation erfahren haben. Fleißig sein ist ein Attribut, das schon kleinen Mädchen zugewiesen wird und das es zu erfüllen gilt, um gesellschaftliche Anerkennung und Wertschätzung zu erfahren. Danach

46 In feministischen Auseinandersetzungen wurde hierzu der Begriff »Mental Load[G]« erfunden (dt.: mentale Belastung), der es mittlerweile auch in wissenschaftliche Studien (vgl. Die Zeit; WZB infas 2023) geschafft hat. Mit Mental Load wird die Organisation und das Management von Haushaltstätigkeiten im Hintergrund verstanden, also das Nachdenken darüber, welche Aufgabe wann und wie erledigt werden muss. Eine gute Einführung in das Thema liefert der Comic »›Du hättest nur fragen müssen‹« der Comiczeichnerin Emma (Emma 2022).

richten wir uns auch heute noch, auch weil wir mit der Bedürftigkeit der von uns abhängigen Person konfrontiert sind, wenn wir es nicht tun.

Auch in sozialen Beziehungen oder in Gruppenkonstellationen findet oft Sorgearbeit in Form von emotionaler und Beziehungsarbeit statt, die nicht immer als Arbeit wahrgenommen wird. Wir sorgen füreinander in unseren politischen Gruppen, unseren Freund*innenkreisen, unseren Wohnkontexten oder in unseren romantischen Beziehungen. Das bedeutet zum Beispiel, dass wir für Menschen in unserem Umfeld da sind, wenn es ihnen nicht gut geht. Wir beraten bei Krisen, aber wir feiern auch miteinander, wenn wir etwas erreichen, wenn wir wichtige Projekte abschließen oder wenn wir einfach nur Geburtstag haben. In Gruppen kennen wir die Bedürfnisse einzelner Personen und kümmern uns darum, dass sie erfüllt werden können. Und wir ›arbeiten‹ an unseren Beziehungen. Wir ergründen Verhaltensmuster unserer eigenen Sozialisierungen und wie sie sich auf unsere Beziehungen auswirken (hallo heteronormative Vorstellungen von Romantik!). Wir führen Konflikte miteinander, üben unsere Kommunikationsfähigkeiten und wachsen miteinander. An anderer Stelle sind wir bereits darauf eingegangen, dass gerade marginalisierte Gruppen besonders häufig auf emotionale Arbeit angewiesen sind und sie in Form von Community-Care auch leisten (siehe Kapitel 3). Auch in Lohnarbeitskontexten wird oft emotionale Arbeit geleistet, vor allem (aber nicht nur) im Bereich der bezahlten Care-Arbeit. Auch hier kümmern wir uns um die Bedürfnisse von den Menschen, mit denen wir arbeiten. Eine Person aus unserem Autor*innenkollektiv arbeitet in der persönlichen Assistenz. Auf dem Papier besteht ihre Arbeit darin, praktische Hilfe in Form von Haushaltstätigkeiten und Begleitung bei Aktivitäten zu leisten. Ein großer Teil der Arbeit passiert jedoch auf sozialer Ebene, als Ansprechperson in Krisen- oder Konfliktsituationen. Gerade dieser Aspekt macht Care-Berufe so anstrengend: Es ist wichtig, sozial zu ›funktionieren‹ und für andere Menschen da zu sein, unabhängig von der eigenen Verfassung.

Darin liegt auch eine andere Form von emotionaler Arbeit begründet. Sie besteht darin, die eigenen Emotionen und Verhaltensweisen an die jeweilige soziale Situation anzupassen, in der wir uns befinden. Wir setzen soziale Konventionen um und ›verstellen‹ uns, um in der jeweiligen Situation angenommen und anerkannt zu werden. Auch hier müssen Personen besonders viel Arbeit leisten, die als ›nicht normal‹ wahrgenommen werden. Das kann beispielsweise darin bestehen, bei der Lohnarbeit die eigene sexuelle Orientierung nicht preiszugeben, als Person mit Autismus zu ›maskieren‹[47] oder den Ärger und die Trauer über diskriminierendes Verhalten runterzuschlucken. Daran können wir erkennen, dass Sorgearbeit immer von Machtverhältnissen durchzogen ist. Wenn wir uns und anderen bewusst machen, wann und wo überall Sorgearbeit geleistet wird, machen wir auch die Macht- und Ungleichheitsverhältnisse sichtbar, die mit ihr verbunden sind. Wir können nicht dabei stehenbleiben, die Sorgearbeit sichtbar zu machen, sondern müssen auch begreifen, welche gesellschaftlichen patriarchalen Strukturen damit verbunden sind. In Kapitel 3 zu queerfeministischer Klassenpolitik haben wir uns intensiv mit den Wirkungsweisen des Patriarchats beschäftigt, die sich auf den Alltag auswirken. Sich dessen immer wieder bewusst zu werden und jeden Tag aufs Neue Sorgearbeit auszuhandeln und offenzulegen, ist ein langanhaltender und dauerhafter Lernprozess, der nur durch kollektiven Austausch stattfinden kann. Hier liegt ein Ansatzpunkt für kollektive feministische Streikpraxen, in denen wir uns unsichtbare Arbeit vergegenwärtigen und neue Beziehungsweisen lernen können. Damit können wir eine Perspektive und Lebensweisen etablieren, die die Sorge und die Sorgearbeit ins Zentrum stellen und uns daran erinnern, dass wir als soziale Wesen voneinander abhängig sind und dass Sorgearbeit nicht nur etwas ist, über das wir ausgebeutet werden. Sie ist vielmehr die Basis für das Leben und das soziale Miteinander. Sie ist damit auch die Grundlage für die Gesellschaft, für die wir kämpfen.

II. Gemeinsam handeln und kollektivieren

Doch wie gehen wir mit dieser Sorgearbeit um, die wir uns vergegenwärtigen? Wie können wir dafür sorgen, dass sie gerecht(er) verteilt wird, und die Machtstrukturen bekämpfen, die in ihr enthalten sind? Und wie können wir neue Beziehungsweisen lernen und die Sorge für uns ins Zentrum stellen?

Für uns besteht der feministische Streik im Alltag darin, Sorgearbeit zu kollektivieren und gemeinsame Lösungen dafür zu finden, wie sie orga-

47 Mit ›maskieren‹ bezeichnen Menschen mit Autismus eine Strategie, bei der sie ihre eigentlichen Verhaltensweisen und Emotionen unterdrücken und sich eine Rolle bzw. Fassade aneignen, um sozial anerkannt und akzeptiert zu werden. Das ist jedoch mit großer Anstrengung und Erschöpfung verbunden. Auch hier gibt es eine vergeschlechtlichte Komponente: Weil autistische Mädchen sich durch Maskieren häufiger an soziale Normen anpassen, wird bei ihnen seltener Autismus diagnostiziert als bei Jungen (vgl. Der Standard 2017).

nisiert werden kann. Wir müssen uns gegen unsere Sozialisierung stellen, die uns Individualismus einpflanzt und uns eingetrichtert hat, wir müssten alles ›alleine schaffen‹. Das kann erstmal darin bestehen, sich verletzlich zu zeigen und sich anderen Menschen zu öffnen und nach Unterstützung zu fragen. Es kann darin bestehen, sich der eigenen Grenzen bewusst zu werden und sie zu kommunizieren. Damit schaffen wir erst einmal die Basis, um Auseinandersetzungen zu führen und nach gemeinsamen Lösungen für Krisen und Konflikte zu suchen. Teilweise praktizieren wir solche Ansätze vielleicht auch schon, doch für viele Menschen sind gerade diese Schritte anfangs besonders schwer.

Darüber hinaus können wir aber auch konkrete Strukturen schaffen, um Sorgearbeit anders zu organisieren. Das kann dabei ganz unterschiedlich aussehen. Aus Wohngemeinschaften kennen wir vielleicht WG-Treffen, wo die Aufgaben und Verantwortlichkeiten klar verteilt werden und Raum dafür gegeben wird, Bedürfnisse zu äußern und Probleme anzusprechen. Damit können die Orte, an denen wir wohnen, zu Orten gegenseitiger Fürsorge werden. Und sie können auch Orte des sozialen Miteinanders sein, an denen wir uns versammeln und uns eine Zukunft vorstellen, in der Sorgearbeit in größerem Stil kollektiviert wird (siehe Kapitel 8). Kollektivierung kann aber zum Beispiel auch darin bestehen, über neue Familien- und Wohnformen nachzudenken, in denen die Sorgeverantwortung anders aufgeteilt wird, sodass sie nicht nur an zwei Menschen hängenbleibt. Oder Kollektivierung kann darin bestehen, Unterstützungsgruppen für Betroffene von sexualisierter Gewalt zu gründen, um gemeinschaftlich die Unterstützung und Begleitung zu geben, die hier gebraucht wird. Für manche Personen liegt Kollektivierung auch darin, sich in sozialen Medien mit Gleichgesinnten zu vernetzen und sich dort weiterzubilden. Und Kollektivierung kann natürlich auch bedeuten, sich politisch zu organisieren, um für unsere Belange einzustehen.

Auch bei der Lohnarbeit, in der Universität oder in der Schule können wir uns zusammentun und gemeinsam gegen die dort vorherrschenden Logiken von Konkurrenz und Leistung ankämpfen. Gerade in Bildungseinrichtungen sind wir damit konfrontiert, dass wir in Konkurrenz zueinander gesetzt werden. Wir werden ständig dazu angehalten, Leistung zu erbringen. Durch Mechanismen wie das Notensystem wird dabei der Anschein erweckt, es gäbe ›rationale‹ und ›neutrale‹ Bewertungsmaßstäbe. Doch auch Schulen und Universitäten sind von Machthierarchien und

Ausschlussmechanismen geprägt, gegen die wir uns verbünden können. Das gesamte Bildungssystem können wir leider nicht von jetzt auf gleich ändern, aber wir können Unterstützungsstrukturen schaffen. Das können gemeinsame Lerngruppen sein, Hilfestellungen bei Hausarbeiten oder auch das gemeinsame Vorgehen gegen dominantes Redeverhalten in Seminaren oder gegen Seminarpläne, auf denen nur die Texte *weißer* alter Männer auftauchen. In Lohnarbeitszusammenhängen können wir uns in Streiks und Arbeitskämpfen[G], aber auch über betriebliche Mitbestimmungsstrukturen wie Betriebsräte für eine Verbesserung der Arbeitsbedingungen einsetzen. Wir können dagegen vorgehen, dass wir ständig dazu angehalten werden, Überstunden zu leisten und uns für die Arbeit aufzugeben, indem wir uns auch am Arbeitsplatz mit unseren Kolleg*innen zusammentun und uns nicht als Konkurrent*innen gegeneinander ausspielen lassen.

Für uns als politisch aktive Feminist*innen begegnet uns die Leistungslogik teilweise auch in unserer politischen Arbeit. Wir lehnen Lohnarbeit ab und legen Sorgearbeitsstrukturen offen, aber wenn es um Aktivismus geht, fällt es uns schwer, Grenzen zu setzen. Schließlich gibt es einfach zu viel zu tun. Den Kalender rauszuholen und nach einem neuen Termin zu suchen, ist für uns eine alltägliche Handlung. Wir stellen hohe Ansprüche an unsere Redebeiträge und Instaposts, befinden uns in permanenten Konfliktsituationen, organisieren Veranstaltungen und Demonstrationen und haben trotzdem das Gefühl, ›nicht genug zu machen‹. Das alles passiert selbstverständlich parallel zu Lohnarbeit, Studium und Care-Arbeit. Dass wir uns dabei selbst ausbrennen und uns oft gegenseitig ein Leistungsparadigma[G] vorleben, fällt uns oft erst dann auf, wenn es zu spät ist und wir Politpausen einlegen müssen. Feministischer Streik bedeutet, nachhaltigen Aktivismus zu etablieren, Grenzen zu erkennen und zu thematisieren und unsere eigenen Ansprüche selbstkritisch zu hinterfragen. Manchmal müssen wir die Grenzen dann auch ziehen, indem wir Prioritäten setzen und an anderer Stelle Abstriche machen. Wir sollten uns Pausen nehmen, wenn wir sie brauchen, und unseren Alltag auch mit schönen Dingen füllen, die uns inspirieren und uns neuen Mut geben.

Der Kampf findet ohnehin jeden Tag aufs Neue statt. Wir setzen uns in unseren privaten Beziehungen, auf der Straße und im Supermarkt permanent mit patriarchalen, sexistischen und queerfeindlichen Strukturen auseinander. Wir erklären anderen Menschen, was PMS ist, wie es sich anfühlt, auf der Straße angegafft zu werden, oder dass wir uns manchmal nachts unwohl fühlen, wenn wir alleine nach Hause gehen. Wir regen uns über sexistische Boxtrainer*innen auf oder über Typen, die uns im Supermarkt anquatschen. Wir wissen, welcher Typ sich mal übergriffig verhalten hat oder wen wir unangenehm finden und erzählen uns gegenseitig davon. Das heißt, wir kommen um den Kampf gegen das Patriarchat gar nicht herum. Das sind jedoch nur ein paar Beispiele, die uns in unserem eigenen Alltag begegnen und von denen wir persönlich betroffen sind. Neben unseren eigenen Auseinandersetzungen wollen wir solidarische Praxen einführen, weiterentwickeln und vor allem im Alltag leben. Wir schreiben diesen Text als *weiße* Personen, die selbst keine Rassismuserfahrungen gemacht haben. Das bedeutet, für uns ist es unabdingbar, uns über Rassismus zu informieren, unsere eigenen Rassismen permanent zu hinterfragen, unseren von Rassismus betroffenen Freund*innen zuzuhören und auch für sie zu sorgen. Ebenso müssen wir in Kontakt mit den Personen in unserem Umfeld bleiben, die Eltern sind, und mit ihnen zusammen überlegen, wie wir unseren Aktivismus und unsere Alltagsaktivitäten so gestalten können, dass sie immer noch Teil davon sein können und nicht rausfallen, weil sie ein Kind bekommen haben. Viele von uns haben in ihrem Alltag auch wenig mit Themen rund um Krankheiten und Be_hinderung zu tun, obwohl es etwas ist, was uns von heute auf morgen betreffen könnte. Auch davon Betroffene müssen wir in unseren feministischen Streik und Klassenkampf mitaufnehmen. Es ist ein Skandal, dass Menschen in Be_hindertenwerkstätten nur ungefähr 1,50 € Stundenlohn bekommen, obwohl sie ebenso produktive Arbeit leisten wie Menschen in ›normalen‹ Arbeitsverhältnissen. Die Unterstützung von Initiativen, die dagegen vorgehen, sollte im feministischen Streik mitgedacht werden. Wieso sehen wir trotz der seit Jahrzehnten seitens be_hinderter Menschen vorgetragenen Kritik in unserem Alltag über die Abwesenheit von Menschen mit sichtbaren Be_hinderungen hinweg?

An diesen Stellen und an so vielen anderen haben wir Lücken und Widersprüche in unserem eigenen Aktivismus und auch in unserem Alltagsleben. Ein feministischer Streik im Alltag bedeutet, solidarisch miteinander zu sein, kollektive Strukturen aufzubauen und uns dabei stetig weiterzubilden und weiter zu lernen. Dabei stellen wir auch immer unsere eigene Bewegung auf den Prüfstand. Diese scheinbar kleinen Kämpfe im Alltag verstehen wir als Basis für die große Revolution. Die hier erzielten Erfolge und gemachten Erfahrungen der Solidarität geben uns Kraft und schaffen Freiräume und vor allem solidarische Beziehungen, die auch größere Umwälzungen tragen können. Gleichzeitig verkörpert sich in ihnen schon jetzt das, wofür es sich zu kämpfen lohnt.

Feministisch streiken in revolutionären Bewegungen

Nachdem wir uns mit der Verortung feministischer Kämpfe innerhalb anderer Themen beschäftigt und anschließend die Alltagspraxis des feministischen Streiks beleuchtet haben, möchten wir im letzten Abschnitt nun nochmal die Frage aufwerfen, was uns in der Organisierung und im Zusammenspiel mit anderen linken Kräften wichtig ist.

Die Geschichte der Frauen- und queeren Bewegungen zeigt uns, dass wir als Feminist*innen nie nur Feminist*innen waren, dass unsere Kämpfe schon immer zugleich im Großen wie im Kleinen stattfanden, dass wir mal feministische Revolutionär*innen, mal revolutionäre FLINTA* sein mussten, manchmal mit und oft gegen cis Männer kämpften. Kurz zusammengefasst könnte man sagen: Es ist komplex! Diese Komplexität, ein*e weibliche, trans*[G], inter, nicht-binär oder agender[G] Revolutionär*in zu sein, also aus diesen Identitäten heraus für die Abschaffung von Kapitalismus und Patriarchat zu kämpfen, kann zuweilen belastend und überfordernd sein.

Viel ist geschehen, was die Verallgemeinerung feministischer Positionen innerhalb einer radikalen Linken betrifft – doch die Widersprüche, die damit einhergehen, FLINTA* innerhalb dieser Linken zu sein, haben sich bisher nicht beseitigen lassen. So empfinden wir es noch heute als absolut nachvollziehbar, uns, wie einst Clara Zetkin[48], klar gegen die bürgerlichen Frauen an die Seite der männlichen Arbeiter zu stellen oder aber auch Männer von unseren Treffen zu werfen, wie es in den 80er/90er Jahren immer wieder geschah – um den feministischen Anliegen jenen Platz einzuräumen, den sie innerhalb des gemeinsamen Kampfes verdienen. Das heißt zugleich, dass wir uns nicht einfach auf der Komplexität der Widersprüche und

48 Am Ende des 19. Jahrhunderts entstanden aus wachsenden Interessengegensätzen heraus die ersten eigenen Organisationen proletarischer Frauen, die sich von den bürgerlichen Frauen nicht repräsentiert fühlten. Clara Zetkin wurde darin später eine dominierende Persönlichkeit und legte die theoretischen Grundlagen einer marxistischen Theorie der Frauenemanzipation. Auch wenn sie innerhalb der männlich dominierten Arbeiterbewegung immer wieder auf Gegenwehr stieß, sprach sie sich zeitlebens für einen gemeinsamen revolutionären Kurs innerhalb der proletarischen Bewegung und gegen einen Zusammenschluss mit den liberal-gemäßigten bürgerlichen Frauen aus.

Verhältnisse ausruhen können. Als Kommunist*innen ist es stets unsere Aufgabe, durch die Analyse hindurch Antworten zu finden, die der jeweiligen Zeit und dem Ort entsprechen, an dem wir unsere Kämpfe führen.

Da wir patriarchale Verhältnisse verinnerlicht haben, ist ein Teil unseres Strebens nach Veränderung, alltäglich neue und grundlegend andere Umgangs- und Beziehungsweisen zu erproben und gegen den Widerstand der althergebrachten Muster und tief verankerten Strukturen zu erstreiten. Die Linien verlaufen dabei keinesfalls entlang klarer Grenzen. Wenn *weiße* FLINTA* von der globalen Ausbeutung von rassifizierten[G] Menschen profitieren, ist es eine Aufgabe, ihren internalisierten Rassismen zu begegnen und gemeinsame Kämpfe auf Augenhöhe zu ermöglichen. Wenn Frauen sich selbst durch patriarchales Verhalten aufwerten können, gilt es zu lernen, dass dieses nicht nur Männern zu eigen ist. Dabei sollten wir uns als Feminist*innen jederzeit trauen, ›groß‹ zu denken: Es gilt, unsere internalisierte Lebensweise grundsätzlich infrage zu stellen – von der Produktionsweise bis zur Reproduktion unserer Gesellschaft, über die Konsumnormen und die Ausbeutung der Natur, den feminisierten Arbeiten bis hin zur Art und Weise, wie wir Beziehungen führen, können wir nichts unangetastet lassen. Das bedeutet auch, einen selbstkritischen Umgang zu finden, der uns nicht in die Erstarrung führt, sondern uns wachsen lässt. Leichter gesagt als getan. Und doch ist klar, dass es für die Umwälzung der Verhältnisse nicht reicht, einen Forderungskatalog an ›die Herrschenden‹ zu stellen.

Ein wichtiger Aspekt des Entlernens der verinnerlichten Herrschaftsverhältnisse ist es, diese Aufgabe kollektiv anzugehen. Es ist offensichtlich, dass wir aus patriarchal geprägten Beziehungsweisen innerhalb des Kapitalismus niemals gänzlich werden heraustreten können. Wenn wir uns allerdings so weit ›freistrampeln‹ wollen aus den Zwängen der Gegenwart, wie wir es brauchen, um ausreichend Luft für den gemeinsamen Kampf zu haben, dann gelingt uns dies am besten durch kollektives Lernen, durch den Austausch von Erfahrung, durch gegenseitiges Stützen und Kritisieren. Autonome Organisierung ist immer dort, wo es möglich ist, ein enormer Zugewinn. Denn egal ob in Rojava oder der antifaschistischen Bewegung der BRD in den 80er und 90er Jahren, die autonome Organisierung von FLINTA* hat stets einen enormen Zugewinn an Erkenntnissen, Perspektiven und Freiheiten gebracht, die es in der gemeinsamen Organisierung nicht geben konnte. Nur durch diese Autonomie haben wir die Kraft finden können, um die linke Bewegung von innen heraus zu verändern.

Klar ist, dass hinter den Entwicklungen innerhalb der linken Bewegung schon immer Erfahrungen und Erkenntnisse, Interventionen, die Kampfeslust und der Auseinandersetzungswillen von Frauen und Queers standen, die den schlecht bestellten Zustand eines sich als revolutionär verstehenden Haufens nicht hinnehmen konnten. Der Zusammenschluss als patriarchal unterdrückte Geschlechter hat dabei historisch in allen möglichen Formen stattgefunden: in den Frauen*wahlverbänden, den F*Antifas[G] und militanten feministischen Kleingruppen, den solidarischen Unterstützer*innenkreisen[G], den autonomen Frauen*häusern, den spontanen Interventionist*innen, die den übergriffigen Macker auf der Party gemeinsam auf die Straße stellen, der autonomen Doppelstruktur, die so lange am Frauenkampf festhält wie an der Umsetzung der Revolution selbst. Sie alle haben ihre Berechtigung und tragen zum gemeinsamen Kampf bei.

Wie nun ist feministisch streiken ins Verhältnis zur linken, revolutionären Bewegung zu setzen? In diesem Buch haben wir uns die Frage gestellt, was eigentlich den feministischen Streik ausmacht (siehe Kapitel 4), wie wir ihn durchdringen können, um seine spezifische Qualität zu verstehen. In diesem Prozess haben wir uns von einem sehr engen Begriff des Streiks wegbewegt. Feministisch streiken wurde so für uns zu einem Phänomen, das wir als Instrument und Methode, Zwischenschritt und Haltung zugleich betrachten.

Streik ist ein zentrales Werkzeug der Arbeiter*innenklasse, ein Mittel, um unsere gemeinsame Stärke zu entfalten. Als solches dient er als Instrument im Kampf *gegen* die herrschenden Verhältnisse. Innerhalb des Kapitalismus sind permanente Angriffe auf die Bedingungen, unter denen wir arbeiten und uns reproduzieren, an der Tagesordnung. Um diesem Klassenkampf von oben zu begegnen, ist und bleibt Streik eines der stärksten und konsequentesten Waffen der Arbeiter*innen: »Alle Räder stehen still, wenn dein starker Arm es will«, sangen schon die Arbeiter*innen des ersten Allgemeinen Deutschen Arbeitervereins 1863.

Zum anderen ist feministisch streiken ein Zwischenschritt, der uns als politische Subjekte[G] formt und uns wichtige Erfahrungen sammeln lässt. Hierin gleicht er vielen anderen Aktionsformen. Da Streik aber wie wenige andere politische Mittel einen enorm verallgemeinerbaren und damit inklusiven Charakter hat, liegt seine Stärke auch insbesondere darin, gemeinsame Erfahrungen als Klasse zu ermöglichen. In der kollektiven Verweigerung liegt eine enorme Kraft: »Nein« zu sagen, gemeinsam nicht zu funktionieren, sich zur Wehr zu setzen, kann uns Superkräfte verleihen.

Zugleich bleibt der feministische Streik hierbei nicht stehen, denn während wir unsere Verweigerung in Frontstellung gegen außen bringen, ermöglichen wir innerhalb des Streiks ein anderes Miteinander. Damit wird der feministische Streik zur Veräußerung unserer inneren Konflikte. Was meinen wir damit? Durch ihn können wir den Widerspruch, als Frauen und Queers innerhalb des patriarchalen Kapitalismus gegen diesen aufzubegehren, in eine politische Kampfform verwandeln. Die Erfahrungen, die wir hierbei machen, werden Teil unseres Selbst. Es sind Erfahrungen von neuer Vergeschwisterung, von Eingebundensein und sich dennoch frei(er) fühlen, von Ängste haben und sich ihnen gemeinsam annehmen, von Handlungsmacht und Kollektivität[G]. Solche Erfahrungen können wir im Einzelkämpfertum des Neoliberalismus[G] niemals machen.

Aber auch in linken Kämpfen kommen wir ohne das Feministische im Streik nicht weiter. Denn im feministischen Streik gehen wir über die Verweigerung hinaus einen Schritt weiter. In ihm ist klar, dass die kollektive Stärke nach außen nur von Dauer sein kann, wenn wir im Inneren an neuen Beziehungsweisen und einem anderen gesellschaftlichen Miteinander feilen. Das ist ein kontinuierlicher Prozess, der sich von all den Erfahrungen nährt, die wir in den vielen kleinen und großen Streiks der letzten und nächsten Jahrzehnte machen (werden). Diese Erfahrungen werden für einen Umbruch und Umbau aller gesellschaftlichen Verhältnisse unabdingbar sein, denn: Die Revolution wird feministisch sein – oder sie ist keine Revolution!

Wir folgern hieraus, dass feministisch streiken der Ausdruck der Kämpfe eines Proletariats[G] ist, das einen Wandel durchgemacht und Erkenntnisse erlangt hat, hinter welche es nicht mehr zurücktreten kann. Das heißt, dass wir schlussendlich davon ausgehen, dass sich das Feministische des feministischen Streiks vollständig verallgemeinern muss, da es Bausteine einer neuen Gesellschaft enthält, die nicht nur FLINTA* betreffen, sondern gesamtgesellschaftliche Bedeutung haben. Zugleich betrachten wir es nicht als selbstverständlich, dass wir fortan nur noch feministisch streiken. Vielmehr fordern wir, dass die Haltung und der Umgang der Streikenden untereinander jederzeit aktiv auf die radikalen feministischen Beziehungsweisen hinwirken muss, die als Potenzial in der Form des Streiks selbst angelegt sind. Das gilt für Queers und Frauen sowie Männer. Unsere Forderung lautet daher: Feministischer Streik für alle!

8. Wofür wir streiken – Feministische Utopien

Unsere Thesen für den feministischen Streik, die der Ausgangspunkt für dieses Buch waren, hätten wir nicht schreiben können, ohne eine Vorstellung davon zu haben, was wir wollen. Der feministische Streik ist ein Mittel des politischen Protests, eine Verweigerung, ein Aufschrei, der sagt: So geht es nicht weiter! Wir wissen, dass wir ein besseres Leben verdienen und dass die Welt eine andere sein könnte. Wir wollen all die Ungerechtigkeiten nicht länger hinnehmen, weil wir gelernt haben, sie als Unrecht zu erkennen, und weil wir übersprudeln vor Ideen, wie es besser gehen könnte: Einige dieser Ideen sind ganz konkret, andere nur vage Umrisse, manche ankern fest in den Erfahrungen, die wir alltäglich machen, und wiederum nicht wenige entspringen handfesten Analysen, die sich ständig weiterentwickeln.

Doch genau auf diese sehnsüchtigen Ideen und zarten Utopien sind wir angewiesen, wenn wir uns selbst und andere Menschen von unseren Kämpfen überzeugen wollen. Deshalb wollen wir in diesem Kapitel genauer skizzieren, welche Gedanken uns antreiben und wie wir uns das Leben in einer Gesellschaft, die auf queerfeministischen Füßen steht, ausmalen.

Im politischen Kampf existieren diese Momente der Kollektivität[G], die eine wunderbare Freude und Wonne hervorrufen. Wenn man in der Hitze des Moments keine Zeit hat innezuhalten, wenn man nicht nach vorne schaut, sondern sich auf das Funktionieren der Technik für den nächsten Redebeitrag, auf das Unterhaken der Arme, auf die Lieder an den Barrikaden, auf das Kochen in meterhohen Töpfen, aufs Bereitstellen und Aufbauen, aufs Umeinanderkümmern in diesem Moment konzentriert, da das Kollektive zwischen uns ein großes Netz gesponnen hat – dann denkt man manchmal, es brauche gar keine Utopien. Die bessere Zukunft könnte einfach im Hier und Jetzt aus dieser Kollektivität entstehen, die jede*n einschließt, die*der bereit ist, sich auf ein gleiches und befreiteres Miteinander in dieser Gesellschaft einzulassen.

Ohne diese Momente wären wir nichts. Aber dass diese Momente nicht ohne Weiteres in die Zukunft zu verlängern sind, liegt nicht (nur) in ihnen selbst begründet. Denn das kapitalistische Außen schläft ja nicht. Es zieht uns zurück in seinen Bann, sei es mit Räumungsanordnungen, sei es mit Polizeigewalt oder der Notwendigkeit, am Montag wieder auf Arbeit zu erscheinen, um auch im nächsten Monat noch genügend Ressourcen für den eigenen Kampf zu haben. Umbrüche, soviel ist klar, passieren nicht von heute auf morgen und sie sind weder am Reißbrett zu entwerfen noch völlig kopflos anzugehen.

Was es also braucht, ist eine Auseinandersetzung mit unseren Vorstellungen von Umbruch und Revolution[G] – und somit mit der Frage, was kommen soll. Der Gedanke eines Umbruchs, einer grundlegenden Transformation, einer Ablehnung der unzähligen Widersprüche des Gegebenen erscheint notwendig – und doch utopisch. Was kommen soll, ist selbst eine Utopie – und doch zugleich reine Notwendigkeit.

Die Frage nach der Utopie müssen wir beginnen mit der Frage über unser Nachdenken über diese. Utopie, das ist (aus dem Altgriechischen) ein Nicht-Ort, der »Entwurf einer zukünftigen, meist aber fiktiven Lebensform der Gesellschaftsordnung, die nicht an zeitgenössische historisch-kulturelle Rahmenbedingungen gebunden ist«[49]. Aus einer materialistischen[G] Sicht kann das nicht oder nur zum Teil unser Verständnis von Utopie sein. Der materialistische Imperativ einer Verankerung des Kritisierens, Denkens und Vorstellens in den Verhältnissen der Gegenwart muss die Vorstellung einer völlig ungebundenen Fiktion doppelt zurückweisen: Zum einen kann es überhaupt nicht möglich sein, von den eigenen Umständen absolut losgelöst zu denken, geschweige denn, eine Welt dahingehend zu formen. Zum anderen können wir es nicht wollen, uns *nicht* an der Gegenwart zu orientieren. Immerhin bietet sie allen Stoff, den wir zum Weben unserer Träume bisher nutzen konnten – und diese sind mitnichten grau und farblos. Wenn wir diejenigen sind, die schon heute an der zukünftigen Gesellschaft tüfteln und bauen wollen, dann müssen wir sie auch aus unserem Wissen und unseren Kenntnissen heraus denken und verhandeln. Die Krux dabei ist allerdings, uns nicht auf reines Wollen und Wünschen zu verlassen, sondern uns die Gegenwart als ein Negativ anzuschauen. Wir sehen, dass die Verhältnisse in vielerlei Hinsicht Schlechtes hervorbringen. Das soll und kann uns nicht nur einen Anreiz geben, sie zu verändern, sondern bereits den ersten Schritt in die richtige Richtung weisen. Wenn beispielsweise etwas

49 https://de.wikipedia.org/wiki/Utopie

Demokratie heißt, was dann aber nur darin besteht, alle paar Jahre zur Wahl zu gehen, um die nächste Riege von Systemverwalter*innen einzusetzen, dann weist der Weg zur Besserung in eine Richtung, wo die*der Einzelne tatsächlich an Entscheidungsprozessen beteiligt ist. Wenn Unternehmen mit Medikamenten Millionen verdienen, während anderswo Menschen an den Krankheiten sterben, für die sie sich die Medikamente nicht leisten können, dann zeigt der Wegweiser wohl in Richtung Enteignung. Wenn Familien nicht nur ein Hort von Geborgenheit und Wärme sind, sondern auch der Ort, an dem Frauen noch immer der meisten patriarchalen Gewalt ausgesetzt sind und queere[G] Menschen oft aus Strukturen der Geborgenheit herausfallen oder ausgestoßen werden, dann ist es sicher richtig, den Weg zur Neudefinition von Familie zu beschreiten.

Beim Blick auf die Gegenwart erkennen wir, dass sie voller Widersprüche steckt. Indem sich diese Widersprüche fortentwickeln, passiert Geschichte. Wenn wir uns die Geschichte anschauen und uns fragen, wie das eine zum anderen kam, stellen wir fest, dass sie keine Aneinanderreihung zusammenhangsloser Momente ist, sondern gewisse Umstände stets zu anderen führten. In der Methode des dialektischen Denkens spricht man dabei von Aufhebung im doppelten Sinne: Die Widersprüche eines bestimmten Moments werden aufgehoben (also in ihrer Form beendet), aber zugleich bleiben bestimmte Elemente der ursprünglichen Widersprüche in den neuen Konfigurationen aufgehoben (im Sinne von bewahrt). Als die Menschen im Iran auf die Straße gingen, weil eine Frau, die ihren Hijab nicht ordnungsgemäß getragen hatte, im Gefängnis ermordet wurde, waren diesem Moment, in dem sich der Unmut scheinbar plötzlich und unvermittelt in heftigen Protesten ergoss, Umstände vorausgegangen, die scheinbar ›aufgehoben‹ (also beendet) werden wollten. Diese Umstände existierten in Bezug aufeinander: Frauen hatten im Iran schon einmal sehr viel freier leben können. Eine ›gestohlene Revolution‹ hatte die Zeit beinahe zurückgedreht, aber den Widerstand nicht vollständig gebrochen, obwohl unzählige Menschen Freund*innen und Genoss*innen an die Foltergefängnisse verloren hatten und Widerstand für einige Jahre nur in der Diaspora und im Verborgenen möglich war. Freiheit und Religion, eine geschlechtergerechte Gesellschaft und Patriarchat, imperialistische Machenschaften, Kapitalismus und Selbstbestimmung stehen sich hier wie überall auf tausend widersprüchliche Arten gegenüber. Der Moment der Aufhebung in den Protesten, die auf Jina Mahsa Aminis Tod folgten, ist also gekoppelt an eine lange Geschichte der miteinander in Beziehung stehenden Widersprüche. Diese werden sich nicht beseitigen lassen durch die zuletzt aufgekommenen Proteste. In einer neuen Konstellation werden sich neue Widersprüche formieren, die mit den alten zu tun haben, da sie aus ihnen hervorgegangen sind.

Aus einer materialistischen Sichtweise heraus ist das die Form, nach der sich die Vergangenheit in Gegenwart und in Zukunft verwandelt. Aber die Geschichte strebt nicht von alleine progressiv vorwärts, sondern muss *durch unser Handeln* in diese Richtung bewegt werden. Es ist wichtig zu wissen, dass es auch jederzeit anders kommen kann. Und natürlich gibt es die Gegenwehr derer, die die Verhältnisse in eine andere Richtung fortbewegen wollen. »Die Menschen machen ihre eigene Geschichte«, schreibt Marx und meint damit nicht nur die Entscheidungen, die wir für unser eigenes Dasein treffen (MEW 8: 115). Als einfache Menschen, aber auch als Arbeiter*innenklasse ist kollektives Handeln für uns der beste Weg, um uns tatsächlich aktiv für den Fortgang der Geschichte einzusetzen. Handeln wiederum, welches auf ein progressives Fortkommen gerichtet ist, setzt unsere Beschäftigung mit der Gegenwart und unseren Vorstellungen einer besseren Zukunft voraus.

Zugleich kann es nicht einfach darum gehen, eine Blaupause der anderen Gesellschaft zu zeichnen, die dann durchgesetzt werden muss. Das wäre autoritär. Große Teile der neuen Gesellschaft werden sich erst aus den kommenden Kämpfen heraus entwickeln. Aber die Utopie ist etwas, an dem wir die Mittel zur gesellschaftlichen Veränderung messen können. Terror und Unterdrückung sind beispielsweise effektive Mittel, um bestimmte Forderungen durchzusetzen. Als Mittel der Befreiung taugen sie aber nicht, weil sie verhindern, dass wir kommunistische Beziehungsweisen aufbauen, die wir schließlich in der neuen Gesellschaft verwirklicht sehen wollen.

Wir haben behauptet, dass die Gegenwart in weiten Teilen eine negative ist. Damit meinen wir nicht, dass wir alle keinen Spaß, keine Liebe, keine Freude und guten Momente in unserem Leben hätten. Allerdings ist es so, dass unsere Gegenwart kein gutes Leben für alle hervorbringen kann. Derartig sind die Widersprüche in ihr, dass sie ständig und überall Leid hervorrufen: Unfreiheit, Unterdrückung, Überforderung, Hunger, Perspektiv- und Hoffnungslosigkeit sind die andere Seite der Medaille von Wohlstand, Zeit, Sicherheit, Unabhängigkeit und so weiter.

Konkrete Utopien I: Leben, wie wir wollen!

Um konkrete Utopien zu entwickeln, wollen und müssen wir uns also an den Unzulänglichkeiten unserer Gegenwart abarbeiten. Das bedeutet, dass wir den Gründen für unser Leid und Unwohlsein in der Welt, wie sie ist, auf die Spur gehen. Mit den Analysen in diesem Buch haben wir versucht, einen Beitrag dazu zu leisten, die Gründe und Strukturen zu identifizieren, die unserer Unterdrückung zugrunde liegen.

Eine Grundvoraussetzung für das gute Leben für alle sehen wir in der Abkehr vom Kapitalismus. Solange wir in einer Welt leben, die die Steigerung der Profite von Konzernen und Aktionär*innen zum obersten Ziel erklärt hat, sind Ausbeutung und Leid nicht auszuräumen. Wir wollen eine Welt, die statt der Kapitalakkumulation die Bedürfnisse der Menschen in ihren Mittelpunkt stellt.

Doch wie kann das konkret aussehen? Als Feminist*innen liegt es für uns nahe, beim menschlichen Miteinander und somit der Care-Arbeit[G] anzusetzen. Wir wollen eine Gesellschaft, die das Umeinandersorgen und Füreinanderdasein in den Mittelpunkt stellt. Dabei kann unsere Utopie nicht nur auf Änderungen beruhen, die unsere Arbeit betreffen – egal ob produktiv oder reproduktiv. Vielmehr kann Utopie für uns nur eine grundlegende Änderung unserer Leben und unserer Gesellschaft bedeuten.

Sorgearbeit[G], wie zum Beispiel Kinder aufzuziehen, Pflege von erkrankten Personen oder Assistenz von Personen mit Be_hinderung, sollte in der Utopie nicht nur aufgrund von zugeschriebenen Geschlechternormen[G] von FLINTA*[G] übernommen werden. Vielmehr müssen alle Personen ihren Anteil daran übernehmen – à la »Jede*r nach ihren*seinen Fähigkeiten, jeder*jedem nach ihren*seinen Bedürfnissen«. Privatisierte Kitas, in denen es sowieso eigentlich nie freie Plätze gibt, gäbe es dann nicht mehr. Alternativen, die uns vorschweben, sind vielfältig: Sorgenetzwerke, Gesundheitshäuser, Mehrgenerationenhäuser, soziale Zentren – um nur einige Möglichkeiten zu nennen. Diese ganzen Möglichkeiten eint, dass dies Orte sind, an denen Menschen zusammenkommen und kollektiv Aufgaben meistern, die notwendig sind, damit alle Personen ver- und umsorgt sind. Damit sich solche konkreten Utopien entfalten können, braucht es einen immensen Ausbau öffentlicher Infrastruktur, wie zum Beispiel Räumlichkeiten für Kinderbetreuung oder Stadtteilkantinen. Wenn wir eine solche Utopie betrachten, gibt es dort keinen Platz mehr für private Unternehmen, die auf ihren eigenen Profit aus sind.

Es darf auch keine rechtlichen Einschränkungen mehr geben, die Personen, welche von einer heteronormativen und *weißen* Norm abweichen, den gleichen Zugang zu Rechten verwehren. Adoptionen sollten für queere Personen nicht mit absurden Hindernissen belegt sein, Änderungen des Geschlechtseintrags in Dokumenten sowie Beratung und Zugang zu Hormontherapie oder anderen geschlechtsangleichenden Maßnahmen bei TIN*-Personen sollten eine einfache Angelegenheit sein und Assistenzen und Hilfsmitteln sollten für Personen mit Be_hinderung ohne lange Kämpfe und Bemühungen erhältlich sein.

Dies alles kann natürlich nicht ohne einen grundsätzlichen Normen- und Wertewandel passieren. Sowohl zwischenmenschlich als auch gesamtgesellschaftlich. Rassismus, Ableisms, Antisemitismus, Sexismus und Queerfeindlichkeit können in unserer Utopie keinen Platz haben!

Politische Partizipation soll sich nicht nur über Wahlen ausdrücken können, die Gestaltung unseres politischen Gemeinwesens sollte die Aufgabe aller sein (können). Um eine Änderung von politischer Teilhabe, Überwindung und Verlernen von Diskriminierungsformen und andere Formen der kollektiven Sorge zu erlangen, müssen wir aber noch einiges lernen. Wir müssen uns gegenseitig in einem kritisch-solidarischen Umgang miteinander schulen, wir brauchen Fehlerfreundlichkeit und wir müssen an die Veränderlichkeit des Menschen glauben und die Entfremdung voneinander innerhalb unserer Gesellschaften wieder entlernen.

Und wir wissen, dass die Überwindung des Kapitalismus kein nationales Projekt sein kann. Klimakrise, Kriege und menschenunwürdige Grenzregime zeigen uns, dass wir globale Lösungsansätze für globale Probleme brauchen. Wenn wir das Nord-Süd-Gefälle auflösen wollen, dann müssen wir dazu auch national-kapitalistische Konkurrenzverhältnisse aufbrechen und die Kontinuitäten kolonialer und imperialer – und eigentlich sowieso aller – Gewaltverhältnisse aufbrechen.

Dies kann alles nicht passieren, wenn wir konstant damit beschäftigt sind, uns irgendwie durch Lohnarbeit[G] am Leben zu erhalten, und für andere Dinge nur noch vier Stunden pro Tag zur Verfügung zu haben. Arbeit muss anders verteilt sein – dazu haben wir im Gewerkschaftskapitel die *kurze Vollzeit*[G] *für alle* gefordert. Und falls es in diesem Buch noch nicht durchgekommen ist – in unserer Utopie ist das kapitalistische Wirtschaftssystem natürlich überwunden!

Konkrete Utopien II: Die Revolution ist bereits da!

Es wäre an dieser Stelle vermessen, über Utopie und Revolution zu schreiben, ohne darauf zu verweisen, dass diese bereits da sind: In Nord- und Ostsyrien (Rojava) sowie bei den Zapatistas in Chiapas (Mexiko) haben in den letzten Jahrzehnten Revolutionen stattgefunden. Für uns als Internationalist*innen und Revolutionär*innen bilden diese Revolutionen selbstverständlich wichtige Bezugspunkte. Zum einen, weil wir die kleinen Teilsiege gegen den patriarchalen Kapitalismus gemeinsam verteidigen müssen – zum anderen aber auch, weil sie Orte des Lernens und Weiterentwickelns darstellen. Denn wie wir bereits gesehen haben, können uns abstrakte Utopien zwar eine Ahnung davon geben, in welche Richtung unser Weg weist, und somit, worauf unser politisches Handeln ausgerichtet sein soll. Dennoch werden die Beschaffenheit des Weges, die Steine, die herumliegen, sowie die Blumen, die wir an seinem Wegesrand sehen, erst aus der Nähe wirklich sichtbar. Wir brauchen diese Revolutionen also, um uns mit der tatsächlichen Beschaffenheit von gesellschaftlichem Wandel auseinanderzusetzen. Daher wollen wir hier nun beispielhaft noch einige Gedanken und Erkenntnisse zur Revolution in Nord- und Ostsyrien festhalten (vgl. auch das Interview mit Nilüfer Koç im 6. Kapitel).

Nachdem ein Bürgerkrieg in Syrien zur Schwächung des syrischen Baath-Regimes in den kurdisch, jezidisch und alevitisch bewohnten Gebieten Nord- und Ostsyriens geführt hatte, kam es dort 2012 zu einer Revolution. Dabei vertrieben die Menschen die Militärs und Bürokraten des Assad-Regimes aus ihren Städten und führten eine regionale, autonome[G] Selbstverwaltung ein (AANES). Eine zentrale Rolle in dem Prozess spielten Frauen und andere unterdrückte Geschlechter – deren Rolle jedoch nicht plötzlich und ohne Vorbereitung vom Himmel gefallen war, sondern auf langjährigen politischen Auseinandersetzungen aufbaute.

Trotz hoher Hürden durch das Baath-Regime und oftmals unter dem Zwang, sich in der Illegalität zu organisieren, hatten Frauen innerhalb linker Organisationen oder in eigenständigen Verbänden ihre Beteiligung an politischen Fragen eingefordert und vorangetrieben. 2005 gründete sich der Dachverband der Frauenbewegung *Kongreya Star* (damals noch *Yekîtiya*

Star) mit der Maxime, keine Frau und Person anderen unterdrückten Geschlechts ohne Organisierung[G] zurückzulassen.

Sei es bei der militärischen Eroberung und Verteidigung der Revolution – in den folgenden Jahren vor allem gegen den sogenannten Islamischen Staat (IS) und die Angriffe des türkischen Staates – oder bei der schrittweisen, kleinteiligen und mühsamen Umwandlung der Gesellschaft, überall war die Beteiligung von Frauen Ziel und Voraussetzung zugleich. In den befreiten Städten Nord- und Ostsyriens wurden Frauenkomitees, -zentren und -akademien ins Leben gerufen, um die aktive Beteiligung von Frauen an der Umgestaltung der Gesellschaft zu ermöglichen. Bildung wurde als ein zentrales Element begriffen, sodass auch heute noch Personen, die sich der Bewegung[G] anschließen wollen oder von ihr lernen möchten, zu lokalen Seminaren gehen, bei denen Themen wie demokratische Autonomie, Selbstverteidigung, Kultur, Ökologie, die Geschichte der Frau, Sexismus und Frauenrechte behandelt werden. In Frauenkooperativen, wo diese autonom und außerhalb des eigenen Haushalts arbeiten können, zeigt sich die positive Besetzung von Arbeit, die möglichst jenseits kapitalistischer Strukturen aufgebaut werden soll.

Als Feminist*innen und Revolutionär*innen, für den feministischen Streik wie für uns selbst lohnt eine Auseinandersetzung mit dieser Revolution. Und zwar nicht in ihrem verklärten Sinne, sondern in ihrer ganzen Widersprüchlichkeit, die immer wieder die Notwendigkeit erzeugt, sich mit der Realität der menschlichen und gesellschaftlichen Natur, mit Machtverhältnissen und tiefen Sozialisationsmustern auseinanderzusetzen. Revolutionäre Umwälzungsprozesse sind in unserer Welt selten genug, und keiner wird je ohne Gegenwehr, völlig reibungslos abgelaufen sein. Oft haben Frauen in diesen revolutionären Momenten wichtige Rollen gespielt, konnten sich und andere zunehmend befreien – wurden aber nicht weniger oft zurückgedrängt in alte gesellschaftliche Strukturen, wenn der Wandel nicht tiefgreifend genug war.

In Nord- und Ostsyrien orientieren sich die Frauen und anderen unterdrückten Geschlechter in ihrem alltäglichen Ringen um eine geschlechtergerechtere Gesellschaft stark an der Realität der Gegebenheiten. Dass Frauen die Hausarbeit schätzen und sich in der Rolle als Mütter wohlfühlen, hat ebenso seine Berechtigung, wie der Wunsch, mit genau diesen Rollen zu brechen. Der Widerspruch, dass ein Mann die Kämpferinnen der YPJ hochhält und dennoch zugleich Angst davor hat, dass seine eigenen Töchter diesen Weg einschlagen könnten, wird selten mit Zwang oder Drohungen bekämpft, sondern durch Gespräche und mit Geduld. Wir können also lernen, dass es wichtig ist, die eigenen Gedanken gesellschaftlich zu verankern, über die eigene Bewegung hinaus für die eigenen Überzeugungen einzustehen und sich nicht von der Gesellschaft, in der man lebt, abzuwenden, nur weil sie den eigenen Ansprüchen nicht von Beginn an genügt. Nur so kann zugleich an der realistischen Möglichkeit von Befreiung festgehalten werden.

Wir haben gesagt, dass der Weg einer Revolution und die Mittel, die in ihm eingesetzt werden, immer auch an den Zielen und Idealen gemessen werden muss. Wenn wir uns die Frauenrevolution in Nord- und Ostsyrien anschauen, die eine zentrale Rolle in den gesellschaftlichen Wandlungsprozessen dort einnimmt, dann eröffnen sich uns eine Vielzahl von Mitteln, die weich und militant, tiefgreifend radikal und völlig grundsätzlich zugleich sind. Auch hier zeigt sich, dass eine Frauenrevolution eine Revolution für das Leben – das bessere Leben aller – ist!

Die Theorie und Praxis[G] der Revolution in Kurdistan wurde an anderer Stelle viel umfassender beschrieben. Hier möchten wir nur auf diese verweisen, da wir denken, dass sich europäische Linke zu oft dabei schwer tun, Hoffnung und Revolution zu erkennen und anzuerkennen, dort, wo sie zu finden sind.

9. Danksagung

So wie sich das für jedes gute Buch gehört, möchten auch wir mit einer Danksagung abschließen. Und obwohl es abgedroschen klingen mag, lässt es sich nicht anders sagen: Dieses Buch wäre ohne die Unterstützung von sehr vielen Leuten nicht möglich gewesen, bei denen wir uns herzlich bedanken möchten.

Danke an unsere Lektorin Marie vom Unrast-Verlag (vermutlich weißt du es nicht, aber unter uns wirst du liebevoll MvU genannt) dafür, dass du uns dieses Buch zugetraut und möglich gemacht hast.

Danke an Leonie für das Buchcover und deine Bereitschaft, auf jeden noch so kleinen Änderungswunsch einzugehen. Mit deinen Design-Künsten hast du uns alle schwer begeistert (wovon du dich in zahlreichen Kommunikationsverläufen im Signal-Chat überzeugen kannst).

Besonders großer Dank an unsere Interviewpartner*innen. Danke für eure Zeit, eure vielen Gedanken und dafür, dass ihr uns an eurem Wissen und euren Erfahrungen habt teilhaben lassen. In den Gesprächen mit euch haben wir viel gelernt, das nicht nur für dieses Buch grundlegend war, sondern uns auch in unserem zukünftigen Aktivismus prägen und begleiten wird.

OZZ Inicjatywa Pracownicza (IP)
Sara Cufré
Ana Mahmudi
Nilüfer Koç
Revolutionärer Aufbau Zürich, AG Frauenkampf
Simunye Women Workers Forum
Michel Nelisewe Mahlangu
Meme
Kayole Community Justice Center & Women Social Justice Center
Maryanne Kasina
Franziska Pfab
Silvia Haberkost
Christina
Ingrid Artus
Jörg Nowak

Nicht alle, mit denen wir Gespräche geführt haben, wollen namentlich in diesem Buch erwähnt werden. Aber auch ihr habt maßgeblich dieses Buch mitgeprägt und Erkenntnisse und Erfahrungen mit uns geteilt, die an vielen Stellen eingeflossen sind. Danke für eure Offenheit und euer Vertrauen.

Danke an unsere rassismuserfahrenen Genoss*innen dafür, dass ihr Wissen mit uns geteilt habt, das wir als *weiße* Autor*innen ohne euch nicht haben würden. Danke, dass ihr uns kritisiert, beraten und ausgehalten habt, und durch eure Kritik Lernprozesse bei uns (wieder) angestoßen habt, die noch lange nicht zu Ende sind.

Danke an diejenigen, die viele Stunden Zeit und Muße dafür investiert haben, Interviews mit Internationalist*innen ins Deutsche zu übersetzen. Danke an diejenigen, die uns bei der Suche und dem Kontaktaufbau zu unseren Interviewpartner*innen geholfen haben. Das hat teilweise viel Arbeit und Kommunikation in verschiedene Richtungen bedeutet und ohne euch wären uns viele Erkenntnisse verborgen geblieben.

Danke an all unsere großartigen Freund*innen, Mitbewohner*innen und Genoss*innen in Kassel. Ihr habt uns bekocht und mit warmem Essen versorgt, die süßesten Kuchen gebacken, Snacks vorbeigebracht und uns den Rücken freigehalten. Ihr habt unsere WGs sauber gehalten, euch mit unserer permanenten Abwesenheit abgefunden, uns erheitert und mit uns Feierabend gemacht, wenn wir nach langen Schreibtagen erschöpft und überdreht nach Hause gekommen sind.

Danke an unsere tollen Freund*innen und Genoss*innen an den unterschiedlichsten Orten. Ihr habt euch mit uns in unzähligen Gesprächen über einzelne Inhalte aus dem Buch ausgetauscht und bei Spaziergängen, an Küchentischen und im Suff in der Kneipe euren Senf zu unseren Fragen beigetragen und mit uns diskutiert.

Danke, dass ihr euch auch unser Gejammer über dieses Buchprojekt und all unsere Zweifel angehört und uns immer wieder aufgebaut habt.

Danke an die bundesweite Vernetzung zum feministischen Streik für eure Gedanken zu unseren Thesen. Dieses Buch ist auch aus Zusammenarbeit mit euch entstanden, unseren gemeinsamen Erfahrungen, Debatten und Kämpfen. Wir freuen uns auf die kommende Zeit und darauf, uns mit euch weiter auf die Suche danach zu begeben, wie wir einen feministischen Streik bewerkstelligen können.

Danke an die Mensa der Uni Kassel. Du ernährst uns, du machst uns froh und ohne dich wüssten wir nicht, wie das alles auch nur ansatzweise hätte funktionieren sollen.

Danke an das autonome FLINTA*Referat des AStA der Uni Kassel dafür, dass wir diese Räume belagern und uns hier wochenlang ausbreiten durften.

Danke an unsere Genoss*innen in Kassel dafür, dass ihr ausgehalten und mitgetragen habt, dass wir nun eine ganze Zeit lang im Sog von diesem Buchprojekt abgetaucht sind und weniger dazu beigetragen haben, linke und emanzipatorische Politik in Kassel zu machen. Danke, dass ihr es über euch ergehen lassen habt, dass wir zwischenzeitlich keine anderen Gesprächsthemen mehr hatten als immer nur dieses Buch. Wir sind jetzt (nach einer kurzen Erholungspause) wieder am Start, versprochen!

Literaturverzeichnis

Artus, Ingrid (2020): Ein marxistischer Blick auf neue Konturen der Erwerbsarbeit: Prekarisierung, Sorgekrise und neue Streiks. In: Sablowski, Thomas; Dellheim, Judith; Demirović, Alex; Pühl, Katharina; Solty, Ingar (Hg.): Auf den Schultern von Karl Marx. Münster: Westfälisches Dampfboot. S. 411–424.

Arthus, Ingrid (2019): Frauen*streik. Berlin: Rosa-Luxemburg-Stiftung (ANALYSEN, 54).

Artus, Ingrid; Butollo, Florian (Hg.) (2014): Marx für SozialwissenschaftlerInnen. Eine Einführung. Wiesbaden: Springer VS.

Banse, Frauke (2016): Wes Brot ich ess, des Lied ich sing? Dissertation. Kassel: Kassel University Press.

Bennholdt-Thomsen, Veronika; Werlhof, Claudia von; Mies, Maria (1988): Frauen, die letzte Kolonie: Zur Hausfrauisierung der Arbeit. Reinbek: Rowohlt.

Birke, Peter (2015): Streik-Republik oder sozialfriedliche Idylle? Zur Geschichte des Streiks in Deutschland. In: Bundeszentrale für politische Bildung. Online verfügbar unter: https://www.bpb.de/themen/medien-journalismus/netzdebatte/214507/streik-republik-oder-sozialfriedliche-idylle-zur-geschichte-des-streiks-in-deutschland/

Bock, Gisela; Duden, Barbara (1977): Arbeit aus Liebe – Liebe aus Arbeit. Zur Entstehung der Hausarbeit im Kapitalismus. In: Gruppe Berliner Dozentinnen (Hg.): Frauen und Wissenschaft. Berlin: Courage Verlag. S. 118–199.

Bröckling, Ulrich (2007): Das unternehmerische Selbst. Soziologie einer Subjektivierungsform. Berlin: Suhrkamp.

Bouvar, Mine Pleasure (2023): Warten aufs Weniger-Fremdbestimmungsgesetz. In: Analyse & Kritik. 18. April 2023. Online verfügbar unter: https://www.akweb.de/politik/tsg-selbstbestimmungsgesetz-warten-aufs-weniger-fremdbestimmungsgesetz/

(Cohen) Pitt, Joni; Monk, Sophie (2016): »We Build a Wall Around Our Sanctuaries«: Queerness and Precarity. 26. August 2016. Novara Media, online verfügbar unter:http://novaramedia.com/2016/08/28/we-build-a-wall-around-our-sanctuaries-queerness-as-precarity/

Combahee River Collective (1977): The Combahee River Collective Statement. Online verfügbar unter: http://circuitous.org/scraps/combahee.html. Auf Deutsch in: Natasha A. Kelly (Hg.) (2022): Schwarzer Feminismus, Grundlagentexte. Münster: Unrast Verlag.

Dalla Costa, Mariarosa (2022): Frauen und der Umsturz der Gesellschaft (1971). In: Dies.: Frauen und der Umsturz der Gesellschaft. Gesammelte Aufsätze. Münster: Unrast Verlag, S. 35–71.

Deutscher Gewerkschaftsbund: Die Mitglieder der DGB-Gewerkschaften 1950–2021. Online verfügbar unter: https://www.dgb.de/uber-uns/dgb-heute/mitgliederzahlen.

Dohm, Hedwig (2006 [1874]): Geschlechtsspezifische Arbeitsteilung. In: Kurz-Scherf, Ingrid; Dzewas, Imke; Lieb, Anja; Reusch, Marie (Hg.): Reader feministische Politik & Wissenschaft. Königstein/Taunus: Helmer. S. 46–48.

Dörre, Klaus (2009): Die neue Landnahme. Dynamiken und Grenzen des Finanzmarktkapitalismus. In: Dörre, K., Lessenich, S., Rosa, H., Soziologie – Kapitalismus – Kritik. Eine Debatte. Frankfurt (Main): Suhrkamp. S. 21–86.

van Dyk, Silke (2019): Identitätspolitik gegen ihre Kritik gelesen. Für einen rebellischen Universalismus. In: Bundeszentrale für politische Bildung (bpb) (Hg.): Aus Politik und Zeitgeschichte (APuZ), Jg. 69, 9–11. Bonn, S. 25–33.

Emma (2022): Ein anderer Blick. Feministischer Comic gegen die Zumutungen des Alltags. Münster: Unrast Verlag.

Farris, Sara R. (2015): Migrants' Regular Army of Labour: Gender Dimensions of the Impact of the Global Economic Crisis on Migrant Labour in Western Europe. The Sociological Review, 63(1), S. 121–143.

Federici, Silvia (2021): Revolution at Point Zero. Hausarbeit, Reproduktion und feministischer Kampf. Münster: Unrast Verlag.

Federici, Silvia (2017): Caliban und die Hexe. Frauen, der Körper und die ursprüngliche Akkumulation. Wien: Mandelbaum Verlag.

Foucault, Michel (1977): Der Wille zum Wissen. Sexualität und Wahrheit 1. Frankfurt (Main): Suhrkamp.

Frohn, Dominic; Meinhold, Florian; Schmidt, Christina (2017): »Out im Office?!« Sexuelle Identität und Geschlechtsidentität. (Anti-)Diskriminierung und Diversity am Arbeitsplatz. Köln: IDA | Institut für Diversity- & Antidiskriminierungsforschung.

Fütty, Tamás Jules; Höhne, Marek Sancho; Llaveria Caselles, Erik (2020): Geschlechterdiversität in Beschäftigung und Beruf. Bedarfe und Umsetzungsmöglichkeiten von Antidiskriminierung für Arbeitgeber_innen. Herausgegeben von der Antidiskriminierungsstelle des Bundes. Berlin.

Goes, Thomas E. (2016): Aus der Krise zur Erneuerung? Gewerkschaften zwischen Sozialpartnerschaft und sozialer Bewegung. Köln: PapyRossa Verlag.

Hartmann, Heidi I. (1983): Marxismus und Feminismus: Eine unglückliche Ehe. In: Lydia Sargent (Hg.): Frauen und Revolution. Berlin: Verlag Freunde der Erde. S. 29–78.

Haug, Frigga (2008): Die Vier-in-einem-Perspektive: Politik von Frauen für eine neue Linke. Hamburg: Argument.

Haug, Frigga (2015): Marxistische Refundierung des Feminismus, feministische des Marxismus. In: Das Argument 314/2015. S. 517–526.

Haug, Frigga; Wilde, Florian; Heidenreich, Frank (2018): Massenstreik. In: Wolfgang Fritz Haug (Hg.): Historisch-Kritisches Wörterbuch des Marxismus, Bd. 9. Hamburg: Argument. S. 95–113.

Hill Collins, Patricia (1991): Black Feminist Thought. New York, NY and London: Routledge.

Hochschild, Arlie Russell (1985 [1983]): The managed heart: commercialization of human feeling. Berkeley u.a: University of California Press.

Hochschild, Arlie Russel (2000): Global Care Chains and Emotional Surplus Value. In: Will Hutton & Anthony Giddens: On the Edge, Living with Global Capitalism. Jonathan Cape, London. S. 130–146.

Hürtgen, Stefanie (2015): Globale Produktion und lokale Fragmentierung. Bedingungen gewerkschaftlicher Solidarität. In: Sarah Bormann; Jenny Jungehülsing; Shuwen Bian; Martina Hartung; Florian Schubert (Hg.): Last call for solidarity. Hamburg: VSA Verlag. S. 70–84.

Hyman, Richard (2001): Understanding European trade unionism. Between market, class and society. London: Sage Publications.

Joseph, Gloria I. (1993): Das disharmonische Dreiecksverhältnis: Marxismus, Feminismus und Rassismus. In: Gloria I. Joseph (Hg.): Schwarzer Feminismus. Theorie und Politik afro-amerikanischer Frauen. Berlin: Orlanda Frauenverlag.

Kiechle, Brigitte (2019): Frauen*streik. »Die Welt steht still, wenn wir die Arbeit niederlegen!«. Stuttgart: Schmetterling Verlag (black books).

Kocsis, Andrea (2017): Kurze Vollzeit als Chance für alle. Aktuelle Arbeitszeitdebatten und -modelle bei ver.di. Online verfügbar unter: https://innovation-gute-arbeit.verdi.de/++file++5e54ec7f68ef7c0b34d96fc2/download/2017_Koscis_Kurze_Vollzeit.pdf

Krahl, Hans-Jürgen (2008): Thesen zum allgemeinen Verhältnis von wissenschaftlicher Intelligenz und proletarischem Klassenbewusstsein. In: Konstitution und Klassenkampf. Zur historischen Dialektik von bürgerlicher Emanzipation und proletarischer Revolution. Schriften, Reden und Entwürfe aus den Jahren 1966–1970. Frankfurt (Main): Verlag neue Kritik. S. 336–353.

van der Linden, Marcel (2011): Workers of the world. Essays toward a global labor history. Leiden: Brill.

Lorde, Audre (1981): Vom Nutzen unseres Ärgers. Rede auf dem Jahrestreffen der National Women's Studies Association 1981. Erschienen in Gigi Nr. 11 (2001). Online verfügbar unter: https://www.sp-ps.ch/wp-content/uploads/2017/08/audre_lorde_gigi11.pdf

Lorde, Audre (1982): Learning from the 60s. Online verfügbar unter: https://www.blackpast.org/african-american-history/1982-audre-lorde-learning-60s/

Lorde, Audre (2022): »Von den Sechzigerjahren lernen«, in: Dies.: Sister Outsider. Essays. München: Carl Hanser Verlag, S. 145–161.

Lukács, Georg (1923): Geschichte und Klassenbewusstsein, Studien über marxistische Dialektik. Online verfügbar unter: https://coghnorti.files.wordpress.com/2010/08/lukacs-geschichte-klassenbewusstseinocr.pdf

Luxemburg, Rosa (1906): Massenstreik, Partei und Gewerkschaften. Online verfügbar unter: https://www.marxists.org/deutsch/archiv/luxemburg/1906/mapage/index.htm

Luxemburg, Rosa (1912 [1975]): Die Akkumulation des Kapitals. Ein Beitrag zur ökonomischen Erklärung des Imperialismus. Berlin: Dietz.

Marx, Karl; Engels, Friedrich (1960): Der achtzehnte Brumaire des Louis Bonaparte. MEW 8. Berlin: Dietz.

Marx, Karl (1962): Das Kapital. Band 1. MEW 23. Berlin: Dietz.

Marx, Karl (1963): Das Kapital. Band 2. MEW 24. Berlin: Dietz.

Mayer-Ahuja, Nicole (2018): Klasse. Vom Elefant im Raum zum Schlüssel politischer Mobilisierung? In: Zeitschrift Marxistische Erneuerung. Neue Klassendiskussion, Jg. 29., H. 116. Frankfurt (Main). S. 15–25.

McClintock, Anne (1995): Imperial Leather. Race, Gender, and Sexuality in the Colonial Contest. New York: Routledge.

Mikl-Horke, Gertraude (1977): Soziologie der Gewerkschaften. Wien: Europaverlag.

Müller-Jentsch, Walther (2001): Gewerkschaften. In: Wolfgang Fritz Haug (Hg.): Historisch-Kritisches Wörterbuch des Marxismus, Bd. 5. Hamburg: Argument. S. 722–731.

Nachrichtenpool Lateinamerika (NPLA): Abya Yala. NPLA-Lexikon. Online verfügbar unter: https://www.npla.de/lexikon/abya-yala/.

Nachtwey, Oliver (2014): Arbeit, Lohnarbeit und Industriearbeit. In: Artus, Ingrid; Butollo, Florian (Hg.): Marx für SozialwissenschaftlerInnen. Eine Einführung. Wiesbaden: Springer Fachmedien. S. 109–133.

Negt, Oskar; Kluge, Alexander (2022): Öffentlichkeit und Erfahrung. Zur Organisationsanalyse von bürgerlicher und proletarischer Öffentlichkeit. Frankfurt (Main): Suhrkamp.

Notz, Gisela (1994): Den Aufstand wagen. In: Beiträge zur feministischen Theorie. Jg. 17, H. 36, S. 23–33. Online verfügbar unter: https://genderopen.de/bitstream/handle/25595/847/notz.

Notz, Gisela (2014): Zur feministischen Kritik des marxistischen Arbeitsbegriffs. In: Artus, Ingrid; Butollo, Florian (Hg.): Marx für SozialwissenschaftlerInnen. Wiesbaden: Springer Fachmedien. S. 161–179.

Nowak, Jörg (2016): Ein bisschen verboten: Politischer Streik. In: Bundeszentrale für politische Bildung. Online verfügbar unter: https://www.bpb.de/themen/medien-journalismus/netzdebatte/219308/ein-bisschen-verboten-politischer-streik/

O'Brien, ME (2019): To abolish the family. The working-class family and gender liberation in capitalist development. In: Endnotes 5. Online verfügbar unter: https://endnotes.org.uk/articles/to-abolish-the-family.pdf

O'Brien, Michelle (2021): Trans Work: Employment Trajectories, Labour Discipline and Gender Freedom. In: Jules Joanne Gleeson; Elle O'Rourke (Hg.): Transgender Marxism. London: Pluto Press. S. 47–61.

Oii Deutschland (2016): Inter* und Sprache. 24.02.2016. Online verfügbar unter: https://oiigermany.org/inter-und-sprache/

Oschmiansky, Frank (2020): Das Normalarbeitsverhältnis. 14.10.2020. In: Bundeszentrale für politische Bildung. Online verfügbar unter: https://www.bpb.de/themen/arbeit/arbeitsmarktpolitik/317174/das-normalarbeitsverhaeltnis/

Pateman, Carole (1988): The Sexual Contract. Cambridge: Polity Press.

Penz, Otto; Sauer, Birgit (2016): Affektives Kapital: die Ökonomisierung der Gefühle im Arbeitsleben. Frankfurt (Main): Campus.

Pongratz, Hans J.; Voß, G. Günter (2003): Arbeitskraftunternehmer. Erwerbsorientierungen in entgrenzten Arbeitsformen. Berlin: edition sigma.

Purtschert, Patricia (2017): Es gibt kein Jenseits der Identitätspolitik. Lernen vom Combahee River Collective. In: Widerspruch: Identitätspolitik und Soziale Frage, 69/17. Zürich: Rotpunkt, S. 15–22.

Raha, Nat (2023): Ein queer-marxistischer Transfeminismus. Soziale Reproduktion von Trans und Queers. In: Friederike Beier (Hg.): Materialistischer Queerfeminismus. Theorien zu Geschlecht und Sexualität im Kapitalismus. Münster: Unrast Verlag.

Redler, Lucy (2007): Politischer Streik in Deutschland nach 1945. Online verfügbar unter: http://www.infopartisan.net/trend/trd0307/politischerstreik_redler.pdf.

Röttger, Bernd (2007): Passive Revolutionen und Gewerkschaften. Aufstieg und Niedergang korporatistischer Politik. In: Andreas Merkens, Victor Rego Diaz (Hg.): Mit Gramsci arbeiten. Texte zur politisch-praktischen Aneignung Antonio Gramscis. Hamburg: Argument. S. 54–70.

Roig, Emilia (2023): Das Ende der Ehe. Für eine Revolution der Liebe. Berlin: Ullstein.

Sarbo, Bafta (2023): Rassismus und gesellschaftliche Produktionsverhältnisse. In: Eleonora Roldán Mendívil, Bafta Sarbo (Hg.): Die Diversität der Ausbeutung. Zur Kritik des herrschenden Antirassismus. Berlin: Dietz Verlag. S. 37–63.

Schmalz, Stefan; Weinmann, Nico (2013): Zwei Krisen, zwei Kampfzyklen. Gewerkschaftsproteste in Westeuropa im Vergleich. In: Stefan Schmalz; Klaus Dörre (Hg.): Comeback der Gewerkschaften? Frankfurt/New York: Campus. S. 76–98.

Schubert, Klaus; Klein, Martina (2020): Das Politiklexikon. Bonn: Dietz.

Der Standard (2017): Gender-Bias in der Diagnostik: Autismus könnte bei Mädchen unerkannt bleiben. 10.08.2017. Online verfügbar unter: https://www.derstandard.de/story/2000062473642/gender-bias-in-der-diagnostik-autismus-koennte-bei-maedchen-unerkannt

Thompson, Edward P. (1987): Die Entstehung der englischen Arbeiterklasse. Berlin: Suhrkamp.

Toupin, Louise (2022): Lohn für Hausarbeit. Chronik eines internationalen Frauenkampfs (1972–1977). Münster: Unrast.

Truth, Sojourner (1851 [2022]): Bin ich etwa keine Frau? In: Natasha A. Kelly (Hg.): Schwarzer Feminismus, Grundlagentexte. Münster: Unrast. S. 15–16.

von Redecker, Eva (2020): Revolution für das Leben. Philosophie der neuen Protestformen. Frankfurt am Main: S. Fischer.

Wages Due Lesbians (1991): Policing the Bedroom and How to Refuse It. London: Crossroads Books.

Wissenschaftliche Dienste des Deutschen Bundestags (2006): Generalstreik. Rechtliche Bedingungen und Streikkultur im Vergleich. WF VI G – 3000-103/06. Hg. v. Deutscher Bundestag. Berlin (WF VI G – 3000-103/06). Online verfügbar unter: https://www.bundestag.de/resource/blob/411676/1d0739e54a2a47a77ccb8ac1500c271a/wf-vi-103-06-pdf-data.pdf.

Wissenschaftliche Dienste des Deutschen Bundestags (2022): Zulässigkeit von politischen Streiks in Deutschland. Rechtsprechung und Literatur. WD 6 – 3000 – 058/22. Hg. v. Deutscher Bundestag. Berlin. Online verfügbar unter: https://www.bundestag.de/resource/blob/906962/11d771ccee451f450091d596e657a593/WD-6-058-22-pdf-data.pdf.

Wittig, Monique (1992): The straight mind and other essays. Boston: Beacon Press.

Wohlfahrt, Norbert (2001): Der aktivierende Sozialstaat – Ein neues sozialpolitisches Konzept und seine Konsequenzen. In: Transparent. Zeitschrift für die kritische Masse in der Rheinischen Kirche.

die Zeit; WZB; infas (2023): Ergebnisse der Vermächtnisstudie 2023. Online verfügbar unter: https://www.zeit.de/gesellschaft/2023-05/vermaechtnis-studie-ergebnisse-2023.pdf

Zetkin, Clara (2011 [1889]): Rede auf dem Internationalen Arbeiterkongress zu Paris, 19. Juli 1889. In: Hervé, Florence (Hg.): Clara Zetkin. Berlin: Dietz. S. 39–45.

Glossar

A

Ableismus — Bezeichnung für die strukturelle Ungleichbehandlung und Diskriminierung von Menschen mit körperlicher Behinderung, psychischer Beeinträchtigung oder Lernschwierigkeiten, siehe be_hindert[G].

Abya Yala — Indigene Selbstbezeichnung für Lateinamerika. Der Name stammt aus der Sprache der indigenen Guna Yala-Bevölkerung des heutigen Panama und Kolumbien. Wörtlich übersetzt bedeutet es »Land in voller Reife« oder »Land des Lebens«. In der Kosmovision indigener Gruppen Abya Yalas war das Land untrennbar mit den bewohnenden Menschen verbunden. Die Verwendung des Namens Abya Yala ist heute in ganz Lateinamerika verbreitet und drückt eine historische und politische Gegenposition zu den europäischen Begriffen »Amerika« oder »Neue Welt« aus, die eine europäische »Kolonialisierung der Sprache« untermauern (vgl. NPLA).

Agender — Agender Personen fühlen sich keinem Geschlecht zugehörig.

Allyship — Übersetzt bedeutet Allyship so etwas wie »Verbündetenschaft« und bezeichnet die Solidarisierung von privilegierte(re)n Menschen, die selbst nicht von einer bestimmten Diskriminierungsform betroffen sind, mit denjenigen, die es sind. Zum Beispiel können *weiße* Personen »Allies« von Menschen mit Rassismuserfahrungen sein. Das Konzept wird jedoch auch immer häufiger kritisiert, weil es einem Verhältnis von Genoss*innen auf Augenhöhe entgegenstehen kann (vgl. u.a. Roldàn Mendívil/Sabo 2023).

Aktivierende Sozialpolitik — Bezeichnung für eine Arbeitsmarkt- und Sozialpolitik, die dem Leitmotiv von »Fördern und Fordern« folgen soll. Leistungsfähige sollen sowohl »in Bewegung gesetzt« als auch befähigt werden, die von ihnen erwarteten Leistungen tatsächlich zu erbringen (vgl. Wohlfahrt 2001). »Leistungsfähige« sind dabei alle Menschen, die nicht insofern körperlich oder geistig eingeschränkt sind, dass sie keine Erwerbsarbeit leisten können. Das führt bspw. zu Konzepten wie der Hartz-IV-Reform[G], nach der Erwerbslosen[G] das Arbeitslosengeld gestrichen wird, wenn sie nicht nachweisen können, dass sie sich oft genug auf Jobs bewerben.

Anarchosyndikalismus — Strömung des Anarchismus, die im Gegensatz zu vielen anderen Strömungen des Anarchismus auf den Aufbau von (basisdemokratischen[G]) Arbeiter*innenorganisationen – wie beispielsweise die FAU[G] (Freie Arbeiter*innen Union) – setzt.

(kapitalistische) Akkumulation — Prozess der Anhäufung von Kapital[G] durch kapitalistische Ausbeutung[G].

Arbeitskämpfe — Eine Auseinandersetzung um die Bezahlung, Arbeitsbedingungen oder Tarifverträge von Arbeiter*innen mit der Anwendung bestimmter Kampfmaßnahmen, wie zum Beispiel einem Streik oder einer Blockade.

Arbeitszeitdebatte — Debatte um Lohnarbeits[G]zeit und darum, wie lange eine Arbeitswoche in Vollzeit aussehen soll, oftmals mit Forderungen nach Arbeitszeitverkürzung wie bspw. nach der Vier-Tage-Woche oder dem Vier-Stunden-Tag.

Autonomie — Unabhängigkeit oder Selbständigkeit, also das Recht einer Gruppe, einer einzelnen Person oder auch eines Staates, über die eigenen Belange selbst zu entscheiden.

Ausbeutung nach Marx — Aneignung der Produkte fremder Arbeit. Im Kapitalismus eignen sich die Kapitalist*innen die Arbeitserzeugnisse der Arbeiter*innen an und machen so Profit.

B

Basis (Gewerkschaft) — Die Arbeiter*innen, die ehrenamtlich Mitglied einer Gewerkschaft sind. Demgegenüber stehen die bezahlten Hauptamtlichen einer Gewerkschaft.

Basisdemokratie — Ein demokratisches System, in dem Entscheidungen nach einem Prozess zur Willensbildung (durch Bildung, Information und Diskussionen) unter Beteiligung aller Mitglieder der betroffenen Gruppe getroffen werden.

Bewegung — Eine politische Bewegung besteht aus Gruppen, Organisationen und auch Einzelpersonen, die zusammen politische Ziele durchsetzen wollen. Sie kann in großen Demonstrationen geschlossen auftreten oder kleinere Aktionen mit gemeinsamen Merkmalen können zusammen ein Bewegungsbild ergeben. Beispiele hierfür sind Fridays for Future oder die Gelbwesten-Bewegung in Frankreich.

Be_hindert — Als be_hinderte Menschen werden Personen bezeichnet, die aufgrund von körperlichen oder psychischen Beeinträchtigungen einen eingeschränkten Zugang zu gesellschaftlicher Teilhabe haben. Es ist wichtig zu betonen, dass be_hinderte Menschen von konstruierten gesellschaftlichen Normen[G] abweichen und die Be_hinderungen erst durch diese Konstruktion entstehen. Die Schreibweise be_hindert verweist darauf, dass be_hinderte Menschen behindert werden.

BIPoC — Akronym aus dem Englischen für Schwarze, Indigene und People of Color (**B**lack, **I**ndigenous & **P**eople **o**f **C**olor). Der Begriff versucht, die gemeinsamen rassistischen Diskriminierungserfahrungen von Schwarzen und Indigenen Identitäten sichtbar zu machen. Siehe Schwarz[G].

Bürgerlich — Ursprünglich ein Begriff, um Menschen, die der Klasse der Kapitalist*innen angehören, also Produktionsmittel besitzen und damit Kapital[G] anhäufen, und ihren Lebensstil zu beschreiben. Wird heute auch genutzt, um konservative Ansichten und Verhaltensweisen zu beschreiben, die den Status quo aufrechterhalten.

C

Care-Arbeit — Care-Arbeit ist ein Sammelbegriff für bezahlte und unbezahlte Arbeiten, die mit der Sorge um andere zu tun haben. Der Begriff »Care« kommt aus dem Englischen und bedeutet »Sorge« oder »Kümmern«. Er meint zum Beispiel Hausarbeit, die Erziehung von Kindern, die Pflege von pflegebedürftigen Menschen, Reinigungsarbeiten, soziale oder emotionale Arbeit in zwischenmenschlichen Beziehungen. Der Begriff ist aus dem feministischen Diskurs heraus entstanden, weil diese Form von Arbeit feminisiert ist und lange Zeit nicht als Arbeit angesehen wurde.

Cis — Personen, die sich mit dem Geschlecht identifizieren, das ihnen bei der Geburt zugeordnet wurde, werden als cis oder cis-geschlechtlich bezeichnet (»cis«: diesseits, im Gegensatz zu »trans«[G]: jenseits).

Communityarbeit — Unter Communityarbeit verstehen wir Prozesse des gegenseitigen Kümmerns in Gemeinschaften, wie zum Beispiel Schwarzen[G] und/oder queeren[G] Zusammenhängen. Es geht darum, hier eine Gemeinschaftlichkeit herzustellen, füreinander da zu sein und sich gegenseitig zu unterstützen. Das ist vor allem für Personen wichtig, die gesellschaftlich ausgegrenzt werden, nur eingeschränkt Zugang zu materiellen Ressourcen haben und/oder aus staatlichen Auffangprogrammen herausfallen.

D

Demonstrationsstreik — Ein Streik, der in Form einer Demonstration ausgetragen wird und somit eine festgelegte Start- und Endzeit besitzt und nicht erst mit der Durchsetzung der Forderung beendet wird.

Dienstleistungsmentalität — Erwartung, dass andere Menschen sich um die eigenen Bedürfnisse und Belange kümmern. Im Kontext von Gewerkschaften: Die Erwartung, dass Hauptamtliche Dinge für die ehrenamtlichen Mitglieder in die Hand nehmen, anstatt Eigeninitiative zu entwickeln. Die gewerkschaftliche Struktur begünstigt diese Mentalität, sodass die Basismitglieder[G] nicht lernen, selbstständig zu handeln.

DGB — Abkürzung für Deutscher Gewerkschaftsbund, ein Dachverband für verschiedene deutsche Gewerkschaften.

E

Ehegattensplitting — Beim Ehegattensplitting wird für die Einkommenssteuerberechnung das Einkommen des Ehepaares zusammengerechnet und dann halbiert. Da auf niedrigere Einkommen ein geringerer Steuersatz zu zahlen ist als auf höhere, muss das Ehepaar insgesamt weniger Steuern zahlen, falls eine Person weniger verdient als die andere. Somit kann es für viele Menschen zum einen sinnvoll sein, überhaupt zu heiraten, und zum anderen innerhalb der Ehe eine Person zu haben, die viel verdient, während die andere wenig verdient.

Endometriose — Chronische und sehr schmerzhafte Erkrankung, die bei Menschen mit Uterus auftreten kann, wenn sich gebärmutterschleimhautartige Zellen außerhalb der Gebärmutterhöhle ansiedeln. Die Erkrankung ist zwar gutartig, aber viele Betroffene haben starke Menstruationsbeschwerden, Unterleibsschmerzen unabhängig von der Periode, Schmerzen beim Sex und sind oft unfruchtbar.

Entlastungstage — Tage in einem Arbeitsverhältnis, an denen die Arbeitnehmer*innen unter Weiterzahlung des Lohns von der Arbeit befreit werden, wenn zuvor eine übermäßige Belastung auf der Arbeit stattgefunden hat. Entlastungstage wurden zum Beispiel durch Pfleger*innen mittels Krankenhausstreiks in den Verhandlungen um den ›Tarifvertrag Entlastung‹ an der Berliner Charité erkämpft.

Erwerbslose — Personen, die nicht lohnarbeiten[G], aber theoretisch dem Arbeitsmarkt zur Verfügung stehen könnten.

Erwerbsarbeitszeit — Zeit, die für Erwerbsarbeit aufgewendet wird, das heißt für bezahlte Arbeit.

F

F*Antifa — Feministische Antifa oder Frauen-Antifa-Gruppen, die in den 1990er Jahren in Deutschland entstanden. In diesen Gruppen organisierten sich FrauenLesben meist autonom[G] – also ohne cis[G] Männer. Sie setzen sich mit dem fortgesetzten Sexismus in männlich dominierten Antifa-Zusammenhängen auseinander und unternehmen antisexistische sowie antifaschistische Aktionen.

FAU — Freie Arbeiter*innen Union: Anarchosyndikalistische[G] und basisdemokratisch[G] organisierte Gewerkschaft, die in unterschiedlichen Branchen und Städten tätig ist. In den letzten Jahren ist sie unter anderem durch Arbeitskämpfe[G] bei Lieferdiensten bekannt geworden.

Feminisierte Berufe — Berufe, die sich mit der Sorge um andere Personen befassen und viele soziale Aspekte beinhalten, wie zum Beispiel Erzieher*innen, Putzkräfte oder Tätigkeiten im Servicesektor. Sie werden oft Frauen zugeordnet oder mit Weiblichkeit assoziiert, in einer patriarchalen Gesellschaft abgewertet und nicht gut bezahlt.

Femizid / Feminizid — Femizid bezeichnet die Tötung einer Frau, weil sie eine Frau ist. Damit werden Morde bezeichnet, bei dem ein Mann eine Frau aus sexistischen und misogynen Gründen tötet. Häufig handelt es sich dabei um Personen aus dem direkten Umfeld, wie eine Schwester oder die Ehefrau. Der Begriff Feminizid denkt die strukturellen patriarchalen Gegebenheiten einer Gesellschaft mit. Feminizide geschehen nicht im luftleeren Raum, sondern sind eingebettet in patriarchale und misogyne Strukturen des Staates, die solche Taten ermöglichen.

Feministischer Kampftag / Internationaler Frauen(kampf)tag am 8. März — Clara Zetkin schlug auf der *Zweiten Internationalen Sozialistischen Frauenkonferenz* 1910 die Einführung eines internationalen Frauentags vor, der 1911 das erste Mal begangen wurde. Erst 1921 wurde er auf den 8. März festgelegt, zu Ehren der Frauen, welche als Arbeiter*innen, Bäuer*innen und Bewohner*innen der armen Viertel Petrograds am 8. März 1917 auf die Straße gegangen waren und so die Februarrevolution auslösten. Heute gehen die Bezeichnungen hierfür auseinander: Zum einen wird sozusagen im Original die Bezeichnung *Internationaler Frauentag* verwendet, zum anderen wurde die Bezeichnung *Internationaler Frauenkampftag* eingeführt, um deutlich zu machen, dass es nicht primär darum geht, das Frau*sein ›zu feiern‹, sondern darum, den Kampf dahinter sichtbar zu machen. Wir bevorzugen die Bezeichnung *Internationaler feministischer Kampftag*, da hierbei der gemeinsame Kampf aller FLINTA*[G] gegen das Patriarchat besonders in den Fokus rückt.

FLINTA — Akronym für **F**rauen, **L**esben, **in**ter*[G], **n**icht-binäre, **t**rans*[G] und **a**gender[G] Personen. Sammelbegriff für Personen, die aufgrund ihres Geschlechts unterdrückt werden. Siehe agender, inter*, TIN*, trans*.

Fordismus — Eine Form der industriellen Massenproduktion von Konsumgütern mithilfe von Fließbandproduktion, die nach dem Ersten Weltkrieg aufkam. Der Begriff ist angelehnt an die Produktionsweise von Autos beim Autobauer Ford.

Friedenspflicht — Während der Laufzeit eines gültigen Tarifvertrags besteht normalerweise eine Friedenspflicht. Das bedeutet, dass sowohl die Gewerkschaften als auch die Arbeitgeber*innen keine Streiks oder anderen Arbeitskampfmaßnahmen durchführen dürfen. Die Friedenspflicht soll den Arbeitsfrieden während dieser Zeit sicherstellen.

G

Genozid — Gezielte Verfolgung und Ermordung von Bevölkerungsgruppen, die sich durch Sprache, Religion und Tradition von anderen unterscheiden. Der Begriff kam 1944 mit der massenhaften Ermordung von Juden und Jüdinnen durch die NationalsozialistInnen in Deutschland auf (vgl. Schneider/Tokya-Seid 2023).

Gewerkschaftssekretär*in — Person, die hauptamtlich bei einer Gewerkschaft beschäftigt ist. Sie ist häufig für bestimmte Bereiche und Betriebe zuständig, in denen sie Arbeitsauseinandersetzungen begleitet.

Gouvernementalität — Begriff bei Michel Foucault, der in den Sozialwissenschaften verwendet wird, um die Komplexität von subtilen Macht- und Herrschaftspraktiken im bürgerlichen[G] Staat der Gegenwart zu umreißen. Er beschreibt etwa die Verinnerlichung von Regierungspraktiken, die sich unter anderem darin äußert, dass Menschen sich durch gesellschaftliche Normen[G] selbst regulieren und sich diesen unterordnen.

H

Hartz-IV-Reform — Eine Arbeitsmarktreform, die auf Vorschläge der »Kommission moderner Dienstleistungen am Arbeitsmarkt« geschaffen wurde. Geleitet wurde die Kommission von P. Hartz. Auch bekannt unter Arbeitslosengeld II. Eingeführt wurden diese Gesetze zu Beginn der 2000er Jahre und sie arbeiten nach dem Prinzip »Fordern und Fördern« auf dem Arbeitsmarkt. Die Reform brachte mit sich, dass es mehr Leiharbeit und geringfügige Beschäftigungen gab, Sanktionen eingesetzt wurden und Menschen so unter dem festgelegten Existenzminimum leben mussten. Abgelöst wurde der inzwischen negativ besetzte Begriff 2022 vom sogenannten Bürgergeld mit minimalen inhaltlichen Veränderungen.

I

Identitätspolitik — Bezeichnung für eine Politik, in der die Identität einer Person und die damit verbundenen Diskriminierungserfahrungen im Zentrum ihrer politischen Praxis[G] stehen. Um den Begriff Identitätspolitik gibt es viele Auseinandersetzungen und Debatten. Mehr dazu findet ihr in dem Infokasten in Kapitel 3 zu queerfeministischer Klassenpolitik.

Imperialismus — Bezeichnet das Streben von Staaten, ihre Macht über die eigenen Landesgrenzen hinweg auszudehnen. Dies tun sie meist dadurch, dass sie auf wirtschaftlicher und politischer Ebene Abhängigkeiten schaffen. Das Zeitalter des Imperialismus wird vom Ende des 19. bis zum Beginn des 20. Jahrhunderts verortet.

Inter* — Inter* Personen haben seit der Geburt Geschlechtsmerkmale, die sich nicht als nur männlich oder nur weiblich einordnen lassen. Geschlechtsmerkmale sind beispielsweise Geschlechtsorgane, Chromosomensatz und Hormonproduktion. »›Inter*‹ ist ein Sammelbegriff und beinhaltet alle Selbstbezeichnungen von intergeschlechtlichen Menschen (u.a. als Zwitter, Hermaphrodit, Intersex, Herm), es können aber auch medizinische Bezeichnungen sein, die Personen zunächst bekommen. Viele identifizieren sich als weiblich oder männlich, manche inter* Personen können auch eine intergeschlechtliche Identität haben, die der Erfahrung entspringt, in/mit einem intergeschlechtlichen Körper zu leben. Inter* Menschen können, wie alle Menschen, eine männliche, weibliche, trans* oder nichtbinäre Identität haben.« (Oii Deutschland 2016)

Intersektionalität — Abgeleitet vom englischen Wort »Intersection«, was im Deutschen »Kreuzung«/»Überschneidung« bedeutet. Begriff, der die Überschneidung von verschiedenen Formen der Diskriminierung einer Person meint, wodurch spezifische Diskriminierungserfahrungen entstehen. So ist bspw. eine Schwarze[G] Frau anders von Sexismus betroffen als eine *weiße* Frau und anders von Rassismus betroffen als ein Schwarzer Mann. Der Begriff geht auf Kimberlé Crenshaw zurück und wurde unter anderem vom *Combahee River Collective* aufgegriffen.

J

Jin-Jiyan-Azadî — ist kurdisch und heißt übersetzt »Frau, Leben, Freiheit«. Diese Parole ist eine zentrale Aussage in der kurdischen Befreiungsbewegung. Sie wurde in den Protesten, die auf den Femizid[G] an Jina Mahsa Amini folgten, zur wichtigsten Parole der Aufstände im Iran ab September 2022.

K

Kapital — Der Begriff Kapital im marxistischen Sinne unterscheidet sich von der umgangssprachlichen Verwendung des Wortes. Wer beispielsweise seinen Sparstrumpf als »sein Kapital« bezeichnet, drückt sich ökonomisch gesehen nicht korrekt aus. Unter Kapital verstehen wir vielmehr eine Wertmenge (in Geld- oder Warenform), die von dem*der Kapitalist*in vorgeschossen wird, um eine vergrößerte Wertmenge zurückzuerhalten. Wenn wir also von Geld oder auch Maschinen, Rohstoffen oder Fabriken als Kapital sprechen, dann haben sie die Eigenschaft, in den Verwertungskreislauf eingebunden zu sein, in dessen Verlauf ihr Wert zunimmt. Zu Kapital werden Geld und Waren nur dann, wenn sie sich »verwerten«. Dass der*die Kapitalist*in am Ende dieses Prozesses den Mehrwert[G] – also das Mehr an Geld/Ware – erhält, und nicht etwa die Arbeiter*innen, die ihn produziert haben, ist zurückzuführen auf die Eigentumsverhältnisse in der kapitalistischen Gesellschaft.

Klassenbewusstsein — Das Bewusstsein davon, als Individuum Teil einer Klasse zu sein. Damit kann sowohl die Klasse der Kapitalist*innen gemeint sein (derjenigen, die das Eigentum und Vermögen besitzen, um andere für sich arbeiten zu lassen) als auch eine Klasse der Lohnabhängigen (derjenigen, die ihre Arbeitskraft verkaufen müssen, um sich ihre Existenz zu sichern). Wir sprechen im Buch vor allem vom Klassenbewusstsein der Lohnabhängigen. Für ein Klassenbewusstsein braucht es zunächst eine Identifizierung von sich selbst als Arbeiter*in. Anschließend bedeutet es zu erkennen, dass andere Arbeiter*innen in einer strukturell ähnlichen Lage sind wie man selbst und es gemeinsame Interessen und Ziele gibt im Kampf gegen Ausbeutung und Unterdrückung.

Küfa — Abkürzung für »**Kü**che **f**ür **a**lle«. Meist wird hier gemeinschaftlich für eine große Menge an Leuten eine Mahlzeit gekocht, die kostenfrei oder gegen eine Spende abgegeben wird und vor Ort gegessen werden kann. Ebenfalls häufig verwendeter Begriff ist VoKü – Volksküche.

Kurze Vollzeit — Vollzeit (also das Maximum an Arbeitszeit) bedeutet in Deutschland meist, 40 Stunden die Woche zu arbeiten. Eine kurze Vollzeit bedeutet demnach, dass etwa 25 oder 30 Arbeitsstunden pro Woche das Maximum an Arbeitszeit in einem bestimmten Job sind. In vielen Fällen, aber nicht immer, bedeutet eine kurze Vollzeit eine Arbeitszeitverkürzung bei vollem Lohnausgleich. Die kurze Vollzeit wird in einigen Branchen bereits umgesetzt, ist jedoch auch eine Forderung von Gewerkschaften und Expert*innen, unter anderem, um die Arbeitsbedingungen im Care-Sektor zu verbessern.

Kollektivität — Bezeichnet die Praxis[G], das Leben nicht zuerst als Individuum, sondern zusammen mit anderen Menschen zu gestalten. Das bedeutet in Bereichen wie beispielsweise Wohnen, Arbeit oder dem Umgang mit Geld, andere Menschen miteinzubeziehen und gemeinsam Entscheidungen zu treffen. Ideologischer Gegensatz zum Individualismus.

Kommunistische Internationale (»Komintern«) — Die Kommunistische Internationale (»Komintern« oder auch *Dritte Internationale*) gründete sich 1919 mit dem Ziel, die kommunistischen Parteien aller Länder in einer starken internationalen Organisation zusammenzuführen. Diese sollten die Russische Revolution in die ganze Welt tragen. Entsprang sie anfangs strategischen Überlegungen Wladimir I. Lenins, wurde sie schnell zu einem wichtigen Ort, an dem sich die Arbeiter*innenführer*innen der unterschiedlichen Länder hitzige Debatten und kluge Auseinandersetzungen über die Möglichkeiten, Strategien und Ziele der proletarischen Weltrevolution lieferten. Später verkam die Komintern allerdings zu einem Machtinstrument des sowjetischen Realsozialismus unter Stalin, was aus heutiger Sicht eine kritische Auseinandersetzung unbedingt erforderlich macht.

L

Leistungsparadigma — Anerkennung aufgrund von Leistungserbringung. Ausrichtung von Wirtschaft, Gesellschaft, Alltagsleben und sozialen Beziehungen nach persönlicher Leistung, verbunden mit der Vorstellung, dass Menschen nur dann Zugang zu gesellschaftlichen Ressourcen bekommen (sollten), wenn sie es sich »verdienen«.

LGBTQIA+ — Akronym für **l**esbisch, **g**ay (schwul), **b**isexuell, **t**rans*[G], **q**ueer[G], **i**nter*, **a**sexuell/**a**romantisch oder **a**gender. Als Sammelbegriff umfasst er dabei die unterschiedlichen Lebens-, Beziehungs- und Begehrensformen von Personen, welche von der Heteronormativität abweichen. Asexuelle und aromantische Personen verspüren nur wenig oder keine sexuelle oder romantische Anziehung gegenüber anderen Personen.

Lohnarbeit — Arbeit, die bezahlt wird, für die es also einen Lohn gibt. Steht im Gegensatz zu unbezahlten Arbeiten, etwa privater Care-Arbeit[G] im eigenen Zuhause oder ehrenamtlichen Tätigkeiten.

M

Marginalisiert — Marginalisierte Personen werden in unserer Gesellschaft strukturell ausgegrenzt und haben nur beschränkten Zugang zu gesellschaftlichen Ressourcen. Marginalisiert werden Menschen durch Herrschaftsstrukturen wie unter anderem Rassismus, Sexismus, Queer[G]-feindlichkeit oder Ableismus[G] (Be_hindertenfeindlichkeit[G]).

Massenstreik — Wir orientieren uns am Massenstreikbegriff Rosa Luxemburgs. Grundlegend ähnelt der Massenstreik in seiner Form dem Generalstreik. So legen auch während eines Massenstreiks die Arbeitenden ihre Arbeit über verschiedene Branchen, Städte oder Regionen gleichzeitig nieder, um kollektive Handlungsmacht zu erreichen. Der Massenstreik wird, abweichend vom Generalstreik, als »politisches Mittel, als Kampfmittel, zur Vorbereitung von Revolution oder als Erscheinungsform des proletarischen Kampfes in der Revolution« beschrieben (vgl. Haug; Wilde; Heidenreich 2018). Der Massenstreik entwickelt sich aus einer passenden, fast zufälligen Situation und ist nicht planbar.

Materialismus — Gesellschaftstheorie, die die Produktions- und Reproduktionsbedingungen einer Gesellschaft zum Ausgangspunkt ihrer Theorien macht.

Materialistischer Feminismus — Strömung des Feminismus, die die Organisation der Produktions- und Reproduktionsbedingungen als Grundlage von Geschlechterverhältnissen betrachtet.

Mehrwert — Bezeichnet die Differenz zwischen den Produktionskosten einer Ware und ihrem Verkaufspreis. Diese Differenz wird von den Kapitalist*innen beim Verkauf der Ware abgeschöpft. Die Produktionskosten setzen sich zusammen aus dem konstanten Kapital (Rohstoffe, Maschinen und Werkzeuge) und dem variablen Kapital, den Kosten der Arbeitskraft. Mehrwert für die Kapitalist*innen entsteht, indem den Arbeiter*innen nicht der Lohn in der vollen Höhe des Wertes, den sie produziert haben, ausgezahlt wird, sondern nur ein Lohn, der zur Reproduktion der Arbeitskraft gerade ausreicht.

Mental Load — Darunter wird die Belastung verstanden, die durch die Verantwortungsübernahme für die Organisation und das Management von Haushaltstätigkeiten und Sorgeaufgaben im Hintergrund verursacht wird. Es geht also um die Planung und das Nachdenken darüber, welche Aufgabe wann und wie erledigt werden muss.

Migrantisiert — Der Begriff wird für Personen mit einem tatsächlichen oder zugeschriebenen »Migrationshintergrund« verwendet. Es handelt sich also um Personen, von denen angenommen wird, dass sie selbst oder Teile ihrer Familie bspw. nach Deutschland eingewandert sind. Sie werden als »nicht deutsch« wahrgenommen. Migrantisierte Personen erfahren Rassismus und andere Formen von Ausgrenzung.

Milieu — Ein Begriff aus der Soziologie, der Menschen anhand ihres Lebensstils, ihrer Einstellungen und sozioökonomischen Position als zusammengehörige Gruppe klassifiziert. Kann auch gleichbedeutend mit dem sozialen Umfeld einer Person oder Gruppe verwendet werden.

Militanz — Für Militanz gibt es keine Definition. In den deutschsprachigen (bürgerlichen[G]) Medien wird der Begriff oft als ein Synonym für »gewaltbereit« genutzt. In Abgrenzung dazu meint Militanz für uns, die eigenen Überzeugungen mit den zur Verfügung stehenden Mitteln zu vertreten und dabei bereit zu sein, die möglichen Konsequenzen hierfür zu tragen. Diese Mittel nehmen dabei die Herrschaftsverhältnisse in unserer Gesellschaft ins Visier und dienen dazu, jene direkt anzugreifen. Mit Militanz ist also die Position und das Ziel verbunden, strukturelle und gesellschaftliche (Über-)Macht mit den Mitteln der Schwächeren zu überwinden.

Mobilisierung — Bedeutet »in Bewegung kommen«. Darunter wird in einer politischen Bewegung[G] die Anzahl der Personen verstanden, welche bereit sind, ihre politische Haltung oder Einstellung in konkretes Handeln zu übersetzen, also zum Beispiel für ihre Überzeugung auf die Straße zu gehen oder zu anderen aktivistischen Mitteln zu greifen.

N

Neoliberalismus — Sowohl eine Denktradition der Politischen Ökonomie, als auch die polit-ökonomischen Konstellationen seit Ende der 1970er Jahre. Die Denktradition (u.a. vertreten von Theoretikern wie Friedrich Hayek oder Milton Friedman) zeichnet sich dadurch aus, möglichst viele Bereiche der Gesellschaft den Prinzipien der Marktkonkurrenz unterordnen zu wollen. Seit den 70er Jahren ist dies zum dominanten Paradigma der Wirtschaftspolitik geworden und viele Teile der Gesellschaft wurden in diesem Sinne umstrukturiert.

Ni Una Menos — Spanisch für »Nicht eine weniger«, feministische Parole gegen Feminizide[G]. Sie stammt von der gleichnamigen feministischen Bewegung[G], die 2015 in Argentinien nach einer Reihe besonders brutaler Feminizide ihren Anfang nahm und unter deren Namen sich mittlerweile international Feminist*innen organisieren, um gegen sexuelle und sexualisierte Gewalt zu kämpfen.

Normen — Vorstellungen darüber, was in einer Gesellschaft als »normal« gilt, nach denen sich Mitglieder einer Gesellschaft ausrichten sollen. Menschen, die den Normen nicht entsprechen, werden oftmals ausgegrenzt.

O

Ölpreiskrise 1973 — Im Jahr 1973 stieg der Ölpreis aufgrund des sogenannten Jom-Kippur-Krieges zwischen Israel und einigen arabischen Staaten, wobei Letztere als politisches Druckmittel die Fördermengen um circa 70 % senkten. Die Folge war eine schwere Wirtschaftskrise, weil fast alle Industriezweige direkt oder indirekt auf Öl als Rohstoff und Energieträger angewiesen sind. Durch die Wirtschaftskrise wurde auch die Position der USA als globale Vormacht in Mitleidenschaft gezogen.

Organisierung / Organisierungsform — Organisierung ist ein Mittel, um der Vereinzelung und dem Konkurrenzverhältnis in der kapitalistischen Gesellschaft etwas entgegenzusetzen. Als Individuen stehen wir den herrschenden Machtverhältnissen meistens hilflos gegenüber. Der Zusammenschluss von Menschen zu Gruppen, Parteien oder auch kleineren Aktionszusammenhängen aufgrund von gemeinsamen Interessen (siehe Klassenbewusstsein[G] und Kollektivität[G]) wird als Organisierung bezeichnet. Je nach zugrundeliegender Gesellschaftsanalyse und den zur Verfügung stehenden Möglichkeiten gibt es unterschiedliche Organisierungsformen.

Organizing — Darunter versteht man eine spezifische Strategie zur Demokratisierung von Gewerkschaften und anderen Organisationen, bei der die Basis[G] einer (entstehenden) Bewegung[G] organisiert und dazu ermächtigt werden soll, die Ziele der Organisation in der Gesellschaft zu verankern. Organizing kann auch der Mitgliedergewinnung und der damit verbundenen Stärkung der Durchsetzungskraft einer Gruppe oder Bewegung dienen.

P

Patriarchat — Gesellschaftliches Herrschaftsverhältnis, in dem Männlichkeit zur allgemeinen Norm erhoben wird. Ursprünglich wurde mit dem Patriarchat die Stellung des Vaters als Familienoberhaupt und Entscheidungsträger bezeichnet. Heute wird der Begriff meist als Synonym für männliche Herrschaft genutzt.

Plenum — Versammlung von möglichst allen Mitgliedern einer Organisation oder Gruppe. In diesen Treffen werden organisatorische Dinge besprochen und/oder Diskussionen zu bestimmten Themen geführt. Das Plenum dient häufig als Ort und Grundlage für die gemeinsame Entscheidungsfindung (siehe Basis[G]).

PoC / BIPoC — Akronym für **P**eople **o**f **C**olor bzw. **B**lack, **I**ndigenous **P**eople **o**f **C**olor: (Selbst-) Bezeichnung für Menschen mit Rassismuserfahrungen (siehe BIPoC[G]).

Policy — Der Begriff kommt aus der Politikwissenschaft und bezeichnet konkrete politische Maßnahmen, die zum Erreichen eines politischen Ziels eingesetzt werden. Es geht also um den inhaltlichen Teil von politischem Handeln.

Praxis — Bezeichnet das konkrete Verhalten und Handeln von Einzelpersonen oder Gruppen. Der Anspruch an die Praxis ist meist, dass sie im Einklang mit den theoretischen Überzeugungen der Person oder Gruppe ausgeübt wird. Der Begriff wird meist als Gegenbegriff zu Theorie verstanden, kritische Theorietraditionen verstehen Theorie und Praxis allerdings nicht als Gegenteile, sondern als wechselseitig aufeinander bezogen.

Prekär / Prekarität — Prekarität ist ein Begriff, um Arbeits- oder Lebensverhältnisse zu beschreiben, die so unsicher oder nicht nachhaltig sind, dass sie keine langfristige Perspektive ermöglichen bzw. kaum oder gerade so eine Existenzgrundlage bieten. Lebensverhältnisse können als prekär bezeichnet werden, wenn sie schwierig sind, bedroht werden oder zu Ausgrenzung und sozialem Abstieg führen können.

Produktivkraftsteigerung — Steigerung der Produktivität. Das bedeutet, immer schneller und effizienter in der Produktion von etwas zu werden, also mit demselben Input mehr Output zu erzeugen oder mit weniger Input denselben Output zu erhalten.

Proletariat — Synonym für Arbeiter*innenklasse: in einer kapitalistischen Gesellschaft die Klasse der lohnarbeitsabhängig Beschäftigten, also derjenigen, die im Gegensatz zur Kapitalist*innenklasse keine eigenen Produktionsmittel besitzen und deshalb ihre Arbeitskraft verkaufen müssen. In der marxistischen Theorie steht das Proletariat im Klassenantagonismus zur Bourgeoisie[G], weil die Kapitalist*innen Profit durch die Ausbeutung des Proletariats erzielen und deshalb kein Interesse daran haben, das Eigentum an den Produktionsmitteln zu kollektivieren.

Q

Queer — Ehemals Bezeichnung für etwas Fremdes, Merkwürdiges, heute eine Selbstbezeichnung von Personen, die nicht in romantische, sexuelle und/oder geschlechtliche Normen[G] passen. Offeneres Pendant zu LGBTQIA+[G].

R

Rassifiziert/Rassifizierung — Rassifizierung bezeichnet einen Vorgang, bei dem eine Hierarchisierung von Menschen aufgrund von Merkmalen wie zum Beispiel der Hautfarbe oder der Kleidung vorgenommen wird. Diese Merkmale, die auch imaginiert sein können, dienen als Grundlage, um Menschen einer anderen ethnischen, kulturellen oder religiösen Gruppe zuzuordnen, die entlang der gesellschaftlich bestehenden rassistischen Macht- und Herrschaftsverhältnisse abgewertet wird. Rassifizierung ist also ein Prozess, in dem rassistisches Wissen und Denken erzeugt wird.

Rationalisierung — Steigerung der Effizienz eines Unternehmens oder einer Verwaltung, indem durch Technisierung, Automatisierung, Änderung der Arbeitsabläufe oder ähnliche Maßnahmen Kosten und Aufwände gesenkt werden (vgl. Oxford German Dictionary 2008). Diese gehen häufig mit schlechteren Arbeitsbedingungen oder einem erhöhten Arbeitsdruck für die Arbeiter*innen einher.

Reallohn — Bezeichnet das Entgelt für die geleistete Lohnarbeit unter Einbeziehung der Inflationsrate. Er sagt also auch etwas zur Kaufkraft der Menschen aus. Der Gegensatz zum Reallohn ist der Nominallohn, welcher das tatsächlich gezahlte Entgelt ist.

Reproduktive Gerechtigkeit — Ein Konzept, das in den 1990er Jahren von Schwarzen Feminist*innen in den USA entwickelt wurde. Es verbindet die Forderung nach körperlicher Selbstbestimmung mit Forderungen nach sozialer Gerechtigkeit. Reproduktive Gerechtigkeit umfasst demnach nicht nur Schwangerschaftsabbrüche, sondern zum Beispiel auch die Bereiche Bevölkerungspolitik, Verhütungspolitik, Familien- und Rollenbilder, Reproduktionstechnologien oder Geburt.

Repression — Aus staatskritischer Perspektive verstehen wir Repression als eine häufig politisch motivierte Verfolgung und Unterdrückung von Personen und Gruppen durch staatliche Organe. Bei der Ausübung durch die Strafverfolgungsorgane (Polizei, Verfassungsschutz, usw.) werden repressive Tätigkeiten – im Gegensatz zu präventiven – als solche bezeichnet, die der Aufklärung von Straftaten dienen (etwa polizeiliche Beobachtung, Durchsuchung von Personen und Wohnungen bis hin zu Festnahmen und Haft).

Reproduktion — Aufrechterhaltung bzw. Wiederherstellung eines Zustandes. Im Kontext materialistischer Theorie (siehe Materialismus[G]) bezieht sich der Begriff Reproduktion oftmals auf die Wiederherstellung der Arbeitskraft. Vgl. Care-Arbeit[G].

Repräsentative Demokratie — Eine Form der Demokratie, in der Vertreter*innen gewählt werden, um die Interessen der Wähler*innen umzusetzen. Sie repräsentieren also die Interessen der Wähler*innen. Ein

Gegenmodell wäre beispielsweise die Basisdemokratie[G], in der alle Entscheidungen von allen gemeinsam getroffen werden.

Reservearmee — Der Begriff bezeichnet die Mitglieder der Arbeiter*innenklasse, die keine Arbeit finden, obwohl sie eigentlich darauf angewiesen sind – also für die Kapitalist*innen eine »Reserve« darstellen. Je größer die Reservearmee ist, desto größer ist die Konkurrenz und es wird leichter, die Löhne der Arbeiter*innen niedrig zu halten, da sie jederzeit austauschbar sind. In der marxistischen Theorie wird davon ausgegangen, dass mit der Produktivkraftsteigerung[G] immer mehr ungenutzte Arbeitskraft freigesetzt wird, dass also mehr Arbeiter*innen ihre Arbeit verlieren und Teil der Reservearmee werden.

Revolutionär — Die Eigenschaft, eine Revolution anzustreben. Menschen können durch ihre Verhaltens- oder Lebensweisen revolutionär handeln, aber auch Texte oder Lieder können revolutionäre Inhalte vermitteln.

Revolution — Bezeichnet eine schnelle, radikale Veränderung der gegebenen (politischen, sozialen, ökonomischen) Bedingungen (vgl. bpb 2023). Unter einer kommunistischen Revolution verstehen wir die Aufhebung der Klassengesellschaft, oder – mit Karl Marx – »alle Verhältnisse umzuwerfen, in denen der Mensch ein erniedrigtes, ein geknechtetes, ein verlassenes, ein verächtliches Wesen ist« (vgl. MEW 23).

S

Schwarz — Der Begriff wird oft als Selbstbezeichnung von Menschen afrikanischer und afro-diasporischer Herkunft, Schwarzen Menschen, Menschen dunkler Hautfarbe und People of Colo(u)r gewählt. Er beschreibt eine von Rassismus betroffene gesellschaftliche Position. Das großgeschriebene »S« wird bewusst gesetzt, um eine sozio-politische Positionierung in einer mehrheitlich *weiß* dominierten Gesellschaftsordnung zu markieren und gilt als Symbol einer emanzipatorischen Widerständigkeitspraxis (vgl. Diversity Arts Culture 2023a).

Selbstbestimmungsgesetz — Dieses Gesetz soll das verfassungswidrige Transsexuellengesetz (TSG) ablösen und es volljährigen Erwachsenen ermöglichen, ihren Geschlechtseintrag und ihren Vornamen mit einer Selbsterklärung auf dem Standesamt festzulegen, ohne dass ein Gerichtsverfahren oder Gutachten dafür nötig ist.

Selbstermächtigung — Das Entdecken oder Vergrößern der eigenen Macht und Handlungswirksamkeit. Die Erkenntnis davon, selbst Dinge beeinflussen zu können, und dies auch zu tun.

Stellvertretungslogik — Bedeutet, dass Personen andere repräsentieren wollen und für sie das Wort ergreifen, anstatt sie für sich selbst sprechen zu lassen. Andersherum heißt es aber auch: nicht selber sprechen, sondern darauf warten, dass andere das für einen tun. Ein Beispiel dafür kann sein, dass eine Gewerkschaft die vermeintlichen Interessen von Arbeitnehmer*innen nach außen vertritt, ohne sich zu vergewissern, ob sie damit wirklich im Interesse der Arbeitnehmer*innen handelt.

Streikkasse — Aus der Streikkasse wird Streikgeld, sozusagen Lohnersatz, für Streikende ausbezahlt. Finanziert wird es durch Mitgliedsbeiträge der Gewerkschaften.

Solibündnis — Zusammenschluss von Personen und Gruppen, die praktische Solidaritätsarbeit zu einem bestimmten Thema machen.

Sorgearbeit — Alle bezahlte und unbezahlte Betreuungs-, Pflege- und Unterstützungsarbeit. Siehe Care-Arbeit[G].

Sorgekette — Beschreibt den Prozess internationaler Verkettung von Sorgetätigkeiten. Durch die Sorgekrise[G] sind Länder des globalen Nordens darauf angewiesen, dass Menschen aus anderen Teilen der Welt zu ihnen kommen, um Pflege- und Haushaltsarbeit zu übernehmen. So gibt es zum Beispiel Personen aus Osteuropa, die in Deutschland vermehrt für die Altenpflege aufkommen. Sie müssen oftmals ihre eigene Familien zurücklassen, sodass in ihrem Herkunftsland auch wiederum ein Sorgedefizit entsteht, das entweder durch andere Familienmitglieder oder auch durch Menschen aus anderen Ländern ausgeglichen werden muss.

Sorgekrise — Bezeichnet die Krise, in der sich die Sorgearbeit[G] gerade global befindet. Sie entsteht, weil es einen erhöhten Sorgebedarf gibt, zum Beispiel weil Menschen immer älter werden. Der Sorgebedarf kann aber nicht mehr gut aufgefangen werden, da Gesundheits- und Sozialsysteme zunehmend von Einsparungen betroffen sind oder privatisiert werden. Krankenhäuser müssen zum Beispiel gewinnbringend wirtschaften und sparen deshalb an Personal. Menschen, die im Care- und Gesundheitssektor beschäftigt sind, sind deshalb überarbeitet und gestresst und verlassen häufig ihren Beruf. Dadurch verschärft sich die Krise immer weiter.

Sozialpartnerschaft — Zusammenschluss von Arbeitergeber*innenverbänden und Arbeitnehmer*innenverbänden (Gewerkschaften) mit dem Ziel einer kooperativen Konfliktlösung. Dieses Konzept wurde institutionalisiert nach der Novemberrevolution 1918, um Klassenkonflikte zu befrieden. Der Begriff wird kritisch betrachtet, einige bevorzugen den Begriff einer »Konfliktpartnerschaft«.

Subjekt — Beschreibt hier handelnde oder denkende Wesen. Als handelnd/denkend ist das Subjekt eine aktive Einheit, ihm gegenüber steht ein Objekt, über das es nachdenkt oder mit dem das Subjekt etwas macht. Gleichzeitig ist das Subjekt selbst »subjektiviert«, das heißt durch die Umstände, unter denen es lebt, geprägt. Erst dieses Einfügen in gesellschaftliche Zusammenhänge macht es handlungsfähig. Eigentlich beschreibt das Subjekt ein menschliches Individuum, Marx schreibt aber auch über ein »automatisches Subjekt« – das Kapital[G] – das im Kapitalismus scheinbar wie ein menschliches Wesen handelt und die Gesellschaft strukturiert. Im Recht kann auch eine juristische Person, z. B. eine Firma, ein »Rechtssubjekt« sein, das seine Rechte ausüben kann.

T

Tarifvertrag — Ein Vertrag zwischen Arbeitgeber*innen und Gewerkschaften. Hier werden Rechte und Pflichten wie z. B. Löhne, Sonderzahlungen oder Urlaubsanspruch geregelt.

Trans* — Überbegriff für Personen, die sich nicht oder nur teilweise mit dem ihnen bei der Geburt zugewiesenen Geschlecht identifizieren. »Trans*« bedeutet »jenseits« (im Gegensatz zu »cis[G]«: diesseits). Der Stern am Ende des Wortes soll als Platzhalter darauf aufmerksam machen, dass es nicht nur die Geschlechter »weiblich« und »männlich«, sondern ein Spektrum an Geschlechtern, Geschlechtsidentitäten und Körperlichkeiten gibt (vgl. Diversity Arts Culture 2023b).

TIN*-Person — Sammelbegriff für trans*[G], inter*[G] und nicht-binäre Personen, also Menschen, deren Geschlechtsidentität nicht der cisnormativen Zweigeschlechtlichkeit entspricht. Sie erfahren neben Sexismus und geschlechtsspezifischer Diskriminierung auch queer[G]feindliche Ausgrenzung.

Travestizid — Der Begriff findet sich im Kontext Abya Yalas[G] (Lateinamerikas) und bezeichnet die Ermordung von Personen aufgrund ihrer Weigerung, sich eindeutig in die Kategorien »männlich« und »weiblich« einzufügen. Der Travestizid ist der sichtbarste Ausdruck von struktureller Gewalt gegen Personen, die sich in einem sozialen, politischen, kulturellen und wirtschaftlichen System, welches durch Heteronormativität strukturiert ist, der Norm der Zweigeschlechtlichkeit widersetzten. Der Begriff »travesti« bedeutet wörtlich übersetzt so viel wie »die Kleidung des anderen Geschlechts tragen«. Er ist »entstanden durch die kolonialistische Fixierung von Geschlechterbinaritäten, welche die soziale Rolle, Kleidung und den Stand in der Gesellschaft« bestimmen. Sich als »travesti« zu identifizieren mag Ähnlichkeiten damit haben, sich als trans* zu identifizieren, die beiden Begriffe sind jedoch nicht gleichzusetzen, besonders da der »travestismo« (wenn natürlich auch nicht mit diesem spanischen Wort benannt) vor der Kolonialisierung Abya Yalas eine lange indigene Tradition hatte (vgl. Fischer 2021).

TvöD — **T**arifvertrag[G] für den **ö**ffentlichen **D**ienst, also in öffentlichen und staatlichen Institutionen, wie in Ämtern, Schulen, Universitäten oder kommunalen Einrichtungen wie Kindertagesstätten oder öffentlichen Bibliotheken.

U

Überausbeutung — Die kapitalistische Produktionsweise funktioniert nur über die Ausbeutung von Arbeitskraft. Wenn die Arbeitsbedingungen so schlecht und die Löhne so niedrig sind, dass die Arbeitskraft nicht mehr reproduziert werden kann, sprechen wir von Überausbeutung. Das bedeutet einerseits, dass Menschen zu viel arbeiten müssen und nicht genug Geld haben, um auf Dauer so leben zu können. Andererseits bedeutet es, dass bereits marginalisierte Gruppen noch stärker ausgebeutet werden. Das betrifft beispielsweise migrantisierte Arbeiter*innen, die zu schlechteren Bedingungen und für einen geringeren Lohn beschäftigt werden als *weiße* Arbeiter*innen.

Unbezahlte Arbeit — Tätigkeiten, welche nicht entlohnt/bezahlt werden, z. B. Hausarbeit, Kindererziehung, Pflege von Angehörigen, ehrenamtliche oder politische Arbeit.

Unterstützer*innenkreis — Ein Zusammenschluss von Personen, die eine Person in einem Prozess unterstützen und begleiten z. B. im Kontext von Aufarbeitung von sexualisierter Gewalt.

V

ver.di — Vereinte Dienstleistungsgesellschaft, zweitgrößte Gewerkschaft in der BRD, Teil des Deutschen Gewerkschaftsbundes (DGB[G]).

W

Wages Due Lesbians — Eine marxistisch-feministische Gruppe aus Kanada, die in die Debatte um »Wages for Housework« (Löhne für Hausarbeit) in den 1970er Jahren eine explizit lesbische Perspektive einbrachte.

Warnstreiks — Angekündigte, befristete Streiks, welche dazu dienen, Arbeitgeber*innen zu einem Angebot während Tarifauseinandersetzungen zu bewegen. Sie werden als Machtausdruck genutzt, unter anderem indem eine kurzzeitige Arbeitsniederlegung demonstriert, welche Folgen es für die Arbeitgeber*innen hat, wenn die Arbeit stillsteht.

Weiß — »Die politisch korrekte Bezeichnung für w*eiße M*enschen. Dabei ist weiß kein biologischer Begriff und er hat auch nichts mit einer Kultur zu tun. Weiß ist eine gesellschaftspolitische Bezeichnung, die besagt: Diese Person wird zur Gruppe der Weißen gezählt und dementsprechend behandelt. Aus Weißsein ergibt sich automatisch eine bestimmte Position in der Gesellschaft, die von der des People of Color-Seins verschieden ist« (Sow 2015). Weißsein wird in Gesellschaften des globalen Nordens als unsichtbare Norm angenommen. *Weiße* Menschen haben gesellschaftliche Privilegien wie zum Beispiel Zugang zu Ressourcen und sie reproduzieren Machtverhältnisse.

Wertschöpfung — Beschreibt den Prozess der Abschöpfung eines finanziellen Gewinn innerhalb von Produktions- und Verkaufsprozessen. Sie bezeichnet die Differenz zwischen dem Preis, zu dem das Produkt schlussendlich verkauft wird, und dem, was finanziell aufgewendet wurde, um es zu produzieren und zu verkaufen. Der Wert entsteht also dadurch, dass das Produkt für mehr Geld verkauft wird, als notwendig war, um es zu erzeugen. Dadurch verdienen bspw. die Personen Geld, denen die Fabriken gehören, in denen die Produkte hergestellt werden. Siehe Mehrwert[G].

Z

Zentralistisch — Ein Organisationsprinzip, bei dem die Entscheidungsmacht an einer zentralen Stelle gebündelt wird, im Gegensatz zu einer *dezentralen* Organisierungsform[G], bei welcher Menschen an verschiedenen Orten unterschiedliche Entscheidungen treffen können.

(Kapitalistische) Zurichtung — Die Einschreibung von Prinzipien der kapitalistischen Gesellschaft in die Individuen, siehe Leistungsparadigma[G].

Zirkulationskosten — Kosten im kapitalistischen Produktionsprozess, die nicht selbst für die Schaffung neuen Werts sorgen und dennoch wichtig sind, um den Produktionsprozess am Laufen zu halten. Beispiele dafür sind Buchhaltung, Marketing, aber auch das Bankwesen. Sie sind notwendig für den Produktionsprozess, weil sie die »Zirkulation« von Waren – also ihren Tausch – ermöglichen, beschleunigen oder erleichtern. Der Tausch selber ist aber keine Quelle neuen Werts (vgl. MEW 24).

Louise Toupin

Lohn für Hausarbeit

Chronik eines internationalen Frauenkampfs (1972–1977)

424 Seiten | 24 €
ISBN 978-3-89771-344-4

Aus der Bewegung »Lohn für Hausarbeit« wäre beinahe eine ›feministische Internationale‹ geworden

Zu Beginn der 1970er-Jahre entstand die internationale Bewegung ›Lohn für Hausarbeit‹, in der Frauen verschiedenster Hintergründe und Sexualitäten zusammenkamen und gemeinsam kämpften. Ihr Ziel war skandalös und revolutionär zugleich: Der feministische Kampf sollte auf eine neue Grundlage gestellt werden, ausgehend von der Forderung, unsichtbare Hausarbeit anzuerkennen und zu entlohnen.

Louise Toupin bringt die Originalität und politische Kraft dieser Bewegung ans Licht, indem sie tief in ihre Ideen und Aktionen eintaucht. Ihr Buch ist das Ergebnis jahrelanger Forschung und porträtiert eine zu Unrecht verblasste Episode in der Geschichte feministischer Ideen.

Mariarosa Dalla Costa

Frauen und der Umsturz der Gesellschaft

Gesammelte Aufsätze

324 Seiten | 19.80 €
ISBN 978-3-89771-333-8

Eines der bedeutendsten Bücher über die Rolle der Hausarbeit im Kapitalismus

Dalla Costa analysiert aus einer marxistisch-feministischen Perspektive die Rolle und Bedeutung von Haus- und Sorgearbeit für den Kapitalismus und arbeitet heraus, wie das Fehlen eines Lohnes die Ausbeutung von weiblicher Arbeit verschleiert. Damit trägt sie zur Erhellung eines blinden Flecks im Marxismus bei, der den Bereich der unbezahlten Arbeit lange ignoriert hat. Dalla Costas Texte und Theorien zeigen zudem die Grenzen einer feministischen Bewegung auf, die die Umverteilung von Haus- und Sorgearbeit und die radikale Neustrukturierung der Gesellschaft außer Acht lässt.

Diese Leerstellen werden in Dalla Costas Texten behandelt, indem sie Kämpfe und Streiks um Hausarbeit, Subsistenzwirtschaft oder Lebensmittel zusammendenkt.

Silvia Federici

Revolution at Point Zero

Hausarbeit, Reproduktion und feministischer Klassenkampf

304 Seiten | 19.80 €
ISBN 978-3-89771-331-4

Die wichtigsten Aufsätze einer der maßgeblichsten feministischen Denkerinnen unserer Zeit

Silvia Federici hat durch ihren politischen Aktivismus und ihre Schriften Generationen von Feminist*innen inspiriert. Als Mitbegründerin der internationalen Kampagne »Lohn für Hausarbeit« hat sie den Grundstein für eine Theoriebildung gelegt, die die gesellschaftliche und soziale Reproduktion ins Zentrum setzt. *Revolution at Point Zero* vereint Federicis wichtigste Texte, die bis heute nichts an politischer Brisanz und Aktualität eingebüßt haben. Im Gegenteil: Angesichts der aktuellen Krise sozialer Reproduktion und der weltweiten Frauenstreikbewegung bietet die Lektüre nicht nur Bausteine für eine Analyse der gesellschaftlichen Zusammenhänge, sondern auch für eine feministische Revolution.